科技金融

创新与发展

杨正平 王淼 华秀萍◎著

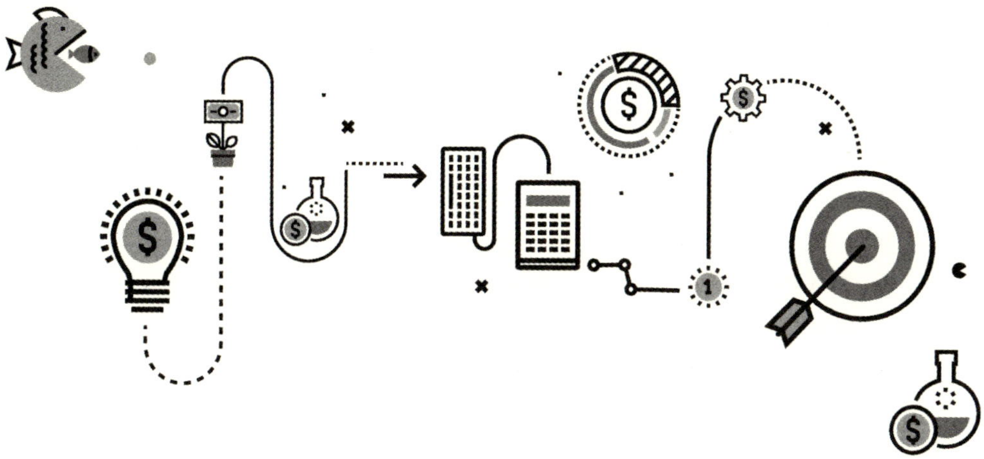

北京大学出版社
PEKING UNIVERSITY PRESS

图书在版编目(CIP)数据

科技金融:创新与发展/杨正平,王淼,华秀萍著.—北京:北京大学出版社,2017.9
ISBN 978-7-301-28613-5

Ⅰ.①科… Ⅱ.①杨… ②王… ③华… Ⅲ.①科学技术—金融—研究—中国
Ⅳ.①F832

中国版本图书馆 CIP 数据核字(2017)第 194228 号

书　　名	科技金融——创新与发展 KEJI JINRONG
著作责任者	杨正平　王　淼　华秀萍　著
责任编辑	贾米娜
标准书号	ISBN 978-7-301-28613-5
出版发行	北京大学出版社
地　　址	北京市海淀区成府路 205 号　100871
网　　址	http://www.pup.cn
电子信箱	em@pup.cn　　QQ:552063295
新浪微博	@北京大学出版社　@北京大学出版社经管图书
电　　话	邮购部 62752015　发行部 62750672　编辑部 62752926
印 刷 者	北京大学印刷厂
经 销 者	新华书店
	730 毫米×1020 毫米　16 开本　19.5 印张　286 千字 2017 年 9 月第 1 版　2017 年 9 月第 1 次印刷
定　　价	55.00 元

前　言

中国文化从本质上高度重视知识与教育，因此中华文明经久不衰。而中国内部驱动的创新经济自古以来都不可忽视，进入近现代以来，民众对创新的热情与努力在很多时期都颇为显著。改革开放后，随着中国引进外资，外部知识传导与内部创新需求合力推动的创新经济，虽然依旧面临很多挑战，但已经逐步开始形成良性循环。特别是自推进“大众创业，万众创新”以来，创新已经被当作中国经济的“新引擎”。

所谓创新，即在旧的科学技术、生产流程、商业模式或者组织运营的基础之上，要么进行部分改造实现效率提高，要么完全另起炉灶、进行颠覆性的创造。其中，科技创新可以分为原始创新、集成创新和引进消化吸收再创新。原始创新的本质属性是原创性和第一性，目前中国原始创新不足；集成创新是对那些已经存在的单项技术按照自己的需要进行系统集成并创造出全新的产品和工艺。

科技创新从来离不开金融。用通俗的话来说，金融就是钱的创造、流通与利用，以及相关产品的设计、定价与风险控制。过去不少研究表明，金融和科技创新的两相结合是促进经济发展的主要原因。金融体系能够为科技创新提供的服务包括：企业家与项目评估、资金投入、风险管理与收益率提升。不同的国家具有不同的金融体系，即政府、企业和家庭获取与利用钱的方式不一样。主要通过向银行和其他中介机构借债来支持生产与消费的体系，是间接融资主导的，一般被称为“银行主导”型，具有代表性的发达国家是德国与日本，中国也属于这一体系。主要依靠股票与债券等资本市场来帮助融资的体系，是直接融资主导的，属于“市场主导型”的金融体系，美国与英国则是这个体系的代表。

银行等中介机构在风险控制方面更加严格，因此在提供资金的时候，也会设定比较高的门槛。这样的话，如果是在已有技术与商业模式上进行集成创新，并拥有一定的可抵押的资产，就更容易获得这些中介机构的信任。因此，制造业等行业的集成创新更容易获得资金，相对而言，轻资产的科技型项目的知识与技术创新更难得到银行等的资金支持。特别是颠覆式的原始创新项目，项目本身面临技术与市场的高度不确定性，蕴含的风险很大，对银行等中介机构而言，自然就不太具有吸引力。对于后者，资本市场能够提供更多的选择，既包括股票等股权融资模式，也包括债券等债务融资模式，所以容忍的风险度也更高。股票可以有成长股、价值股，债券也有信用高的、信用低的，市场能够给予不同的风险以不同的溢价。因此，高风险、高收益的原始创新反而在市场主导型的金融体系中更容易获得青睐。

金融体系在事实上影响着创新模式的发展。在德国与日本这样的国家，因为企业融资由银行等中介机构提供的间接融资主导，所以它们的创新经济可以被称作协同发展式。而美国与英国的企业更多依赖市场获得直接融资，因此创新经济更自由、更市场化，技术创新也更多的是颠覆式创新。同时，由于原始创新项目的风险比较高，不同的股权投资机构在项目发展的各个阶段，既有分工，也有合作，因此形成了既专业又多样化的高新技术投资生态圈。其中，最知名的是天使投资、风险投资、私募基金等投资机构最集中的美国硅谷。

中国的高新技术创新在全球激烈竞争的环境里，面临来自文化、法律、知识体系等方面的诸多挑战，特别是知识产权保护、公司治理、投资者保护等方面，与欧美发达国家存在一定的距离。中国目前的金融体系，也更偏向于德国、日本的银行主导型，有利于集成创新，不利于原始创新。欧美的经验告诉我们，如果没有市场主导的金融体系的有力支撑，高科技产业的原始创新项目的资金就很难筹集,创业风险就很难被分散,亦会影响资源配置的优化。

自改革开放以来,无论是科技创新,还是金融体系的发展,均受到很大的关注。特别是"科技金融"这一概念近期在国内被广泛提及,并频频出现在大量媒体与学术期刊上。但科技创新与融资渠道之间的相互依存关系,依然是一个有待继续深入研究的领域。因此,科技金融在中国的创新与发展,仍然是一个非常有价值的研究课题。本书旨在对金融体系与科技创新的相互依赖关系进行比较深入的分析,并提供国内外各种科技创新与金融发展相结合的经典案例,为政府部门制定相关政策提供理论与案例依据,并为科技型项目寻求不同资金来源提供思路。我们发现,在现阶段,中国已经消化吸收了部分国外发展科技金融的先进经验,同时紧密结合中国特有的国情进行金融工具和产品创新,正在努力发展一条适合中国国情的科技金融创新发展之路。为了促进科技型企业的发展,国家重点在以下四个方面推动科技金融的发展:大力发展天使投资和风险投资、推广科技贷款、规范科技保险运作、建设多层次资本市场。科技型企业在技术创新时,除了银行贷款之外,股权融资、债券融资、政府财政补助等方式成为其更为常用的融资渠道,而科技保险等金融服务也为科技创新提供了风险保障。

本书自起始到完稿,用了三年多的时间。在这个过程中,我们阅读了很多研究资料,浏览了国内外不少的相关政策与案例,也拜访了不少企业、政府机关与金融机构,对中国改革开放以来科技金融的生态系统变迁具有比较深入的了解,并尝试从理论与实践两个角度,诠释和研究中国科技金融的创新与发展。我们力求以促进科技创新和高新技术产业化为目标,向政府提出建设和发展科技金融体系的建议,向科技型企业提供多角度项目融资的可行渠道。我们还特别针对长三角地区高新技术与科技金融生态的发展,收集与分析了一些当地的成功经验和经典案例。

本书的研究、写作与出版过程,得到了很多机构与人士的帮助。宁波诺丁汉大学商学院的博士生陈裕荟琳、胡健薇、范佳妮、王雅丽,研究助理韩诗颖、周秋、付思萌等，在资料搜集方面做了很多工作。宁波诺丁汉大学国际金融研究中心也为本书的研究提供了一定的帮助。最后，我们要特别感谢北京大学出版社经济与管理图书事业部林君秀、贾米娜等老师对本书的贡献。正因为她们提出的宝贵修改意见，才让本书有了当前崭新的面貌。

作　者

2017 年 4 月

目 录

第一章　科技金融概述：博观而约取，厚积而薄发*

创新创业是科技型企业的本质属性，随着时代的发展，创新不仅仅停留在技术和专利层面，也升华到了良好的创新生态层面。规模再大的企业，只要错过一轮或者几轮创新，就可能被埋没在创新时代的潮流中。纵观全球，原本赫赫有名的科技企业因失去创新动力而最终破产的案例数不胜数，美国的柯达公司与芬兰的诺基亚公司就是其中的经典案例。

在21世纪之前的感光胶片时代，柯达不仅仅代表着一个产业、一种生产方式，更是一种生活方式，甚至是一种艺术的创作形式。然而，2012年1月19日，这个昔日无比辉煌、市值曾经高达300亿美元的跨国公司，只剩下1.75亿美元的市值，不得不申请破产保护。作为感光胶片的元老级生产企业，柯达非常重视传统感光技术的开发和储备，对胶片产业巨大利润的"路径依赖"使得它的转型犹豫且缓慢，最终走向没落。柯达公司曾生产出世界上第一台数字照相机，但为了确保自己在传统感光胶片生产企业中不可撼动的地位，人为地搁置了数字照相技术的研发，最终被其他企业赶超。柯达公司也曾采取过战略重心向新兴数字产品转移、更换公司标志等策略，并通过重组和裁员削减成本，但百年柯达所受的创新约束已使其积重难返。

* 本研究得到宁波市人民政府与中国社会科学院合作共建国际金融研究中心2015年立项课题(编号:21)项目资助，特在此致谢。

柯达公司过分依赖于自己在传统感光胶片产业上的技术优势，希望美国的专利制度能够保护其未来的市场，然而在网络和科技日益发展的今天，创新已经突破了传统的局限，上升到了颠覆性的层次。在柯达申请专利保护的范围之外，大量新型的数字技术已经应运而生。柯达公司始终在其独具优势的传统技术领域精耕细作，试图以自己无可比拟的市场占有份额，获得消费者的青睐。然而，在不关注消费者的需要、不注重标准和制度创新的闭门造车误区中，柯达公司的批量生产非但没有产生企业优势，反而成为企业负担。柯达公司虽曾希望借助资本市场，摆脱市场萎缩所带来的危机，但当时美国爆发了金融危机，因此它不仅没有从资本市场上获得支持，反而受到严重拖累。柯达公司的悲剧充分说明，企业的创新不能仅仅停留在内部，也要注重外部的创新发展趋势，要充分了解外部需求和世界经济发展趋势。

无独有偶，诺基亚也是忽略科技变革而导致失败的典型案例。诺基亚是芬兰的手机品牌，总部位于芬兰的埃斯波，主要从事移动通信产品的生产。1996—2010 年，诺基亚连续 14 年保持在世界范围内市场占有率第一的位置。2002 年，诺基亚通过最初的塞班 S60 系统将老顾客带入了智能手机的新世界，成为智能手机市场的领军者。接下来的 5 年时间里，诺基亚不费吹灰之力就稳坐智能手机市场龙头老大的交椅。然而，2007 年苹果发布了第一代 iPhone，拥有大触摸屏并基于应用操作系统的 iPhone 极大地改变了人们对智能手机的定义。遗憾的是，诺基亚并没有对苹果带来的全新变革给予有力的回应，也忽视了在 iPhone 冲击下消费者产生的更高需求。面对其他品牌的智能手机的夹击，诺基亚全球手机销量第一的地位在 2011 年被苹果及三星超越。2013 年 9 月 3 日，诺基亚手机业务部门被微软以 72 亿美元收购，宣告落幕。

诺基亚靠技术研发起家，手机业务所占的比例非常大，到 20 世纪 90 年代，手机业务成为其唯一的业务，诺基亚也靠技术成了手机行业的霸主。但从 2007 年起，诺基亚仍然固守改良性的产品，新产品在技术上的革新没有重大突破，只是在外形上稍加改变，内在仍一直沿袭着让大众失望连连的塞班系统。当社会需要全新的、具有多种效能的移动终端，当移动互联网时代快速来临时，用户需要的不是改良性的设计，而是革命性的创新。诺基亚对创新和消费者需求的忽视是其失败的重要原因之一。

科技创新活动是一个完整的创新生态。这一创新生态具体包括：孵化器、公共研发平台、风险投资等相关金融服务、围绕创新形成的产业链、产权交易、市场中介、法律服务、物流平台等。金融与科技创新之间的关系，并不是金融向科技创新提供服务的单向关系，而是科技创新与金融相互依赖、共生共存的关系。一个运行良好的金融体系能够迅速识别与资助进行创新的企业活动，从而促进经济发展与刺激科技创新。①

国家创新体系理论中新熊彼特主义者克利斯·弗里曼曾经提出，“政府的科学技术政策对技术创新起重要作用”②。基于这一理念，立志为推动当地科技创新与产业升级的各地政府，需要找准政策性金融的定位，利用政策性金融来激发市场上各类金融资本的活力，整合银行业金融机构、各类股权投资机构、多层次资本市场等多方力量，以满足处于种子期、初创期、成长期、成熟期四个不同发展阶段的科技企业的差异化金融服务需求为目标，建立一套完整的科技金融体系。

本书旨在对金融体系与科技创新的相互融合关系进行比较深入的分析，并提供国内外各种科技创新与金融发展相结合的经典案例，为政府部门制定相关政策提供相关依据，为技术与资本的对接提供各种思路。本书从投资机构与政府两个角度出发，以科技型企业融资方式为发展脉络，梳理不同阶段（包括初创、成长、扩张与成熟）的融资情况，为科技型企业的融资和发展提出具有操作性的指导意见。

本章分为两大部分：第一部分对科技金融体系进行理论研究，第二部分对国内外科技金融实践进行梳理和分析。

---

① Pyka A and Burghof H. *Innovation and Finance*, London: Routledge, 2013.

② 克利斯·弗里曼、罗克·苏特：《工业创新经济学》，华宏勋译，北京大学出版社 2004 年版，第 32 页。

第一节　科技金融的理论研究

“科技金融”这一概念近期在国内被广泛提及，并频频出现在大量媒体与学术期刊上，但研究相关英文文献，却发现很难完全找到对应的英文专业词汇。国外文献更强调的是创新与金融的关联性，因此创新金融的定义更为常见。本章在论述“科技金融”的概念时，将主要结合国外“创新金融”的定义进行论述。

一　国外科技金融的理论探索

从理论角度来看，国外对于“科技金融”并没有形成一个单独完整的表达形式体系和确定的研究范畴，更多地集中在实证分析层面。过去数十年，无论是科技创新，还是金融体系的发展，均受到很大的关注，关于科技创新与金融之间的相互依存关系的研究也在进一步加深。

美籍奥地利经济学家熊彼特的经济发展理论在1911年就指出，理解创新与金融两者之间的关系，是理解经济发展变迁的核心内容。熊彼特首次提出“创新”的概念，明确指出“创新”是“新生产函数的建立”，可以分为五大类：第一类是产品创新，即采用一种新的产品，或发展一种产品的某种新的特性；第二类是技术创新，即采用一种新的生产方法，也就是在有关的制造部门中尚未通过经验检定的方法，这种新的方法不需要建立在科学新发现的基础之上，并且，可以存在于商业上处理一种产品的新的方式之中；第三类是市场创新，即开辟一个新的市场，也就是有关国家的某一制造部门以前不曾进入的市场，不管这个市场以前是否存在过；第四类是资源配置创新，即掠取或控制原材料或半制成品的一种新的供应来源，也不问这种来源是已经存在的，还是第一次创造出来的；第五类是组织创新，即实现任何一种工业的新的组织，比如造成一种垄断地位（例如“托拉斯化”），或打破一种垄断地位，这里的“组织创新”，也可以看成是部分的制度创新，创新的主体是企业家。熊彼特对科技创新和金融的相关性做出了肯定，他强调说，如果没有金融的支持，企业的创新和发展几乎是不可能实现的[1]，但他并没有对技术创新做出非常明确的定义。技术创新的首次定义是由伊诺斯于1962年提出的：技术创新是多种行为综合的结果，包括发明的选择、资金投入的保证、组织的建立、合理计划的制订、人力资源的获取和新市场的开辟等。作为新熊彼特主义的代表人物之一，弗里曼认为，科技创新是指新产品、新技术、新过程、新系统和新服务首次向商业模式转化[2]，但是他将创新局限在了产品的创新上。Mueser(1995)则在系统整理文献资料的基础上，将科技创新定义为建立在构思新颖性和成功转化基础上的有实际意义的非连续性实践。[3]

King 和 Levine(1993)研究表明，金融和科技创新两相结合是促进经济发展的主要原因。他们同时为金融和创新活动之间的联系构建了一个内生性增长的基础模型，强调了金融体系为科技创新提供的四项服务：评估企业家、筹集资金、分散风险和评估技术创新活动的预期收益。具体为：① 金融手段能够较为有效地评估企业家及其项目。由于评估投资项目以及企业家需要专业的评估团队和较高的成本费用，因此，委派专业的团队进行评估工作更为适合。② 金融手段为科技项目筹集所需的资金。科技创新项目不论是在前期投入，还是在后期的商业化转变的过程中都需要持续稳定的资金投入。③ 由于技术创新活动常常伴随着不确定因素，因此金融手段可以为投资者提供有效途径来分散风险。④ 金融手段还从另一个方面揭示了科技创新活动的潜在收益。一个先进的金融体系能够通过提供更加优秀的服务，筛选出质量更高的企业家和投资项目，为企业提供更有效的外源性融资渠道和更先进的金融风险分散工具，同时更为准确地揭示科技创新活动产生的巨大收益，提高投资项目的收益率。良好的金融体系为技术创新活动提供了一系列可以扩大创新活动范围、提

---

① 约瑟夫·熊彼特：《熊彼特：经济发展理论》，邹建平译，中国画报出版社2012年版，第6页。

② Freeman C. *Technology Policy and Economic Performance: Lessons from Japan*, London: Pinter, 1987.

③ Mueser R. Identifying Technical Innovation. *IEEE Transactions on Engineering Management*, Vol. 32, No. 4, November 1985, pp. 158—176.

高创新活动效率的服务，从而促进经济的增长。[①]

Perez(2002)在《技术革命与金融资本》一书中阐述了科技创新与金融资本结合的基本模式。书中指出，金融资本对重大科技创新的扩散与传播起着重要作用，同时也强调了金融资本的流动性：在科技革命的狂热时期，资本会大量进入科技创新领域以获取高额利润；而在科学技术逐步衰退的阶段，资本则会流出，寻找其他有利的投资机会。[②] Ayyagari 等(2007)扩展了科技创新的定义，认为科技创新不仅仅局限在核心技术上，如新产品、新技术层面的创新，还包含其他所有能够传递知识、适应生产的创新活动。他们以 47 个发展中国家近 20 000 家企业的数据为研究样本，发现企业的融资方式对其技术创新程度的影响重大：① 在发展中国家，外源融资在私有制科技创新活动中所占的比例越大，其对创新的促进作用越强；② 从外资银行那里获取资金的私有制企业不论是从企业的技术创新活动，还是建立中外合资经营的方面而言，都比获得内资银行融资的私有制企业具有更高的科技创新水平；③ 虽然外源融资能明显地促进企业的创新活动，但是在国有制企业中未能发现这种情况，相反，在某些特定情况下，外源融资反而会对企业的创新活动造成负面影响。[③]

自从熊彼特系统研究了技术创新对经济增长的作用之后，技术创新是促进经济增长和发展的重要因素的观点已经得到了很多经济学家的认可，但在微观层面，对于企业融资方式如何影响科技创新，进而促进经济发展的研究则相对较少。尤其是中小型高科技企业，它们的融资问题更加值得研究，因为中小型高科技企业需要大量资金的研发投入，而它们很少拥有充足的自有资金。西方各国政府都采取各种措施，包括政府补助与补贴、政府担保、政策性融资、发展

① King R G and Levine R. Finance and Growth: Schumpeter Might Be Right. *Quarterly Journal of Economics*, Vol. 3, 1993, pp. 717—737.

② 卡萝塔·佩蕾丝：《技术革命与金融资本》，田方萌等译，中国人民大学出版社 2007 年版，第 38 页。

③ Ayyagari M, Demirgüç-Kunt A and Maksimovic A. Firm Innovation in Emerging Markets: The Role of Finance, Governance and Competition. *Journal of Financial and Quantitative Analysis*, Vol. 46. No. 6, 2011, pp. 1545—1580.

资本市场和风险投资等多种方式来优化高科技企业融资环境。西方学者对这些融资途径做了广泛的实证研究，借此寻求最佳的融资模式。

Atanassov 等（2007）利用 1974—2000 年美国上市公司数据进行的研究表明，金融体系的发展，至少是债券和股票市场的发展能对公司的技术创新起到积极的作用，而财政税收方面的改变则会直接对公司的融资计划产生影响，进而影响到技术进步及经济增长。他们还发现，依靠债券和股票为科技创新活动进行融资的上市公司拥有更多的知识产权，这些知识产权在影响后期专利权产生方面起到了明显的积极作用，并能显著增加公司的专利权数量，从而可以进一步提高公司的创新活动效率，而银行贷款则不具备这一功能。这种情况产生的主要原因可能是基于关系的融资方式，投资者能获得更为准确的企业资料，降低了信息的不对称性，并能对企业管理层面实施更为有效的监督。① Rin 等（2006）对欧洲 14 个国家 1988—2001 年的创业风险投资进行了分析，发现针对创业企业的股票市场（即二板市场）的建立，对创业企业的早期发展起到了促进作用；税率的降低也有同样的功效，但影响稍弱。②

大多数学者都发现政府支持确实推动了中小型科技企业的技术创新，不过由于政府资助通常属于非市场化类型的资金，往往是无偿使用的，所以利用效率一般较低，有时还伴有政府资金来源时机与企业自己的创新活动不一致的问题。③至于政府担保，通常会有道德风险与成本过高的问题，而与之相比，市场化的融资途径不论是在理论层面还是实际操作层面都更具优势，在支持企业技术创新方面更加有效。④银行也是科技金融的重要供给主体。

---

① Atanassov J, Nanda V K and Seru A. Finance and Innovation: The Case of Publicly Traded Firms (May 2007). Ross School of Business Paper, No. 970; AFA 2007 Chicago Meetings Paper; EFA 2006 Zurich Meetings Paper.

② Rin D, Nicodano G and Sembenelli A. Public Policy and the Creation of Active Venture Capital Markets. European Central Bank Working Paper, Series 0430, 2005.

③ Hall B. Investment and Research and Development: Does the Source of Financing Matter? Department of Economics, University of California at Berkeley. Working Paper, No. 4096, 1992, pp. 92—192.

④ Kortum S and Lerner J. Assessing the Contribution of Venture Capital to Innovation. *RAND Journal of Economics*, Vol. 31, No. 4, 2000, pp. 674—692.

Hayness 等(1999)对美国 1993 年小企业融资普查数据做了研究,发现大银行更倾向于为规模较大、成立时间较长以及财务上更有保障的大型科技企业提供贷款;而小型银行则更倾向于为规模较小、成立时间较短和财务相对而言缺乏保障的中小型科技企业发放贷款。[①] Berger 等(2004)的国际比较分析支持了这一观点,他们发现小银行在金融市场中所占的份额越大,中小型科技企业的银行融资数额越大。[②] Benfratello 等(2008)通过研究意大利企业的样本,提出地方银行的发展是企业科技创新活动成功的重要影响因素之一,并且对于依靠外源融资的中小型企业而言影响更为突出。[③] Tadesse(2002)在其研究中,将样本国家的金融体系分为银行导向型和市场导向型两类,随后对 36 个国家 1980—1995 年的样本数据进行了分析,发现:银行导向型金融体系和市场导向型金融体系在促进技术进步方面所起的作用是不一致的。银行导向型金融体系在金融体系不发达的国家和地区所起的作用一般会大于市场导向型的;相反,当金融体系发达时,市场导向型金融体系则会发挥更大的作用。[④]而 Calomiris(2003)则在比较日本、德国与美国的科技创新融资体系后发现,银行导向型金融体系的效率相对低下,对科技创新的支持不足。[⑤] Hsu 等(2014)研究了股票和信贷市场对该国科技创新的影响,他们使用了 1976—2006 年 32 个国家(包括发达国家和发展中国家)的数据样本,发现在股票市场更发达的国家,依靠外部融资的高科技企业呈现出更高的创新水平,而信贷市场的发展对于依靠

---

① Berger A Hasan I and Klapper L. Further Evidence on the Link between Finance and Growth: An International Analysis of Community Banking and Economic Performance. *Journal of Financial Services Research*, Vol. 25, No. 2, 2004, pp. 169—202.

② Haynes G W and Haynes D C. The Debt Structure of Small Business Owned by Woman in 1987 and 1993. *Journal of Small Business Management*, Vol. 27, No. 2, 1999, pp. 1—19.

③ Benfratelloa L, Schiantarellic F and Sembenelli A. Banks and Innovation: Microeconometric Evidence on Italian Firms. *Journal of Financial Economics*, Vol. 90, No. 2, 2008, pp. 197—217.

④ Tadesse S. Financial Architecture and Economic Performance: International Evidence. *Journal of Financial Intermediation*, Vol. 11, 2002, pp. 429—454.

⑤ Calomiris C W and Mason J R. How to Restructure Failed Banking Systems: Lessons from U. S. in the 1930's and Japan in the 1990's. NBER Working Paper, No. 9624, 2003, pp. 74—97.

外部融资的高科技企业的创新行为是有抑制作用的。[①]

二　国内科技金融的理论研究

国内大部分学者未对科技金融进行独立定义，而是将科技金融归为产业金融的范畴，类似于网络金融和物流金融。科技金融被简单化为近似“科技与金融”的解释，强调的是科技产业与金融产业的融合和二者的互动关系。杨刚等学者认为经济的发展依靠科技的推动，而科技产业的发展需要借助金融的强大推力。[②] 金融产业的不断发展和完善为科技产业的蓬勃发展奠定了坚实的基础，具体表现为：金融系统可以充分利用各种融资渠道和金融工具为科技创新活动提供资金支持，金融产业还可以利用流动性提供和风险分散等能力为科技型企业提供更好的服务。同时，科学技术的不断进步也促进了金融水平的提升，具体表现为：科技的发展使交易方式、交易地点都得到了创新，加快了信息流动的速度，推动了证券交易的全球化发展。

钱志新在其《产业金融》一书中这样定义“科技金融”：“科技金融主要是指在科技企业的整个生命周期中的融资过程，该过程包括融资工具、融资制度、融资政策以及融资服务，融资活动的参与者包括政府、企业、市场、社会中介机构以及其他社会团体。”[③]他把科技金融归入产业金融的范畴，认为科技金融主要是指科技产业与金融产业的融合。经济的发展主要依靠科技的推动，而科技产业的发展也需要金融产业的强大支撑。在金融的助推下，科技产业呈现出崭新的面貌，计算机、互联网的应用、普及和发展都是在金融的支持下，发挥着促进经济发展的作用。由于科技与金融原本分属于不同的产业，因而在融合过程中必然会遇到很多困难与挑战。高科技产业通常都具有高风险的属性，研发和推广前期投入较大，因此，科技产业与金融产业的融合更多的是科技型企业寻求

---

① Hsu P-H，Tian，X，Xu Y. Financial Development and Innovation：Cross-country Evidence. *Journal of Financial Economics*，112，2014，pp. 116—135.

② 杨刚：《科技与金融结合的机制与对策研究》，博士学位论文，吉林大学，2006 年。

③ 钱志新：《产业金融》，江苏人民出版社 2010 年版，第 130 页。

有效融资途径的过程。

国内对科技金融相对比较完整、认可度较高的定义是由赵昌文教授在《科技金融》一书中提出的。他指出，科技金融是“促进科技开发、成果转化和高新技术产业发展的一系列金融工具、金融制度、金融政策与金融服务的系统性、创新性安排，是由向科技创新活动提供资源的政府、企业、市场、社会中介等各种主体及其在科技创新融资过程中的行为活动共同组成的一个体系，是国家科技创新体系和金融体系的重要组成部分”①。科技金融是“第一生产力”与“第一推动力”的有机结合，其目标是实现“第一竞争力”。科技金融是社会经济发展到一定程度后，现代金融与现代科技发展的必然结果。事实上，科技金融是一个统一的概念，也是一个跨学科、交叉学科的概念；它可以细化为科学金融和技术金融。从广义上来讲，它既包括一般意义上的技术开发、成果转化和产业化所产生的各种金融问题，也包括针对重大金融问题所产生的一系列金融解决方案。科技金融是包括理论层面、政策层面、工具和服务层面的系统性安排。科技金融中既有公共金融问题，也包括公司金融问题；科技金融包括了从研究开发、成果转化到高新技术产业的不同阶段的金融问题。他同时提出了科技金融的“5I”规律，即创新（Innovation）、投入（Input）、一体化（Integration）、制度化（Institutionalization）、国际化（Internationalization）。

房汉廷（2010）认为科技创新并不是一个严格的概念，他拓展了科技金融的内涵，认为仅仅是科技的外生变量和金融的外生变量的研究结论或许并不能完全准确地解释科技金融的本质，科技金融应该包含四个方面：首先，科技金融是一项创新活动，是科学技术被企业家转化成商业价值的融资行为总和；其次，科技金融是一种技术-经济模式，科技革命是新经济模式的引擎，金融是新经济模式的燃料；再次，科技金融是一种科学技术资本化的过程，是科学技术被金融资本孵化为一种商业价值的工具、孵化为一种财富创造工具的过程；最后，科学技术是一种金融资本有机构成提高的过程，即同质化的金融资本被科学技术异质

① 赵昌文、陈春发、唐英凯：《科技金融》，科学出版社 1999 年版，第 26 页。

化配置之后，获得了更高的附加价值回报的过程。[①]胡苏迪等（2012）则认为科技金融的本质是金融创新和科技创新的高度结合，贯穿高科技企业发展的整个生命周期过程："科技金融的本质是金融创新与科技创新的高度耦合，因此金融发展与科技发展是科技金融发展的重要前提。科技金融是基于科技创新发展需要，促进科技开发与科技成果产业化发展，贯穿科技企业与高新技术产业发展的整个生命周期，为其提供各项投资融资服务的金融机构、金融工程工具与金融政策的组合。"[②]

随后，很多国内学者对科技与金融的相关性、科技金融模式及科技金融服务体系进行了更深层次的研究。孔祥毅（2002）提出了现代经济的两大特征：高新技术的迅速发展和金融产业的迅速渗透。科学技术与金融产业共同支撑起新经济的发展。如果没有金融的有力支撑，高科技产业的创新资金就很难筹集，创业风险就很难被分散；如果金融体系没有效率，就会影响资源的优化配置，阻碍高科技产业的发展，势必会影响经济的健康发展。[③] 为了反映金融与高科技产业的关系，田霖（2007）利用 FIR（金融相关比率）和 Y（高科技产业附加值）作为度量区域金融发展水平和高科技产业发展水平的指标，通过对 2002—2005 年中国各省的面板数据进行分析，得出结论：金融对高科技产业和产业结构升级具有正效应。[④]在金融支持高新技术产业发展的研究方面，巴曙松（2000）、胡志强（2003）分别从高新技术产业的发展特征出发，探讨了金融市场、金融产品、金融服务对科技型企业的支撑作用。[⑤][⑥]陈坚（2006）认为硅谷模式成功的关键是其拥有一套成熟、高效的创新投资体系。[⑦] 文竹等（2012）利用 TRIZ 分析法，直接从资金供给者、需求者、融资方式三个方面对融资效果进行分析，

---

① 房汉廷：《房汉廷文集 4 ——科技金融的兴起与发展》，经济管理出版社 2010 年版，第 7 页。

② 胡苏迪、蒋伏心：《科技金融理论研究的进展及其政策含义》，《科技与经济》2012 年第 3 期。

③ 孔祥毅：《百年金融制度变迁与金融协调》，中国社会科学出版社 2002 年版，第 25 页。

④ 田霖：《金融业的产业结构优化效应》，《金融理论与实践》2007 年第 1 期。

⑤ 巴曙松：《中国高科技产业发展中的金融支持》，《城市金融论坛》2000 年第 1 期。

⑥ 胡志强：《高新技术经济发展与金融支持》，《科技进步与对策》2003 年第 11 期。

⑦ 陈坚：《高新技术产业与金融的融合——美国硅谷模式的分析与启示》，《国际商务研究》2006 年第 3 期。

将“四元主体(政府、银行、资本市场、社会机制)”模式应用于科技金融。①

结合国内外对科技金融的相关研究,我们认为,科技金融是指针对科技型企业的各个发展阶段,以加快促进科技创新创业、科技成果转化和高新技术产业化为目标,通过持续的金融创新逐步形成的集直接融资、间接融资和金融中介服务于一体的科技金融体系。大体而言,科技金融具有以下几个特点:第一,科技金融是一个完整的投资体系,即科技金融体系,包括种子基金、天使投资、风险投资、科技银行、科技保险、前期股权融资、科技融资租赁、新三板、后期上市融资等;第二,科技金融有着持续的创新过程,是通过金融层面的不断创新而逐步完善的一个体系,包含金融工具、金融产品、金融政策创新等;第三,科技金融具有明确的针对性和服务群体——科技型企业,而且针对科技型企业生命周期的不同阶段,有相应的金融平台创新和金融产品创新;第四,科技金融作为一个推进手段和措施,其主要目的是加快推进科技成果转化和高新技术产业化。

第二节　科技金融的发展实践

一　国外科技金融发展模式

在具体实践方面,由于各个国家的科技和金融发展的成熟度不同,对科技金融的认识和实践也有所不同。欧美、日本等发达国家和地区,因其金融市场和现代工业起步较早,出现了更丰富的金融工具,同时对科技金融产业的管理也相对成熟。其他科技较发达国家如印度、以色列等鼓励风险投资支持科技创新的做法也有许多可借鉴之处。

美国科技金融模式与创业风险投资联系得比较紧密,体现出政府引导与市场主导模式相结合的特点,具有鲜明的资本市场主导模式。美国的高新技术企业中,超过九成都属于中小企业,这些企业在美国新经济增长中起到了重要作

① 文竹、文宗川、张永正:《基于 TRIZ 物场分析的管理创新方法》,《大连理工大学学报(社会科学版)》2012 年第 33 期。

用，推动了信息产业、生物工程、航天航空等多领域的发展。美国的中小企业融资成本较高，超过一半的高科技企业都表示曾在融资方面遭遇过困难。在美国，高科技型创业资本主要来源于以下几个方面：个人积蓄、亲友借款、银行贷款、金融机构借款、发行股票债券、政府拨款等。其中，企业营运资本主要来源于银行贷款和金融机构借款。美国政府很早就意识到了中小型科技企业的重要性，20世纪50年代，政府通过立法、机构设置、补贴、税收等多种方式对这类企业进行引导和扶持。在立法方面，1953年，政府颁布了《中小企业法》，后又颁布了《中小型企业投资法》；在专业机构方面，美国政府根据上述两部法律，先后成立了美国中小企业管理局（SBA）和小企业投资公司（SBIC）；同时，美国政府还设置了私有金融机构、美国新市场风险投资（NMVC）计划、美国进出口银行以及纳斯达克市场（NASDAQ）。在财政补贴方面，美国出台了“小企业创新研究计划”（SBIR），用以对企业研发给予补贴。除了多种税收优惠措施以及贷款援助外，美国政府还为中小型科技企业提供了多种服务支持体系，包括法律、人力资源培训、信息化和技术创新等。①

美国拥有全球最发达的资本市场。主板市场纽约证券交易所（NYSE）已有两百多年的历史，该交易所主要为处于成熟期的科技型企业提供融资。二板市场主要包括美国证券交易所（AMEX）和纳斯达克市场。相对于主板市场，纳斯达克市场的融资环境相对宽松，特别适合中小型科技企业，为美国的风险投资提供了重要的退出机制。

英国在融合科技和金融的过程中也做了很多努力。大部分大型科技企业都是由中小型企业发展而来的，但在历史上，英国对中小企业的发展并没有十分重视，直到20世纪70年代，英国才在工贸部内设立中小企业局，中小企业被忽视的局面才开始得以改变。80年代后期，英国的中小型企业迅速发展，成为经济中的中坚力量。与美国科技金融政府机制作用模式类似，英国也设立了类

---

① 王鹏：《完备的服务体系支撑着小企业融资和技术创新——中小企业发展政策国际比较之美国经验》，《经济研究参考》2011年第37期。

似于 SBA 职能的小企业服务局(SBS),体现出政府引导与市场主导相结合的科技金融模式的特点,具有资本市场主导的特性。英国政府对科技型企业的支持主要包括政策性的融资担保、优惠贷款、政策性基金,其中政策性基金包括英国高科技基金、SBS 商业孵化基金、早期成长基金以及其他类型的基金。以英国高科技基金为例,政府只进行部分投资,基金主要通过募集私有证券公司的资金,采取基金运作的方式投资处于发展初期的科技型企业,该基金目前由私营证券公司 Westport Private Equity 管理。SBS 商业孵化基金是为了帮助初创期和成长早期的中小型企业克服资金不足问题而设立的,并由公共和私人企业共同筹集,总金额为 5 亿英镑。早期成长基金是为了鼓励初创期和成长期的企业进行小额风险投资,基金主要面向创新型和知识密集型企业,并规定企业必须同时配套不少于基金投资数额的私人资本。①

英国还建立了另类投资市场(AIM),是世界上继美国纳斯达克市场之后第二个二板市场。除此之外,英国政府还设立了技术板市场(TECHMARK)来满足高科技企业的独特要求。英国同时也仿效美国,减轻税收,以提供宽松的税收环境来鼓励科技型企业的发展。

德国的科技金融具有明显的政府与银行主导相结合的特点。德国十分重视精英型中小型科技企业,甚至将促进这类企业的发展作为基本国策。事实证明,这一举措值得肯定,中小型科技企业为德国的经济发展做出了重大的贡献。它们提供了德国约 80% 的工作机会,创造了约 75% 的国内生产总值(GDP)。德国政府通过立法、设置机构、财政补贴、税收等多种方式对中小型科技企业进行扶持和引导。银行主导型金融体系是德国发展科技金融的中坚力量,国内三家银行(德意志银行、德累斯顿银行和商业银行)几乎掌控了整个德国企业的金融资源配置,同时这三家银行也积极参与风险投资市场的活动。正是由于银行业的发达,中小企业的长期融资几乎全部来源于银行信贷,进行股权融资的意愿不强,所以风险投资市场和创业板发展得较为缓慢。1975 年,德国政府与 29

---

① 赵昌文、陈春发、唐英凯:《科技金融》,科学出版社 1999 年版,第 26 页。

家德国银行共同设立WFG基金，为中小企业科技创新提供风险资本，政府承担WFG 75%的损失，并允许企业以成本价加合适的利润回购企业。在WFG发展前期，曾出现过一些成功案例，但是它并不是纯粹的风险投资机构，又具有低风险和低回报的特点，因此于2003年彻底失败，投资内部收益率为－25.07%。[①]

作为“强政府”的代表，日本政府对中小型科技企业发展的重视程度是最高的，对其的支持力度也最大。日本早在1948年就成立了中小企业厅（中小企业最高管理机构），并在全国设立中小企业局。与其他国家不同的是，日本政府将《中小企业法》作为基本法发布和实施，同时明确地将中小企业发展纳入日本总体产业政策层面。与其他发达经济体一样，日本还采取了一系列政策措施，如财政税收、机构建设、基金组织建构等。日本政府在科技金融方面的作用模式主要体现在两个方面：① 建立政策性金融机构，为科技型中小企业提供债务融资；② 建立政策性担保机构，为中小型科技企业提供信用担保支持。日本政府主要以财政资金为资本来源，建立了国民生活金融公库、中小企业融资公库、商工组合中央金库三家政策性机构，负责向中小企业提供优惠利率的商业贷款。同时，日本政府出资设立信用担保协会和中小企业综合事业团两个担保机构，以公用资金为主要资本。中小企业在向银行申请贷款的同时可以向信用担保协会申请担保。通过融资承担与保险制度，中小企业可以以优惠的市场利率获得政策性贷款之外的商业贷款。[②]

韩国科技金融同样带有明显的政府主导意味，政府也十分重视资本市场的发展。韩国中央银行鼓励金融机构为中小型企业提供贷款，并将商业银行对中小企业的贷款额作为其考核指标之一；同时，国家还对中小企业贷款实行优惠利率。韩国中小企业银行是政策性银行，由韩国政府投资，专门为中小型企业提供服务。该银行承担的主要职责是发放中小企业专项贷款，鼓励中小型高科

---

① 杜斌、谈毅：《德国风险投资业的发展历程与启示》，《预测》2004年第5期。

② 石岩：《国外中小企业融资体系对我国的启示》，硕士学位论文，河北大学，2010年。

技企业投资生产，开展研发活动。此外，政府相关部门还建立专业的政策性基金贷款，为中小高科技企业服务。不仅如此，根据国家和地区的政策需要，重点发展行业的企业可以以优惠利率向政府申请政策性贷款，对成立满两年的中小企业，政府还提供“地方小企业培育基金”。中小企业振兴公团作为由政府全额拨款设立的非营利性金融机构，主要职能是对国内中小企业进行资金援助以及促进国际合作等。根据《信用保证基金法》，韩国在 1976 年成立了全国性的信用保证机构——韩国信用保证基金组织（KCGF）。该机构由政府和金融机构共同出资，向中小企业提供贷款担保，通过信用担保解决中小企业资金不足问题。韩国政府还注重发展风险投资市场和资本市场，促进融资多元化。通过发展风险投资市场和建立二板市场——科斯达克市场，不仅为新兴的高科技企业及中小企业融资提供了便利，也为追求高风险、高收益的投资者提供了新型投资工具，拓宽了中小型高科技企业的外源性融资渠道。①

以色列的高科技产业是其经济发展过程中的一大亮点，其快速发展与政府的大力支持密不可分。以色列和日本、德国类似，曾坚信政府能够比市场更有效地配置资源，因此金融系统一度被过度干预和管制，直到 1985 年实施“经济稳定工程”后，这一情况才有所好转。目前，以色列的经济中高科技产业占较大比重，而高科技产业与其独特的中小型企业创新和风险投资政策密不可分。以色列政府于 1994 年成立了以色列小企业局（ISEA），该机构于 2000 年更名为以色列中小企业局（ISMEA），并形成了由 ISMEA 和地方小企业发展中心（SBDC）组成的中小企业管理服务体系，为中小企业提供信息咨询、教育培训等服务。

以色列中小企业扶持政策中，中小型高科技企业孵化器最具特色。与美国孵化器不同的是，以色列政府直接参与企业孵化的全过程，如设立首席科学家办公室（由以色列工贸部特设）、技术孵化期计划和大学科技园等。② 以色列的金融体系相比其他国家并不发达，但其风险投资市场成效显著，风险投资额曾

① 张普：《美日韩发展科技金融的经验及对江苏的启示》，《江苏科技信息》2012 年第 9 期。

② 刘建兴：《在扶持中小企业中发展高科技产业——中小企业发展政策国际比较之以色列经验》，《经济研究参考》2011 年第 37 期。

一度超过 GDP 份额的 2%。1993 年启动的 YOZMA 计划运作得非常成功，其资金参与结构与德国的 WFG 并不相同，YOZMA 设立了九个混合型投资基金，每个基金都有私人投资。YOZMA 在取得投资回报前允许私人投资者以“成本价＋名义利率＋投资公司未来利润的 7%”的代价实现购买选择权，与 WFG 直接投资于资产组合公司相比，YOZMA 对购买权的实现不是由企业家完成的，金融中介可以参与其中，享受一定额度的投资回报。德国政府对银行和企业家的补贴以及银行企业家的监管完全扼杀了 WFG，而 YOZMA 的这一机制使得投资者能够很好地监管投资公司并保证风险投资向前发展。同时，YOZMA 没有提供损失保证机制，风险由私人投资者和基金管理者共同承担；YOZAM 也不会自己做出投资决定，而是由基金管理者和其他受激励的投资者共同做出选择。YOZMA 将其规模扩大到 20 000 万美元以上，并于 1997 年被成功私有化。以色列的资本市场并不发达，正因为如此，2000 年，以色列政府通过《双重上市法案》，允许以色列企业在 NYSE、AMES 和 NASDAQ-MN 上市，若企业选择再在 TASE 上市，则不附加调整性要求。以色列作为一个金融系统不发达的国家，这种特有的模式在很大程度上支撑了其风险投资产业的快速发展。①

在印度，中小企业在经济发展过程中也扮演着重要角色，为印度经济贡献了近 40%的工业总增加值。印度由于特殊的历史和国情，沿袭了以英美金融市场为主导的金融体系，银行系统和资本市场都有超过一百年的历史。虽然其在效率上与英美仍有一定的差距，但相较以色列却成熟很多。虽然印度在风险投资市场上借鉴了以色列 YOZMA 和美国 SBIC 的经验，但由于政策法规的限制，风险投资市场发展缓慢，成效并不显著。在立法上，印度政府制定了《小工业政策》，对小企业包括科技型中小企业提供财税、信贷、技术、营销等方面的支持；并于 1990 年制定了第一个支持小微企业发展的法律框架——《印度小微企业发展法》。为了支持小微企业的创新和发展，印度还设立了受印度议会监管

① 李心丹、束兰根：《科技金融：理论与实践》，南京大学出版社 2013 年版，第 60 页。

的小产业银行，并建立了一系列政策性金融机构，如印度中小工业开发公司、印度工业信贷投资公司等。印度科技部同时还实施了一系列支持中小企业科技发展的政策措施。①

印度政府现代意义上的风险投资始于1987年的技术发展基金。印度政府在介入风险投资方面没有以色列成功的原因主要在于缺乏资金、专业人才和市场回报激励政策。为了使中小企业健康发展，除了印度小产业银行和其他商业银行，政府还设立了国家金融公司(SFC)和双功能小型工业发展公司(SIDC)。另外，印度在2005年还建立了资信评级制度，为中小型企业提供融资服务。在资本市场方面，为了提供更多的风险投资退出渠道、方便小企业融资，印度孟买交易所(BSE)和印度股票交易所联合会(FISE)在2005年联合推出了针对印度的创业板市场Indonext。

由于国情、经济文化的差异，因此各国不管是在政策性融资、风险投资还是在资本市场方面，都有自己的特色，表1.1对美国、英国、日本、德国、韩国、以色列、印度七个国家的政府政策性金融配套措施、风险投资和资本市场的情况做了总结与比较。

表1.1 各国科技金融情况比较

	美国	英国	日本	德国	韩国	以色列	印度
政府政策性金融配套	SBA(中小企业管理局)、SBIC(小企业投资公司)、SBIR(中小企业)	宽松的税收环境、小企业服务局(SBS)、英国高科技基金、SBS商业孵化基金、早期成长基金	中小企业法、贷款贴息、提高税收起征点、风险开发银行	立法、设置机构、财政补贴和税收、创业资本援助计划	优惠利率、韩国中小企业银行、地方小企业培育基金、中小企业振兴公团、韩国信用保证基金组织(KCGF)	以色列中小企业局(ISMEA)、地方小企业发展中心(SBDC)、中小型高科技企业孵化器	《印度微小型企业发展法》、小产业银行、印度中小工业开发公司、印度工业信贷投资公司、国家金融公司(SFC)、双功能小型工业发展公司(SIDC)

① 徐长春：《机构先行 法律规范 协同推进 鼓励创新——中小企业发展政策国际比较之印度经验》，《经济研究参考》2011年第72期。

（续表）

		美国	英国	日本	德国	韩国	以色列	印度
资本市场		硅谷银行、天使基金、风险投资、纳斯达克、OTCBB 和 Pink Sheets（粉单市场）	另类投资市场（AIM）、技术版市场（TECHMA-RK）	JAS-DAQ	德国风险投资公司(WFG)（已失败）、法兰克福新市场（New Market）（已关闭）	科斯达克市场	YOZMA 风险投资基金计划	创业板市场（Indonext）
风险投资市场情况	诞生时间	1946	1945	1951	1975	1997	1993	1987
	推动主体	私人风险资本	私人风险资本，政府推动	银行和保险公司主导、政府推动		政府主导		
	资本来源	养老金、保险金	养老金、保险金、银行资金、个人投资	银行、保险公司		政府、民间资本	政府、外资	
	投资阶段	早期	早期	成熟期		早期		
	投资领域	高新技术	高新技术	传统工业		高新技术		
	退出机制	M&A						
资本市场情况	股票市场市值*（2012）	18 668	3 019	3 681	1 486	1 180	148	1 263
	创业板设立时间	1971		1971	1997（2005）		—	2005
	主要创业板市场	纳斯达克	AIM	JASDAQ	Open Market	科斯达克	—	Indonext
	创业板市场市值*（2007）	4 014	98	135	13	—	—	17

* 单位：十亿美元

资料来源：World Development Indicators 2014，World Bank. London Stock Market Website。

二　国内科技金融创新实践

现阶段，中国已经消化吸收了国外发展科技金融的部分先进经验，同时紧密结合中国特有国情进行修正和创新，努力发展一条适合中国国情的科技金融发展创新之路。

（一）国内科技金融发展回顾

对于科技金融的认识并不能一蹴而就，而是一个逐渐产生和深化的过程。中国的科技金融实际上是在经济体制改革的框架内以及科技体制改革与金融体制改革进程中，作为促进科技发展要素的金融手段逐步丰富、强化并自成体系的。伴随着中国经济体制改革、金融体制改革和科技体制改革的进行，科技金融经历了从行政制到市场化、从单线条到多层次的发展过程，根据不同的金融工具或金融市场出现的次序，中国科技金融的发展大致可以划分为六个阶段。①

第一阶段为 1978—1984 年，这一阶段科技型企业的主要经济来源为行政供给制财政拨款。经济体制的改革已经展开，但在金融体制和科技体制方面的改革尚未开始。因此，科技金融的内容较为单一，科技投入在计划经济主导下进行。

第二阶段为 1985—1987 年，科技贷款开始介入。在这一时期，经济体制开始从计划经济转为有计划的商业经济，虽然金融体制方面的改革并未完全展开，但金融体系已开始向市场化方向探索。同时，科技体制层面的改革全面实行，科技金融的主要投入开始表现为科技贷款，但这种金融工具主要还是在计划体制下使用。

第三阶段为 1988—1992 年，此阶段市场机制开始起作用。这一阶段，经济体制已经在很大程度上拥有了商品经济时期的特征，金融体制也开始进行体制层面的创新。金融市场的框架开始逐步建立，科技金融的发展也进入了以高新技术开发为主的市场化阶段。

第四阶段为 1993—1998 年，此阶段风险投资开始介入。这一阶段，经济体制已经过渡到了市场经济阶段，而金融体制改革也开始对金融体系的框架进行进一步的调整和充实，外资风险投资开始进入中国，中国也开始探索以市场化原则为核心，创立公共风险投资公司。

第五阶段为 1999—2005 年，资本市场开始介入并起作用。经济体制方面的改革使市场经济进一步深化，金融机构也开始进入分化和竞争阶段。第一只科技股和第一笔高新区企业债券开始发行，科技金融将资本市场纳入融资体

① 赵昌文、陈春发、唐英凯：《科技金融》，科学出版社 1999 年版，第 83 页。

系，关于设立创业板的呼声也不断响起。

第六阶段为自2006年之后，金融工具开始全面深化及融合。这一阶段的经济体制改革已经将市场经济渗透到政府管理和企业经营的各方面，金融体制的市场化进程要求金融机构开始自发的变革创新，这一阶段的科技金融一方面开始全面完善基本金融工具（市场），如建立“新三板”市场和试点科技保险，另一方面则开展更加全面的工具创新，如知识产权抵押贷款和科技银行贷款。

（二）国内科技金融发展现状

科技和金融是高新技术企业迅速发展的两翼，拥有了可以投入生产的技术之后，及时而充分的资金投入就成了企业发展壮大的关键因素。科技型企业对资金的需求通常是巨大的，融资难度也较大，有无完善的金融体系支持成为科技型企业发展的关键。发展科技金融的重要目的之一就是要让科技和金融有机结合起来。科学技术迅速发展的同时，金融正在向微观经济快速渗透，两者如果能够有效结合产生协同作用，将会明显推动高新技术产业甚至整个经济体的发展。

国内现阶段科技企业的融资主要来源于金融机构的贷款，政府正逐步认识到发展科技金融是提升自主创新能力的重要途径，开始尝试加快经济增长方式的转化来推动经济发展，从而进入创新驱动的轨道，实现以科技创新驱动金融创新，以金融服务速度提高产业甚至经济发展的速度。除了金融贷款之外，股权融资、债券融资、上市融资等方式也是企业常用的融资方式。为了促进科技型企业的发展，国家重点在以下四个方面推动科技金融的发展：建设多层次资本市场、推广科技贷款、规范科技保险运作和引导创业投资发展。

1. 建设多层次资本市场

资本市场主要为科技型企业提供两方面的功能：促进自主创新和提高财务管理能力。通过提供共担风险、共享利润的产业化，资本市场为风险投资提供了退出通道，成为支持、资助自主创新和高科技企业发展的重要平台；同时，资本市场有分散风险和风险代偿的作用，为愿意承担一定风险的投资者提供了管理财富的机会。

企业的发展壮大实质上是持续不断的融资和投资过程，目的是在融资和投资过程中实现利润最大化。然而,在企业发展的不同阶段,其规模、成长性、风险程度也存在差异,为满足不同层次市场主体在不同发展阶段多样化的融资需求,20世纪90年代,中国相继设立了上海证券交易所和深圳证券交易所,经过二十多年的发展和改革,已经初步形成了以股票和债券为主体的多种证券形式并存的资本市场。具体而言,主要包括以下三个部分:① 主板市场,包括上海证券交易所和深圳证券交易所,两个交易所在组织体系、上市标准、交易方式和监管要求上几乎是相同的,主要为成熟的国有大中型企业提供上市融资服务;② 二板市场,包括2004年5月深圳证券交易所在主板市场内设立中小企业板和2009年10月正式上市的中国创业板,中小板市场与主板市场相对应,是创业板的过渡,专为中小高新技术企业或快速成长的中小企业提供融资的途径,其上市方式基本沿袭了主板市场上市的规定,除能接受流通盘在5 000万股以下的中小企业,其他条件几乎与主板市场相同,"门槛"依然较高;③ 新三板市场(场外市场),主要对象为不满足公开发行条件但股份需要在柜台市场上进行转让的企业。科技企业上市规划的前提和基础是符合相关上市法律法规中所规定的一系列公开发行并上市的条件,可根据企业本身的特征,选择合适的板块。表1.2对我国不同层次资本市场上市企业的基本情况和特点进行了介绍。①

表1.2　科技型企业上市板块规划选择及各板块的特点

资本市场构成		上市企业情况	市场特点
主板市场		主要是传统行业,规模偏大,适合发展成熟、规模较大的科技企业	交易活跃,机构投资者和散户投资踊跃,流动性强,波动小
二板市场	中小板市场	适合已经或即将进入成熟期、盈利能力较稳定的科技企业	交易活跃,机构、散户投资较多,流动性相对较弱,波动较大
	创业板市场	具有高成长性和自主创新能力的"两高六新"类企业,适合处于生命周期早期的科技企业	风险较大,波动较大,流动性不强
新三板市场		不满足公开发行条件但其股份需要在柜台市场上寻求创业投资企业增资的科技企业	柜台交易,波动大,成交频率不高,适合机构投资及原始股东

① 李心丹、束兰根:《科技金融:理论与实践》,南京大学出版社2013年版,第23页。

2. 推广科技贷款

中国现阶段科技企业的融资主要还是来自金融机构的贷款，创业资本投资和私募股权相对滞后。科技贷款有明显的时代特性，在不同的发展阶段表现形式也不尽相同。科技贷款始于20世纪80年代，中国工商银行率先试办科技开发贷款，用于支持国家重大科技专项、科技成果转化、高新技术产业化等专项用途，这时的科技贷款带有强烈的行政导向意味，与现在真正意义上发放给科技型企业的贷款区别很大。

科技贷款的一个重要载体是科技银行，专门为科技型企业提供融资配套服务。科技银行定位于科技金融专业信贷服务机构，为科技型中小企业提供专业化服务，服务主体包括高新技术企业、科技型中小企业、创业投资企业。它通过整合政府和民间科技型企业风险投资基金，政府主导的科技型企业担保公司，以及保险公司、证券公司、信托公司等机构资源，共建科技型企业的全方位金融服务体系。

3. 规范科技保险运作

科技型中小企业现已成为科技创新领域最富有活力和效率的一股力量，然而其财务能力薄弱、融资渠道狭窄等问题依然非常突出。中小型企业应对风险能力较弱，一旦遭遇风险，容易陷入财务困境甚至破产。除了在内部建立有效的风险制度外，科技型中小企业外部风险的转移和分散也十分重要，科技保险的功能正是转移和分散科技企业在研发、销售、售后以及其他经营活动中遇到的各种风险，从而避免企业出现财产损失、利润损失或科研经费损失。

国内科技保险现阶段仍处于起步阶段。2006年，国家科技部和保监会联合推出了科技保险试点工作，科技部、保监会联合指定华泰财产保险股份有限公司、中国出口信用保险公司、中国平安人寿保险股份有限公司、中国人民财产保险股份有限公司四家保险公司试点该业务。随后在国内六个地点(北京、天津、武汉、深圳、重庆和苏州高新区)设置第一批试点。2008年，在第二批试点城市(成都、沈阳、西安、上海、无锡、合肥)也相继推出该业务。

2006年以来，科技保险逐步得到科技型企业和金融机构的认同。以苏州为例，2007 年 7 月，苏州进入首批试点名单，苏州高新区积极探索，有效地将科技与保险相结合，开始多渠道、全方位地推广科技保险工作。科技保险从一个几乎不为人所知的概念，到获得众多科技型企业的认同和支持，甚至部分企业主动向科技部门寻求科技保险服务，试点工作初见成效。阳光财产保险、中国大地财产保险、太平财产保险、国泰财产保险、永安财产保险、华泰财产保险六家保险集团联手组成的“苏州科技型中小企业贷款保证保险共保体”为科技型中小企业提供贷款服务。不同于以往银行、保险的独立作战，由政府、银行、保险公司、保险经纪等金融主体创新推出“政府＋银行＋保险”共同服务企业的“五合一”科技金融“苏州模式”，打造了综合化的金融集成商业服务平台。通过保险经纪的协调服务，共保体将融资、保证保险、风险管理方案等金融工具有机地结合在一起，形成了科技金融服务平台，集聚多方优势，共同努力破解科技型企业融资难题。截至 2014 年，共保体累计争取创业投资引导资金 5.4 亿元，投资总额 125 亿元。

2011 年，中国出口信用保险公司对高新技术产业的支持规模也继续扩大，科技保险实现承保金额 4 166 亿元；2007—2012 年，累计为高新技术产品提供信用担保和担保支持超过 14 260 亿元，支付赔款 57.2 亿元，累计支持 5 000 余家高新技术企业。中国人民财产保险股份有限公司 2011 年科技保险保费收入 5 832 万元，承包科技保险业务 667 笔，提供保险保障金额 1 041.4 亿元；2011 年受理科技保险赔案共 315 件，支付已决赔款 3 472.2 万元，未决赔款 445.8 万元；同时，为满足高新技术企业的多样化金融服务要求，推出针对科技企业的区域性信用保险产品——中小企业保证保险。

4. 引导创业投资发展

创业投资，在国内亦被称为风险投资，其英文为 Venture Capital Investment，创业投资是一种以权益资本方式存在的私募股权投资，主要对成长早期的创业企业或高成长性企业进行股权融资。创业投资的概念率先于 1985 年 3 月出现在中国政府文件《中共中央关于科学技术体制改革的决定》中，其中提出“对于变化迅速、风险较大的高技术开发工作，可以设立创业投资给予支持”。

同年 9 月，国家科委、财政部共同成立了中国第一家创业投资的全国性专业金融机构——中国新技术创业投资公司（即“中创”）。1991 年 3 月，国务院颁布了《关于批准国家高新技术产业开发区和有关政策规定的通知》，再次提出“有关部门可以在高新产业开发区建立风险投资基金，用于风险较大的高新技术产业开发，条件成熟的开发区可以创办风险投资公司”，这标志着中国高新区开始试点建立风险投资基金，扶持区内的高新技术企业。地方政府具有自主引导和发展创业投资基金的权力，创业投资基金进入实质性发展阶段。[①]

20 世纪 90 年代起，以红杉、IDG、KPCB、华登国际、DFJ、鼎辉为代表的一大批国外风险投资机构开始进入中国。国内第一家外资风险投资机构是太平洋技术风险投资中国基金（现更名为 IDG 资本），这家公司是美国国际数据集团（IDG）和上海市科学技术委员会合作成立的。20 世纪 90 年代中期，IDG 资本成功投资了搜狐、新浪、搜房等知名信息技术（IT）企业，投资回报较高。受外资风险投资在中国投资的成功案例影响，国家和地方各级政府开始高度重视风险投资对科学技术的促进作用，地方性的创业投资制度开始颁布实施，地方性的创业投资公司，如深圳市创新投资集团、苏州创业投资集团、达晨创业投资有限公司开始运作。图 1.1 显示了中国创业风险投资发展的情况，截至 2014 年年底，

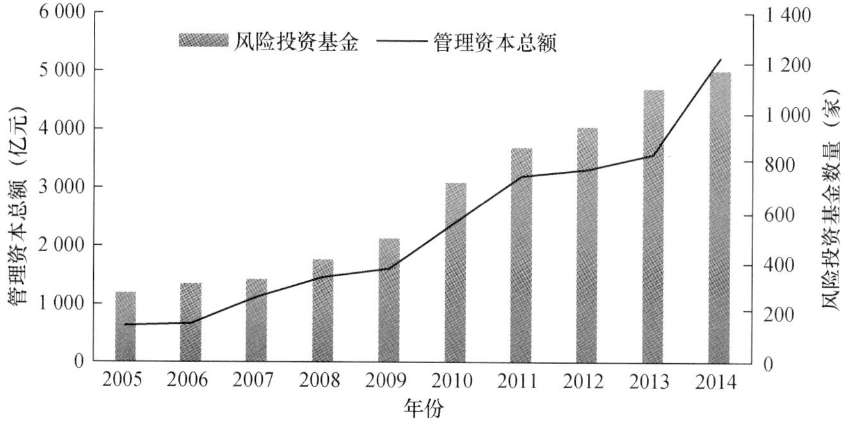

图 1.1　中国创业风险投资企业（基金）总量、增量（2005—2014）

资料来源：《中国创业风险投资发展报告 2015》。

① 李心丹、束兰根：《科技金融：理论与实践》，南京大学出版社 2013 年版，第 25 页。

我国已有机构 1 167 家，全国风险投资管理资本总量达到 5 232 亿元。

第三节　科技金融与科技型企业发展

资本市场本身具有普适性，并不特别针对某一特定类型或行业的企业，但是其层次性却赋予了它服务于不同类型企业的特质。按照资本市场的层次性，从上往下，企业拥有越来越大的灵活性，相对应地，也具有越来越多高风险、高收益、高成长的特性。一般来说，高成长性的新兴企业更有可能带来高额回报，以弥补其成长过程中因高度不确定性带来的风险，而这类企业通常更有可能是高新技术企业。就世界范围来看，创业板、场外交易市场等往往被认为是最适合高新科技型企业的科技资本市场。从广泛意义上来说，科技资本市场实质上是为高新科技型企业提供直接融资的所有资本市场，包括主板市场（特别是中小板市场）、创业板市场和场外交易市场。

一　科技型企业投资体系的特殊性

高新科技型企业与传统企业不同，其所研制和生产的产品或者其所处的行业未必已经发展成熟。它们不像传统企业那样投资一条生产线去生产一种技术已经成熟、市场前景完全明朗的产品。科技型企业具有的双高特性，即高风险、高收益的特性，使得其融资方式与传统行业存在较大的差别。若采用一般贷款方式支持科技型企业的发展，就会存在风险与收益不对称的问题，即处在成长阶段的高新科技型企业可能会成倍增长，而贷款产生的收益仍然微薄；若企业失败或者破产，贷款本金都将不能收回。因此，仅靠政府财政和银行信贷的支持，科技型企业难以长久发展。支持科技型企业发展的投融资体系可能要建立有效的“收益共享、风险共担”的激励机制，才能有力地推动其快速发展。科技型企业投融资还具有动态化特征。高新科技型企业以及高新技术产品一般要经历一个发展过程，即存在一个生命周期。高新科技型企业从创办到成熟大致会经历如下四个阶段：种子期、初创期、成长期和成熟期。

二　科技型企业不同成长周期的融资方式

科技型企业具有动态发展的特点，在其不同生命周期有不同的发展特性和融资特点，因此高新科技型企业在不同阶段所需要的金融支持也不同(见图1.2)。

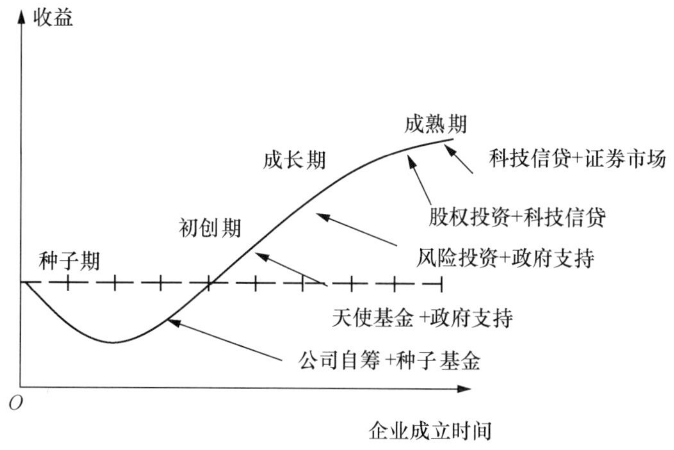

图1.2　高新科技型企业生命周期与主要资金来源

(1) 种子期。在此阶段，科技型企业尚未正式成立或仅仅处于拟创立阶段，资金与技术还没有紧密结合。在这一阶段，大部分的金融机构都不愿冒险进入企业，企业非常容易形成"融资缺口"。企业需要大量且稳定的资本投资，主要资金来源还是企业内源性融资、民间借贷和少量天使种子资金，其中以企业自有资金和借贷为主。

(2) 初创期。处于初创期的企业非常脆弱，技术不成熟，是否有产品能够产出、产品能否被市场接受都不确定，项目失败率较高。同时，公司管理和公司战略都不成熟，因此，一般创业投资公司不敢轻易注资，仅有专门针对企业早期发展阶段的天使投资机构可能会考虑介入。银行出于对风险、资产规模和现金流的担忧，一般只会为少数科技型企业提供信贷支持。而在这一阶段，企业需要能够长期使用的资金，因此，资金主要来自创业者的自有资金、合伙人的资本投入、企业内源性融资(如亲友借款、企业内部职工借贷)、民间借贷等。在此阶段，政府支持尤为重要，类似中小企业创业资金的政府政策性资金虽然数额不大，但可以有效刺激科技型企业的创立和初步发展。

(3) 成长期。创新型中小企业在成长初期，急需外部资金，但由于有形资产少、无形资产大、不确定程度高及信息不对称等障碍，传统金融体系很难支持，通过缓慢的自我积累方式，又无法适应现代竞争的要求。创新型中小企业要求与之相适应的资本投入形式，这种要求表现在两个方面：一方面，由于企业的不确定性及面临激烈的竞争，因而要求低财务杠杆的融资制度，权益性的融资是其首选；另一方面，由于创新型中小企业信息不对称问题比一般企业更加突出，因而需要专业人士对市场潜力进行评估，对投资进行积极监管。风险投资正是以创新的投资方式适应了这种要求。创新型中小企业在创业和扩张的关键阶段，由于生产和管理风险大，传统银行体系提供的信贷有限，因此风险资本成为其资本需求的主要来源。风险投资家不仅为创新型中小企业提供了股本支持，而且还运用其丰富的管理经验、专业能力及社会网络，向创新企业家提供其所缺乏的管理服务，促进创新型中小企业快速成长。风险投资的这一独特作用，使其成为推动创新型中小企业发展的不可替代的力量。

(4) 成熟期。在此阶段，高新科技型企业已基本形成具有自身特色的商业模式和核心竞争力，管理也开始规范，银行一般较愿意为其提供贷款。企业此时开始考虑进入资本市场，特别是证券市场进行融资。首先，上市直接融资可以获得大量资金，对企业的跨越式发展提供资本支持；其次，证券市场融资不需要支付资金利息，可以降低企业的财务成本和资产负债率；最后，高科技企业上市可以实现企业价值和股东权益的大幅提升。因此，当企业进入成熟期之后，更希望以上市的方式实现融资和资本增值的双重目的。

就高新科技型企业的生命周期与资本市场的结合来看，种子期是企业将创造性思维转变为商业技术的研发阶段，一般以团队自有资金为主，涉及资本市场的融资较少。当企业发展至初创期时，企业内的资金难以满足资本需要，创业风险投资是其主要来源之一；同时，企业最有可能开始接触低层资本市场，如产权交易市场、三板市场等筹集外部资金。也有企业运用规范化的资本市场运作机制，进行知识产权评估，或通过知识产权融资募集资本。随着企业进一步发展到高速增长的扩张期，其对资金的需求进一步膨胀，仅靠内部融资难以彻底解决资金的匮乏与企业快速发展的矛盾，初具规模、有能力的企业在这时可以选择从低层次的二板市场进入较高层次的资本市场进行股权融资，即在创业板首次公开募股(IPO)进行融资。当企业进入成熟期时，如果规模及盈利等一系列指标达到标准，就可以充分利用创业板甚至主板市场融资。当企业进入扩张期时，风险资本也可以选择利用各种渠道退出，如图 1.3 所示。

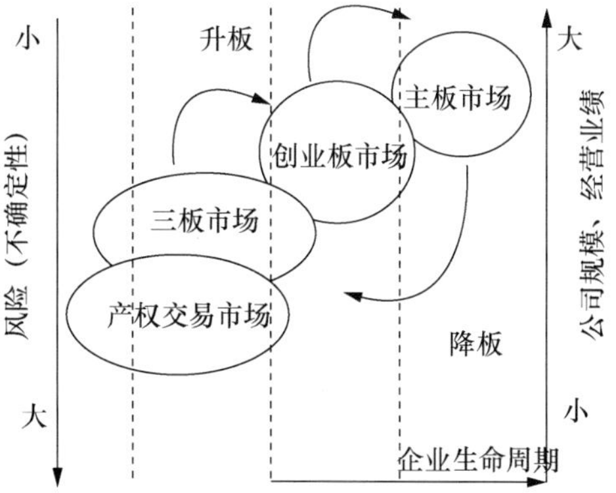

图 1.3　高新科技型企业生命周期与资本市场

资料来源：赵昌文、陈春发、唐英凯，《科技金融》，科学出版社 1999 年版，第 26 页。

低层次的三板市场和产权交易市场为风险资本的退出与企业可能发生的规模缩减造成的降板提供了更多可能，而较高资本层次的创业板和主板市场则是风险资本退出的最佳选择。也就是说，当高新科技型企业逐渐发展壮大时，它们与资本市场的联系可能会变得更加紧密，对资本市场的利用方式也会日趋广泛，多层次的资本市场既为高新企业提供了便捷的融资渠道，也为之后的创业风险投资者退出提供了多重通道。表 1.3 显示了高新科技型企业不同生命周期相对应的资本市场需求及其各阶段对应的风险特征和资金来源。

科技型企业不论是在成本还是在收益方面都存在很大的不确定性。一方面，高新技术成本结构复杂、可变性非常高，导致投入成本不可预测；另一方面，由于高新技术产品的市场规模、价格、营销费用、产品接受度、科技扩散程度相对传统产品的预测难度都要加大，因此对科技型企业的投融资带来更大的压力。科技型企业在不同成长阶段具有层次不同、特点不一的融资需要，为了充分发挥政府和金融市场的作用，企业应结合自己的成长阶段、实际需求与市场环境，动态地选择适合自己的融资方式。

表 1.3　高新科技型企业不同生命周期相对应的资本市场需求及其各阶段对应的风险特征

生命周期	风险	资金需求及用途	融资方式	可利用的资本市场
种子	技术风险	较小，技术研发	公司自有或自筹资金	很少
初创	技术风险、创业风险（缺乏业务记录和财务审计，信息封闭）	较大，市场开发	内源融资、民间借贷、天使基金、政府支持	产权交易、场外交易
成长	技术风险、市场风险（企业规模扩大，可递延资产增加）	大，规模扩张	风险投资、融资租赁	产权交易、创业板
成熟	较小（业务记录、财务制度趋于完备，技术成熟，信用能力足够）	大，进一步扩张	上市融资、增发融资、债务融资、信托融资	创业板、主板

第四节　金融体系与科技创新

一　金融体系对科技创新的支持与影响

（一）美国市场主导型的金融体系对科技创新的支持

过去一百多年来，世界先后发生过多次经济危机，比如 1929 年的经济大萧条、2007 年爆发的美国次贷危机以及随后爆发的全球金融危机。这些危机深刻影响了全球经济格局变化，不少国家的经济发展也随之浮沉。危机前后的实践证明，凡是善于迎难而上、依靠科技锐意创新的国家和企业，都能很快摆脱危机并实现新一轮的快速发展。有意思的是，尽管不少危机都始于美国，但美国的经济地位却一直不可动摇。

美国是一个科技发展水平很高的国家，国民财富增长的 70% 依靠科技进步取得。赵刚(2009)认为，科技创新是美国成功化解金融危机的重要原因之一。[①]美国技术创新的活跃带来了经济的繁荣。伴随着经济的波动，一些昔日主导性的产业逐步衰退，而另一些新兴产业在创新的推动下茁壮成长，成为支撑经济复苏和新一轮发展的重要力量。由于创新活动的不确定性、高风险性和收益长期性，依靠传统的商业金融体系支持创新受到限制。美国的技术创新之所以活跃，与它非常完善的科技金融体系紧密相关。美国充分利用其强大的金融实力，有力地支持了科技和创新产业的发展与进步。

在科技创新产业的投资中，美国政府和企业的投资大致相等。就近几年的发展趋势来看，政府所占的比例正在逐渐缩小。美国实行的间接融资方式(以银行信贷为主导的间接融资)为距离型融资，即资金提供者并不直接参与企业经营战略的制定，只要求得到合同所规定的利益，至于信息的收集和对企业的监督主要靠市场及法律来完成。间接融资模式虽然存在一定的缺点(如手续相对复杂、获得贷款时间相对较长)，但随着美国间接融资风险分担体系的设立和逐步发展完善，科技型企业的贷款风险与资产流动性的配比等问题得到了较好的解决，资金使用效率高，中小企业受益广，资金安全系数高，逐步形成了一个良性循环。

与德国、日本等主要依赖银行等传统金融机构融资的银行主导型金融体系不同，美国的金融体系是市场主导型的，主要包含三个层次：① 主板市场，即以纽约证券交易所为核心的全国性证券交易市场，该市场对上市公司要求较高，在该交易所上市的公司一般是具有较高知名度的大公司，公司较成熟，有良好的业绩记录和完善的公司治理机制，同时具有较长的历史存续性，收益较高。该市场的投资人一般都是风险规避者或风险中立者。② 以纳斯达克为核心的二板市场。纳斯达克市场的着眼点与纽约证券交易所截然不同，它最看中的是公司的成长性和长期盈利性，在纳斯达克上市的公司普遍具有高科技含量、高

---

① 赵刚：《科技创新化解金融危机——由美国带来的启示》，《发明与创新(综合版)》2009年第8期。

风险、高回报、规模小的特征。纳斯达克虽然发展时间较短,但发展速度很快,按交易额排列,它已成为仅次于纽约证券交易所的全球第二大交易市场,而在上市数量、成交量、市场表现、流动性比率等方面已然超过了纽约证券交易所。③ 遍布各地区的全国性和区域性市场及场外交易市场。美国证券交易所也是全国性的交易所,但在该交易所上市的企业的实力较纽约证券交易所略逊一筹,在此挂牌交易的企业发展到一定程度可以转到纽约证券交易所上市。遍布全国各地的区域性证券交易所有 11 家,主要分布于全国各大工商业和金融中心城市,它们成为区域性企业的上市交易场所,可谓是美国的三板市场(OTC市场)。

美国的资本市场是全球最发达的,全球规模最大、体系最为复杂。美国政府推动的一项重要的制度创新是纳斯达克和美国场外交易市场(OTC)的建立、发展和完善。这些高效的资本市场强有力地推动了科技和创新的发展,成就了美国的知识经济。纳斯达克市场是全美证券交易商协会自动报价系统(National Association of Securities Dealers Automated Quotations)的英文简称,该市场于 1971 年成立于华盛顿,特别为支持技术创新而设立,也被称为美国高新科技型企业的摇篮。四十多年来,该市场培育出了很多世界知名的高新技术企业,如微软、思科、英特尔、苹果等。截至 2015 年年底,在纳斯达克市场上市的企业已有 2 600 家。大多数美国的高新技术企业都选择在纳斯达克上市,纳斯达克市场对美国“新经济”现象的出现起到了很大的推动作用。一般来说,为了保护投资者的权益,证券交易通常会对上市公司的财务、管理等各方面的条件做出严格规定。作为主板的补充,纳斯达克对于上市公司各方面的规定都相对放松,为这类公司的上市融资提供了便利。

美国股票期权等创新型金融衍生工具也是激励员工,特别是高新技术企业员工的一种有效方式。作为制度设计,股票期权计划发展迅猛而且规模庞大,在高新技术企业发展方面起到了极大的推动作用。股票期权是在 1956 年由美国政治经济学家路易斯·凯尔索提出的,1974 年得到联邦与州法律的认可,发展至今,股票期权激励机制在美国已经比较完善。据统计,在《财富》杂志排名前 1 000 家的美国公司中，有超过九成的公司都使用或曾经使用过股票期权激励制度。在高科技创新型企业中，基于知识和创新而生产的产品在研发初期并不一定能成功，并为未来的市场所接受，它所承担的风险远远大于传统行业，事前检验性也远远低于用有形资产投资的传统行业。因此，认购股权既是对知识资产和创新能力的投资，也是对未来的投资，可以有效地解决资本与知识的合作矛盾，极有力地挽留企业人才。

美国高效的资本市场对高新技术企业的培育功能主要体现在三个方面：第一，为高新技术企业提供高效率的融资机制。高新技术企业上市能够为其提供长期稳定的资金。第二，股票市场可提供有效的风险补偿机制，从而避免风险与收益高度不对称的情况，使得创业风险资本得以退出并实现增值；股票市场具有的透明监管机制，可以有效避免银行贷款中地方政府的行政干预或"人情贷款"等情况；通常情况下，公开上市退出是企业风险资本优先考虑的退出方式，这样既实现了企业价值的最大化、保持企业的独立性，又不影响企业后期的筹资行为。第三，高新技术企业与股票资本市场的有机结合对优化企业的产权结构、促进企业转换经营机制起到了促进作用；期权等创新性金融衍生工具对激励高新技术企业员工起到了积极作用。

（二）日本银行主导型的金融体系对科技创新的支持与制约

相比美国的外源融资模式（以证券融资为主），日本、韩国等东亚国家及德国企业发展所需的资金主要是从银行获得的贷款，其中最为典型的是日本的"主银行"和德国的"全能银行"融资模式。日本主银行制度是日本金融体系最重要的特征，指的是企业与特定银行之间形成的长期、稳定的交易关系。主银行制度是在日本特殊的经济、社会、历史环境下形成的，对经济的快速发展起到了重要作用。相对于美国、英国，日本的证券市场发展时间较短，发展程度较低，企业主要靠银行与金融机构进行间接融资。从 20 世纪 50 年代到 70 年代，企业向银行借贷主导了企业资金来源，占总额的约 80%。80 年代到 90 年代，这一比例有所下降，但银行作为企业最大债权人的位置仍然未被撼动。在战后恢复时期，日本银行业向企业提供的贷款有力地推动了科技产业的发展。但随着经济的进一步发展,银行主导的金融体系逐渐对日本风险投资起到了抑制作用。

日本的风险投资晚于美国风险投资约30年的时间。其出现的原因是日本政府主张实施“科技兴国”战略,希望利用科学技术的进步推动经济的发展,因而侧面促进了风险投资产业的产生与发展。在学习和借鉴美国风险投资经验的基础上,日本风险投资逐渐发展并显示出自己的特征:投资往往集中在企业成熟阶段,在初创和发展早期很难见到风险投资的身影;参与的投资公司几乎都被证券、金融机构主导;企业进行融资的情况比风险投资多得多,风险投资中有很大比例是过渡期投资,以帮助公司上市;从投资领域的角度看,服务业所占比率较高,传统工业也占一定的比例,电子工业等新兴行业所占的比例相对较低。由此可见,日本的风险投资公司在规避风险,力求降低投资失败率。

日本银行业在风险资本市场有着至关重要的地位,1985年超过半数的风险投资企业由银行全资持有,银行所占资金量为风险资本总额的3/4。这样的情况使得在日本风险投资行业中拥有科技或者理工背景的专业人士数量较少。由于大部分管理者都来自银行,风险投资公司的管理体制也就偏向银行模式,致使日本的风险资本投资机构在过滤和评估投资项目上存在严重的缺陷,导致投资风险剧增,甚至殃及银行本身,所以日本风险投资行业对整个高新技术行业成长所起的资金支撑作用并不大。

(三)德国式银行主导型的金融体系对科技创新的支持与制约

在德国,全能银行主导着金融系统,它同时作为金融中介,在资金流动中占有统治地位。全能银行并不像传统银行那样受到金融业务分工的限制,而是能够全面进行各项金融业务,如商业银行借贷、投资银行、保险等,为企业提供全面的金融服务。三家主要的全能银行(德意志银行、德累斯顿银行及德国商业银行)几乎控制了整个德国企业部门的金融资源配置。

德国的全能银行体制的高度发展限制了非银行类金融机构和资本市场的发展,导致资本市场发展缓慢,基金业的发展也受到抑制。这在很大程度上减少了风险投资资金的来源及其可使用的范围;同时,不发达的资本市场也给风险投资的后期退出带来了困扰。德国风险投资资本最主要的来源是银行，超过50％的资本由银行提供。德国养老基金以前也一直不支持风险投资，近几年才刚刚开始提供这项服务，但支持力度还有待加大。在德国，风险投资一般不向初创期企业注资；此外，大部分风险投资直接改变了企业所有权，对那些真正有成长可能性的小企业兴趣不大。在投资的领域方面，只有约 1/10 的额度投向生物、医药、信息和计算机等高科技创新型企业。风险资本从德国企业退出也困难重重，由于沉闷的资本市场和其他可能因素，仅有 10％左右的风险资本依靠 IPO 退出，甚至更少。这一现状会大大降低风险资本的收益，间接影响风险投资的发展。①

一般来说，一个经济科技发达、金融法律体系完善的环境会促进风险投资的发展。然而，由于金融体系主要由银行主导，因此抑制了非银行金融机构和资本市场的发展，降低了科技背景人员对于风险投资的参与率，使投资风险和退出风险降低，这在很大程度上解释了为何在诸如日本、德国这样的发达国家，风险投资在促进创新型科技产业发展方面的成绩和效率都不理想。

二　金融体系对科技创新影响的比较

通常来说，金融体系一般是指各种金融工具、机构、各级市场和制度等一系列金融要素有机结合的整体，是实现金融资源有效配置的有机系统。从外源融资渠道来看，即从资本市场（如股票、债券）或金融中介机构（如银行、信贷公司等）融资的角度着眼，可将某一国家的金融体系划分为以美国、英国为代表的市场主导型金融体系和德国、日本式的银行主导型金融体系。多年以来，国外学者们从不同角度研究了银行主导型和市场主导型金融体系的优劣。表 1.4 对这些研究进行了总结。

① 谈毅、冯宗宪：《风险投资业发展的制度环境与实证研究》，《南开管理评论》2004 年第 6 期。

表 1.4 不同金融体系的优劣势比较

	银行主导型	市场主导型
优势	(1) 相对于市场所存在的重复劳动和搭便车问题,银行可以降低信息成本; (2) 银行可以通过降低交易成本提供风险分担机制和稳定性; (3) 通过降低交易成本和克服信息不对称,银行可以更好地动员储蓄; (4) 有效解决企业管理中的代理问题; (5) 有利于制造业等实业型企业融资; (6) 银行在筛选投资项目、寻求合适的企业家等方面有天然优势; (7) 国家干预较多的情况下,可集中优势实现部分经济目标。	(1) 资源配置渠道更多样化; (2) 在风险管理方面,股市可以有效地实现跨部门风险的分散; (3) 有利于成长型公司融资; (4) 运转良好的股市可以促进信息获取和信息扩散; (5) 资本具有更高的流动性; (6) 有利于克服银行权力过大引发的种种问题; (7) 市场通过降低交易成本和信息不对称可以更加有效地动员储蓄。
劣势	(1) 不利于成长型企业融资; (2) 资金配置可能会过度集中于少数行业; (3) 国家干预过度带来的经济风险。	(1) 投资者市场风险较高; (2) 在信息共享等方面存在搭便车问题; (3) 资本的流动性往往与企业的有效治理相冲突。
代表国家	德国、日本	美国、英国
融资体制	关系型	距离型

资料来源:Demirguc-Kunt and Levine (1999), Allen and Gale (2000), Rajan and Zingales (2001), Vitols (2001), Chakrabory and Ray (2006, 2007),等等。

尽管美、德两国都是以市场经济为主的发达国家,但两国的金融体系却存在很大的差异。美国金融体系的核心是成熟完善的股票资本市场,资金的筹集主要通过股票市场完成。德国虽然也有一个较成熟的股票市场,但早就已经实行金融混业经营,德国的金融体系其实是以银行为基础的,银行在德国投资体系中占据着极其重要的位置。全能银行不仅经营传统的银行业务,如储蓄、贷款,还进行投资,持有投资企业的股份。

金融体系的差异也会体现在创业投资体系中。美国的风险创业资本发展的基础是纳斯达克,特别是为新兴行业或新兴中小企业服务的股票资本市场,风险创业资本循环过程中的筹资、投资和投资回收等各个环节都是为了使风险创业资本最终能够成功地通过股票市场退出,完成资本循环。而在德国的银行主导型金融模式下,银行则是风险创业投资的主体,各银行以直接或间接的方式向创业企业投资。一般来说，银行与企业的关系非常密切，投资银行很有可能会持有创业企业的股份。从投资方式来看，美国的风险创业资本市场更倾向于直接融资方式，而德国则喜欢采用间接融资方式。

由于金融体系的差异，美国和德国的风险创业资本市场的筹资体制也有很大的差别。美国实行的是“距离型融资体”：证券资本市场为不同实力的参与者提供了种类繁多的金融工具，投资过程中的监管功能则由风险创业投资者、投资银行、商业银行或其他的一些金融中介机构共同完成。在这种体制下，由于投资者的权利保护只能依赖于投资合约，投资者对信息披露的渴望就显得更为必要和迫切。因此，在法律法制健全的国家或者类似高新技术产业这类信息较为分散的行业，这种体制更适用。

而德国的风险创业筹资体制是一种“关系型融资体制”，在这种体制下，投资者通常会持有大量企业股份或以主要贷款人的身份享有一定的企业控制权，借此来确保自己的利益。在这种融资体制下，银行所充当的是主要贷款人的角色。在众多的投资人（银行）当中，其中一个将担负起“代表监控”的责任，代表投资者履行项目选择、监控以及运营管理等职责。这种体制的优点在于它类似于一种长期的隐性合约，出于对声誉的考虑，合约双方都有自我约束意识。但正是由于这种体制建立在自我约束的基础上，因此关系型融资行为的双方需要先建立一种长期稳定的关系，以减轻由于信息不对称和代理成本带来的影响。显而易见，这种体制更适合于德国的传统行业。①

以（政策性）银行为基础的金融约束型发展模式在新兴工业国家（如日本、德国）的经济起飞阶段曾经发挥过重要作用。这类金融模式的最大特点是通过对企业进行控制等手段建立银行与企业之间的紧密联系，降低双方之间的信息搜寻成本，帮助金融机构更好地识别投资项目，从而有针对性地为具备潜力的企业动员储蓄。但当新兴工业国家的经济步入工业化发展阶段后，这一金融发展模式的弊端就会显现。一方面，（政策性）银行主导下的金融发展模式实际上

---

① 胡海峰、黎江帆：《美国、德国创业资本市场比较研究》，《证券市场导报》2002 年第 9 期。

是以政府行为代替市场机制进行资源配置，难以规避“政府失灵”。具体而言，(政策性)银行通过直接或间接途径干预产业发展，主导社会资本的积累和使用，左右资源配置和产业选择，为“寻租”行为和政府腐败留下了隐患。政策性干预还可能引发投机和非理性经营行为，并从微观企业传导到整个产业链，导致产业结构和市场、技术变化的脱节，阻碍传统产业和新兴产业的正常发展。另一方面，银行从信贷安全的角度出发，往往对中小企业和新开发项目的融资设置相对较高的门槛，如要求其提供充足的贷款担保品等。融资难会使本就面临较大资金压力的中小企业，为规避风险不得不放弃拟开发的新项目而继续在原有领域经营。换言之，这一金融模式下的信贷机制不仅不利于激励创新和新兴产业的发展，反而会不断固化原有的产业构成，阻碍产业结构的优化调整。而美国经济之所以成功，很大程度上得益于包括金融业在内的服务业的快速成长、完善并不断壮大，使其成为逐渐衰落的传统产业的有力补充。以资本市场为主体的金融业、成熟的市场和完善的金融监管体系，保证了美国金融机构在投融资方面的突出效益；而资本市场中的资金导向、信用催化、产融结合、风险管理等机制，更是为高新技术产业培育了良好的生长空间，保证了美国经济的核心竞争优势。

总之，银行主导的金融模式和资本市场主导的金融模式具有静态竞争性和动态互补性。①并没有实证研究表明其中的某一种模式更具有优越性，但健全的金融体系对产业结构调整和经济增长均具有显著促进作用的实证结果却较为普遍。金融市场与金融中介是金融结构中推动经济增长的两个重要因素，但在不同国家的不同发展阶段，两者的重要性存在差异。一般而言，金融中介较金融市场具备更强的在短期内动员大量储蓄进行生产型投资的能力，因此，在法律体系欠完善的发展中国家和地区，金融中介的作用更为明显；相反，金融市场

① Merton R C and Bodie Z. A Conceptual Framework for Analyzing the Financial Environment, in Crane D B, eds. *The Global Financial System—A Functional Perspective*, Harvard Business School Press, 1995.

在法制健全并得到有力执行、产权界定明晰并被有效保护的国家和地区作用更大。[①]

综上所述，科技创新的不确定性与科技金融体系存在的必要性已经广为人知。目前国内外研究的焦点，主要集中在政府支持、银行信贷、风险投资和资本市场等不同融资渠道对科技创新以及科技创新不同阶段的影响路径、作用机制、效率差异等方面，对科技金融创新的制度取向与实践模式的探讨存在不足。

科技创新的发展需要金融体系的支持，适应本国科技发展的金融体系能够有效促进国家科技创新活动的发展；反之，如果运用不当（过激或者过于消极），则很有可能阻碍科技创新活动的发展。任何一种有效支持科技创新活动发展的金融体系都不能独立于国家经济、政治发展水平，而是必须符合国家的历史、经济、资源条件和制度环境。要根据国家的具体情况、环境，建立与之相符的科技创新金融支持体系，切不可盲目模仿别国，比如，如果有意愿建立市场主导型的金融支持体系，国家就必须具备市场化的利率形成机制、高效率的金融运作市场，同时央行需要具有较强的宏观调控能力等。

在促进科技创新过程的实践中，美国式的市场主导型金融体系相比日、德式银行主导型的金融体系显得更为有效，促进作用更为明显。这主要体现在以下三个方面：第一，市场主导有利于创业风险资本行业的发展；第二，市场主导有利于大额资本的募集，可以使企业直接进入资本市场融资，筹资效率大大提高；第三，如果市场机制健全，股权融资的方式更有利于分散、控制风险，而且股票价格信号会更敏锐地反映风险因素，市场各主体就能及时发现和规避风险。但在资本市场发展初期，特别是金融市场不是特别发达、有待进一步发展强化的时期，金融信贷仍将主导高新技术企业的融资。因此，为了推动国家科技创新型活动的发展，多元化的科技型企业融资体制，全新的金融方式、工具，适合的扶持或激励科技型企业的投资保障机制等因素都值得关注。

---

① 王喆、杜德瑞：《关于发达国家利用金融支持产业结构调整的综述——基于对美国、日本、德国的分析》，《国际金融》2013 年第 5 期。

近年来，我国政府开始重视自主知识产权的开发，出台了一系列促进科技开发、活跃创新活动和应用的政策法规，然而，这些活动都不能脱离资本的投入，需要相应金融体系的强力支持。国外各金融支持体系在促进科技创新发展方面为我国提供了很多参考经验。

目前我国的金融体系类似于日本、德国式的银行主导型，资本市场发育不完全，民众更倾向于储蓄，银行系统较发达，国内直接融资只占全国正规融资总量的约20%。① 针对这一现象，当前我国的工作重点之一是积极利用庞大的银行网络系统进行全国跨行业、跨地区的市场调查活动，同时联合银行与有关科技部门、中介机构，对科技创新项目进行审查评估，开发新型金融工具，积极支持和促进自主科技创新的商业化、产业化发展。

从长期发展经验来看，市场主导型的金融支持模式在促进高新技术产业的发展方面显得更加高效。政府应重视相关法律、政策的制定，促进我国创业风险投资和资本市场的进一步发育。对创业风险资本来源的限制也可以适度放松，如让创业风险投资机构采用更灵活有效的有限合伙等组织方式。除此之外，针对当前我国创新动力、创新能力、创新融资不足以及创新风险较高的问题，政府在政策架构上需要：完善促进自主创新的财政、税收、科技开发及政府采购政策；完善风险分担机制，大力发展风险投资事业，加大对自主知识产权的保护与激励；健全创新合作机制，鼓励中小企业与大企业进行技术战略联盟，实施有效的产学研合作，推进开放创新；重构为创新服务的金融体制，发展各类技术产权交易，构建支持自主创新的多层次资本市场。发展我国的资本市场、构建多层次融资通道，不仅为高科技创新型企业提供更为灵活的融资方式，实现科技价值，也为创业风险投资提供方便、高效的退出渠道。随着我国金融市场的不断发展完善，二板、三板及场外产权交易市场将迅速发展，高科技创新型企业的间接融资比例将大大降低，融资效率将大大提升，融资模式也很有可能由银行导向型转为证券市场主导型。

---

① 严长德、孙杨：《科技发展的金融支持体系——国际经验及启示》，《金融纵横》2007年第21期。

第二章　科技园区与科技金融：以小明大，见微知著

产业集聚一般是指以一个主导产业为核心或在某一特定领域内，大量关系紧密的企业及有关的支持组织在空间上的聚集并形成持续竞争力的现象。[①]产业集群是产业集聚的升华，是一个由分步创新逐步走向协同创新的复合创新系统。产业集群存在的目的是推动区域内所有集群参与者获得专业化分工上的报酬递增、互动学习和合作创新等优势，推动相互成长和提高整体竞争力。产业集群这一有机体混合了众多企业群，由规模不同的金融参与者、政府机关、学术界、集群企业家和混合组织（行业协会、商会或科学理事会等）等组合而成。

不同行业产业集群的纵深度和复杂程度不尽相同，产业集群按照其主导产业的性质大致可以分为高科技产业集群和传统产业集群。高科技产业集群与传统产业集群在网络主体成员上的差异主要体现在集群中的科研机构与高等院校的数量上。相比传统产业集群，高科技产业集群的科研机构、高等院校和高素质科研人员的占比较高，支持创新活动的中介机构（如孵化器）非常活跃。科技园区可以被看作一种新的生产模式，这种模式既促进了科技创新及其向商业化的转移，又促进了高水平经济活动的增加。作为国家高科技产业集群的突出代表，科技园区在科技创新中的地位尤为突出。

---

① Porter M E. Clusters and New Economics of Competition. *Harvard Business Review*, Vol. 76, No. 6, 1998, pp. 77—90.

科技园区最早出现在20世纪50年代美国加利福尼亚州的斯坦福附近。随后,60年代,英国建立了剑桥科技园区,法国建立了索菲娅安特普利斯科技园区。80年代与90年代,欧洲其他国家也设立了大量的科技园区。为了发展科技产业、支持创新活动,亚洲地区的日本、印度、新加坡等国也相继设立了科技园区。在中国,1984年国家火炬计划被批准,用于促进科教的发展,将实验室的研究项目商品化,增强国家创新能力,提高国际竞争力。经过三十余年的发展,中国的科技园区已成为“巨型企业”,吸引了超过2万家企业和200万从业人员。

以北京中关村科技园为例,园区内有联想、金山、用友等核心企业,并配套了9000多家支持企业,近150家科研机构,包括清华大学、北京大学在内的39所高等院校,硕士以上人员占比约20%。科技园中的核心企业掌握关键技术,把软件开发等产业价值链前端业务外包给中小科技企业,园区内的公共服务中介、测评中心配合推进配套企业在价值链前端的研究开发工作。园区内的主体聚集在产业价值链的前端,聚集在后端的成员数量有限,网络结构呈伞状,结构相对松散灵活。作为知识密集型的产业集群,北京中关村科技园显示出虚拟运作特征,具有强大的信息集成能力,核心企业可以根据自己及客户需求灵活选择合作伙伴,园区内的中小企业也有能力承接核心企业委托的研发项目,核心企业和中小企业在研究开发过程中相互学习,优势互补,信息双向流动通畅(具体内容见表2.1)。

表2.1 北京中关村企业协同创新的具体内容

核心企业	大唐集团	联想集团	用友软件	
合作机构	UT斯达康	闪联信息	北京航空航天大学	北京交通信息中心
创新成果	TD-SC-DMA终端	闪联手机	城市交通实时路况服务系统	
创新范围	创新产业链前端	创新产业链前端	创新产业链前端	

虽然我国的科技园区在引资和产业规模等方面成绩斐然,但大多数科技园区的产业链条仍然脆弱,企业的自主创新能力有待提高,根植性需要加强,产业集聚的发展机制也尚未完全成形。发展科技园区和科技型企业,传统的融资手

段并不适用，高科技企业需要创新型融资手段。我国要建设创新型国家，就必须不断推进科技行业与金融行业的相互融合和共同发展。科技园区作为我国科技创新的主要载体，已成为科技金融发展的重要平台。[①] 本章首先介绍国外、国内主要科技园区的发展情况并对其发展特点和差异性进行分析比较，然后结合国内主要科技园区科技金融实施策略的基本情况，为推动科技园区的科技金融发展提供参考意见。

第一节　国外科技园区的发展情况

国外科技园区发展起步较早，在园区管理模式、产业模式、融资模式上都有丰富的经验（表 2.2 对世界主要国家和地区的科技园区首建时间做了总结）。世界著名的高科技园区（如美国硅谷、英国剑桥、印度班加罗尔等）的成功都有相似之处：园区科研基础雄厚、基础设施完善、政府政策开放、资本市场活跃、风险投资充分互动，等等。

表 2.2　世界主要国家和地区首建科技园区的时间

国家/地区	时间	国家/地区	时间
美国	1951	加拿大	1977
苏联	1957	中国台湾	1980
日本	1963	荷兰	1980
丹麦	1965	意大利	1982
澳大利亚	1965	瑞典	1983
法国	1969	德国	1983
以色列	1970	芬兰	1982
英国	1972	爱尔兰	1980
比利时	1972	新加坡	1980
韩国	1974	中国大陆	1980

资料来源：毕博咨询，《国外科学园区》，2003 年。

① 刘斌：《我国高科技园区科技金融及发展实施策略的比较研究》，《上海金融》2013 年第 4 期。

一　国外科技园区的发展情况

1951 年，世界首个科技园区诞生于美国斯坦福，它就是全球顶尖技术的发源地和聚集地之一——硅谷的前身。受硅谷成功的影响，各国政府纷纷着手推进科技园区的建立与发展。著名的科技园区有印度班加罗尔国际科技园、韩国大德园区等，这些科技园区强有力地推动了当地科技产业与经济的发展，其产业政策与发展模式对我国高科技产业的发展有着极其重要的借鉴意义与参考价值。

（一）依托大学发展高技术产业的奇迹——美国硅谷

硅谷位于美国旧金山以南，北起帕拉奥托市（斯坦福大学所在地），南至加利福尼亚州圣何塞市，长 48 公里，宽 16 公里，有超过 4 000 家高科技企业和 100 余万名员工入驻。1891 年，斯坦福大学在此建立，斯坦福大学的技术资源、风险资本和创业精神都为新兴企业的发展提供了良好的外部条件与环境基础。1951 年，校园周边地区创建了高科技园。1955 年，贝尔实验室将参与研发与生产的公司迁至帕拉奥托市，该市后来成为美国电子工业的发祥地。自此，数以万计的创业型人才纷纷从美国东部和中西部涌来创业，以晶体管和硅片为主要产品的半导体产业迅速发展起来。1956 年，继贝尔公司之后，IBM 在圣何塞市创设了研发中心，为之后计算机产业的发展创造了条件。到 20 世纪 80 年代，以斯坦福研究园为中心，该地区形成了一个以研究电子工业、半导体工业为主的科学基地，高科技企业数量一度多达 5 000 余家，微型计算器、电子玩具、家用电脑、无线电话、激光技术、微处理机、电子表等新型电子产品和技术均在此诞生。

虽然硅谷在地理上并无明显的界限划定，也没有政府统一的组织管理，但是其自由创新精神和高科技人才密布创造了奇迹。硅谷占地面积仅为美国国土的 0.05%，但申请的知识产权数量却超过全美总数的 10%，有 1 000 余家世界著名企业将总部设在硅谷，包括惠普、英特尔、谷歌、思科等。现在硅谷的重点发展产业也不只局限在半导体、计算机、网络等电子信息领域，而是逐渐扩展到了更为广泛的生物医药、新能源等产业。

硅谷的成功是多种因素相互作用的结果。首先，硅谷毗邻斯坦福大学，强大的科研支持是其发展的中坚力量。作为世界顶尖学府，斯坦福大学每年为硅谷培养大批高素质人才，积极促进产学研交流，培育浓厚的创业氛围。斯坦福大学同时鼓励在校教师及学生到硅谷地区工作和创业，开设创业课程，举办创业论坛、创业大赛，并保留创业教师、学生的教职、学籍1—2年。这种创新文化极大地推动了高科技企业的发展。其次，硅谷拥有卓越的风险投资机制。作为全球最具经营效率的投资公司之一，美国的风险公司大力推动硅谷的产业发展，政府也积极配合，同时还鼓励境外资本对新兴行业进行风险投资。高峰时期，地区年风险投资总额高达百亿美元（如图2.1所示），其中除美国境内投资外，还有约10%是来自境外的风险投资。最后，美国政府采取积极的移民政策，吸引全球的高科技人才，为硅谷提供了充分的人才储备。

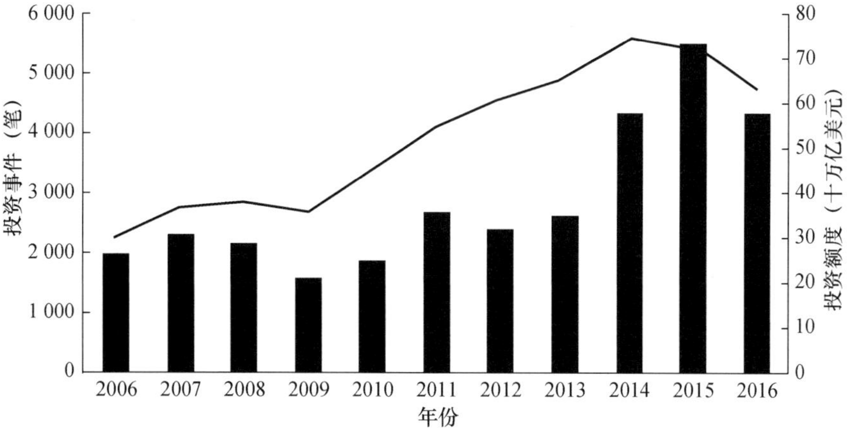

图2.1　2006—2016年硅谷地区风险投资数量和额度

资料来源：PwC/NVCA MoneyTree? Report，Data：ThomsonReuters。

（二）产学研结合的“英国硅谷”——剑桥科技园

受美国硅谷模式巨大成功的影响，英国政府也希望依托大学建立科技园区，促进科技成果的产业化发展。1970年，被誉为“英国硅谷”的剑桥科技园成立。该园区位于伦敦北部的剑桥郡，距伦敦约75公里，占地约0.62平方公里，由剑桥大学主导开发管理（见图2.2）。产学研紧密结合，形成了以高等科研机构、新兴产业公司和大型跨国公司共同协作的产业化网络。该地区已经累计为英国创造多达550亿英镑的税收收入，园区GDP比重曾一度占英国总量的15.8%，年平均GNP增长率达到6.4%，约为英国全国GNP平均增长率的2倍。

图 2.2　剑桥科技园发展历程

资料来源：华夏幸福基金，《产业园国内外领先案例分析》，2011。

剑桥科技园的突出特点是大学主导的产学研模式，高等院校研究机构、企业研究开发部门和咨询类三大创新主体共同协作，相互激励启发。剑桥大学是推动该地区乃至英格兰东部地区经济快速发展、高科技产业集群形成的原动力。该校在物理、计算机、生物等领域优势巨大，迄今为止，共有56人次获得诺贝尔奖。剑桥大学还制定了一系列有利于科研成果产业化的政策，如知识产权归教职员工所有等。

剑桥科技园采用权力分散的民主管理制度，园区由剑桥大学主导，自主管理，鼓励个人发展，避免了来自政府不必要的行政压力。园区吸引了大量创业风险投资、中介、物流等服务机构，为中小型科技企业发展提供良好的创业环境，催生了一系列有活力、有潜力的中小型科技企业。但由于没有政府充分参与，园区缺少宏观调控，小企业想要得到大型企业或者政府部门的帮助困难较大；同时，企业之间的相互联系和交流较少，不能有效地协同发展，后劲不足，小型科技企业面临被大型跨国公司并购或接管的危险。

（三）市场与政府紧密结合的“混合建设型”园区——法国安蒂波利斯科技园

为了促进科技成果的转化，法国于1969年开始筹建安蒂波利斯国际智慧、科学与技术园，简称安蒂波利斯科技园或尼斯科技园。该科技园位于法国东南部尼斯市以西15公里处，地处欧、亚、非三大洲之间的地中海边，占地2 300公顷。该科技园交通便利，集产品生产、科研、技术开发和教学于一体，经过数十年的建设与积累，现已成为世界知名的国际性高科技中心，被称为欧洲的“硅谷”，与英国的剑桥科技园、德国的巴伐利亚科技园齐名。

总的来说，安蒂波利斯科技园采用的是“混合建设型”的园区模式，同时汲取了市场和政府两种力量，然而和国内多数科技园不同，该科技园的建设由民间协会发起，政府参与并给予了全方位的扶持。科技园在创办初期规模很小，周围只有少量的大学和科研机构（尼斯大学、法国国家科研中心、巴黎矿业学院、法国石油研究院、邮电学校等）、尼斯的地方商会以及一些私营企业。1980年，园区内仅有13家企业。法国政府大力投入园区及附近地区的公共设施建设，并建立了专门的接待中心用于处理相应的土地租赁、会议准备等财务和行政方面的问题。同时，接待中心还派生出扶植科技企业创业的孵化中心，其主要功能有：为研发产品提出技术改进建议；协助企业起草商业和战略发展方案；提供金融服务平台；提供财务及法律方面的咨询服务并以优惠价格提供办公地点租赁服务。此后，法国政府为提高国际竞争力，大力调整经济结构并扶植高新技术产业的发展。1990年，政府每年提供1 000万法郎的专门资金以帮助企业“落户”，目前已有1 000多家企业在此设立总部或分支机构，包括Dow、Digital、Elaiapharm、Matra、France Telecom、Rockwell、VLSI、Amadeus、ADEME、

Air France 研究发展及全球资料处理系统、Compaq 工程中心等。该园区正在逐渐成为一个集高科技的研究开发、高等教育以及技术咨询等于一体的商业活动中心。法国政府将安蒂波利斯科技园定义为富有特色的高科技园区，对进入该园区的企业进行了严格审查并提出了具体要求：入驻机构必须是高等学校、科研机构、大企业研发部门或从事尖端产品生产的中小企业；入驻机构需建在半山腰上，且具有环保意识。

随着科技园的发展，其管理模式也在随之发生演变（见表 2.3）。政府逐渐退出了科技园的日常运作，1984 年成立的由企业、银行、大学和民间团体等共同组成的安蒂波利斯基金会（拥有科技园的所属权）接手了科技园的日常管理。目前，科技园采取的是独具特色的“混合集团＋基金会”的管理模式，即由国家层面的战略委员会和区域层面的索菲亚安蒂波利斯混合集团（SYMISA）负责监督指导，具体的运作管理则由索菲亚基金会等机构负责。该基金会致力于把科技园建设成为科研、教育、企业有机结合的科技中心，并积极促进国际交流合作，快速有效地进行科研成果的转化与人才的引进。基金会的主要职能有四项：定期举办高水平的科技培训学习班；组织研讨会，加快科技成果转化和预测经济发展；促进科研人员与地区业界人员的合作交流；发挥国际智密区的地理优势，加强与其他科技园区的交流与合作。

表 2.3　安蒂波利斯科技园的管理机构

1963 年	1974 年	1984 年	1997 年	2002 年
由专业人士组成的具有法人性质的索菲亚安蒂伯利斯协会成立	当地政府和各界人士组成“混合集团”接管协会的功能	索菲亚安蒂伯利斯基金会成立	设立索菲亚安蒂波利斯混合集团	当地政府接管索菲亚安蒂波利斯混合集团的功能
负责基础建设和土地的出售	负责土地建设、地盘出售、制订商会计划等商业性事务	负责园区文化和学术活动	负责园区市场推广和对外联络	负责园区开发的总体政策制定、行政和财务管理

资料来源：www.sophia-antipolis.net/uk。

该科技园成功的主要因素有以下几点：第一，安蒂波利斯科技园有充足的科技资源、基础设施，园区内的通信设备、ATM 平台、网络等为它的发展打下了坚实的基础。第二，科技园具有优越的区位优势和便利的交通，直接与世界同步，该园区的机场有 45 条定期航线，实现了“条条大路通‘索菲亚’”。第三，法国政府大力扶植科技园，为其量身订制了一系列的政策及公共研究策略，公共高等教育及研究都以企业需求为出发点引入，同时配套定制的培训计划；政府设立专业投资公司和安蒂波利斯基金会用以服务园区内的企业。第四，园区提供完善的生活服务体系和良好的生态环境，保证了区内员工良好的生活品质。

（四）科技产业的摇篮——印度班加罗尔科技园

班加罗尔是印度卡纳塔克邦（简称卡邦）的首府，也是全球知名的软件外包基地，每年的产值高达数百亿美元，素有“科技之都”和“印度硅谷”的美誉。班加罗尔成功的原因主要有：首先，政府大力扶持科技园的发展，总理 Atal Behari Vajpayee 甚至设立国家目标：十年之内将印度打造成为全球信息技术大国和最大的软件制造、出口国。为此，政府通过了“软件技术园区”计划，投入巨额引导资金用于建设软件技术园（每个园区的平均投资约 100 万美元），用于园区内基础设施、通信设施的建设。1991 年，印度政府兴建了高速传输数据的微波通信网络 Soft Net。这一通信网络的建立解决了数据传输的问题，满足了企业的发展需要，也为班加罗尔不断吸引国外投资奠定了坚实的基础。1999 年，印度政府成立了 IT 产业部，成为当时世界上少有的单独设立 IT 部门的国家之一。此后，印度政府颁布了《IT 法案》，进一步促进了电商行业的发展；同时，政府还为计算机产业提供了一系列优惠政策，包括免税等。

除政府扶持之外，班加罗尔也有着雄厚的学术力量和充沛的人才资源。班加罗尔是印度的教育中心，有印度的“科技发电站”之称。20 世纪 70 年代进行的教育改革使卡邦成为印度平均受教育程度最高的地区之一，仅在班加罗尔科技城附近地区就有 10 所综合性大学、70 所技术学院。政府还采取了国际、企业、私人多层次并举方式培养人才，即同时依托高等院校专业培养、民办或私营机构以及软件企业自行设立培训类型的机构共同培养人才，把培养技术工人放在与培养科技型人才同样重要的位置上，通过建设技术类型的学院，培养大量具有专业操作知识的技术工人。

软件园管理中心行使全方位的政府职能：为企业提供窗口服务，快速审批项目、办理出口手续；为政府的各项优惠政策和各项支持措施的实施提供组织层面的保障。软件园内的企业主要分为两大类：一类为软件类企业，包括集成电路、电信、系统软件和后端服务企业；另一类为资讯类服务企业，包括企业流程外包、客服中心、技术支持等（租户构成见图 2.3）。园区的配套设施服务十分完善，园区内的通信设施提供光纤通信、宽带网络和卫星通信、水、电等基础设施保障服务，企业编程人员能随时通过卫星与国际用户进行联系，调用世界各地的信息。园区内的创业企业孵化基金为企业提供各种专业技能的培训、实施和咨询服务，包括商品可行性分析，以及项目管理、实施、培训、过程开发等。

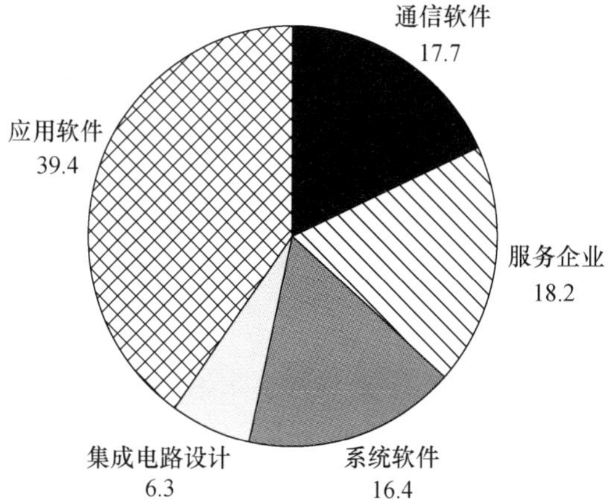

图 2.3　印度班加罗尔科技园租户构成

资料来源：根据毕博咨询（2003），以及国外科技园相关文献整理。

（五）亚洲小“硅谷”——中国台湾新竹科技园

中国台湾新竹科技园以半导体和光电产业闻名于世，园区内拥有全球排名第一的 IC 代工企业，光电方面也实力超群。该科技园是典型的“政府（当局）管理型”科技园，由“国家科学委员会”担任主要领导，当局提供了大量的投资、土地、产业方面的优惠政策。从 20 世纪 60 年代起，台湾当局先后颁布了“奖励投资条例”“产业升级条例”“产业创新条例”等，尤其是“产业升级条例”中规定的

“五年免税、投资抵减”的优惠政策，大力推动了科技产业的发展。20 世纪 70 年代，台湾当局为了挣脱高精尖技术的研发困境，成立了工业技术研究院（以下简称“工研院”）。工研院的出现彻底解决了台湾产业发展中科研成果转化难、中小企业无力进行技术研发的问题，对台湾光电、半导体等产业的崛起发挥了至关重要的作用。在资金方面，台湾当局直接参与工业生产，引入私人资本建立合资企业，以开发基金的方式引导民间资金投资种子期、初创期企业，到 2008 年，累计投资超过 500 亿元新台币。

新竹科技园的管理方式具有规划性的特征。建园初始，台湾当局统一规划了园区的空间分布，确定了发展模式，制定了阶段性发展目标，旨在大力引进岛外资金、技术和人才，促进高科技类型产品的出口，走外向型发展的道路。不同于一般的工业园区，新竹科技园属于高技术出口导向型工业园区，走“引进—消化—出口”型的道路。该园区的发展对调整国民经济结构、促进工业升级换代、经济与科技协调发展发挥了积极的促进和示范作用。

然而，台湾当局没有很好地融合当地模式，促进园区与当地经济的有效结合，科技园长期缺乏有效的投资途径。很多企业仅仅将生产和部分科研部门挪至新竹以求获得免税特权，实际决策和销售仍留在原址。同时，由于行政隶属的关系，科技园与市级科技园在行政管理方面的衔接上有一些问题，致使合作受阻。

（六）现代科技乌托邦——日本筑波科学城

日本筑波科学城是 20 世纪 60 年代由政府建立的科学工业园区，目的是实现“技术立国”的目标。这一科学城规划人口 22 万，在 80 年代享誉全球。虽然声名最近已是每况愈下，被称为“现代科技乌托邦”，但仍不乏参考价值。

筑波科学城始建于 1963 年，当时日本政府面临一系列由依赖引进欧美各发达国家先进技术发展经济的战略所引发的问题，于是积极思考战略转变，希望由“贸易立国”向“技术立国”转型。政府从政策计划制订、财政金融等多方面进行考虑，开始大力引导和支持高新技术产业，并计划兴建科学城。筑波科学城位于东京东北 50 公里处，占地 270 平方公里，包括 4 镇 2 村；中心区域为“研究与教育区”,主要建设研究与教育机构、商业服务设施和住宅;“外环郊区”规划安置私人研究设备和未来型工业,同时保留了农业用地。1974 年,日本政府开始将所属 9 个部厅的 40 余个研究机构,共计 6 万余人迁到筑波科学城。1984 年,日本政府又通过了《高技术工业及地域开发促进法》,以建设代表 21 世纪的生产、教学、科研相结合的城市为目标,形成了推动远离沿岸地区的传统产业向高新技术产业方向发展转型的基地地区。除此之外,日本政府还专门举办了筑波世界博览会,以此扩大筑波的国际影响力,促进科学城的对外交流。

日本筑波科学城完全由政府主导,在前期为日本科技发展做出的贡献颇多,但这种发展模式存在明显的缺陷,阻碍着科技的长期可持续发展。首先,筑波科学城内以国家级研究组织机构为主,享受政府财政补助,缺乏适应的创新激励机制政策,科学城内主体的创新积极性不高。其次,科学城并没有形成完整的产学研合作链条,科研机构、企业、市场合作不够紧密,科研成果商业化转化程度较低、效率不高。此外,筑波科学城内的运行机制比较传统,参与主体之间的沟通效率较低,与国外先进技术的交流也较为匮乏。在全球化经济、科技水平迅猛发展的今天,筑波科学城的缺陷愈加明显,严重阻碍了自身的发展。

(七)韩国科技发展引擎——韩国大德科技园

大德位于韩国中部的忠清南道大田附近,占地 27.8 平方公里。20 世纪 60、70 年代,高科技产业在发达国家迅速发展,韩国政府仿效美国、日本,建立起了一批产、学、研一体化的高科技园区。经过 30 余年的发展,韩国大德科技园已成为全球著名的科技园区之一,可与美国硅谷相媲美。园区内的 ICT、生物医药、空间技术在国际上享有盛誉,诞生了动态随机存取存储器、64 兆位芯片、黑猩猩基因组图、CDMA 商业化等科技成果。科技园得到了国家和当地政府的大力支持。韩国政府为了大力发展园区建设,特别为园区制定了财税减免扶持政策——《大德研究开发特区育成特别法案》,更在 1990 年将韩国科学技术研究院迁入园区内,成为科技园技术研究的核心组织,与附近的高等教育机构,如忠南大学、韩国科学技术院、情报通信大学、大德大学等积极合作,持续不断地供应优秀的高等科技型人才。该地区的博士和硕士资源非常丰富,博士、硕士人数超过韩国博士和硕士总数的10%。此外，韩国政府还设立了大量专项基金，用于扶持科技产业。自1975年开始，韩国政府启动了包括超大集成电路在内的多个大型投资计划，投资数额超过百亿美元。除此之外，为了使科研、生产部门都能够进行信息交流、保持密切联系，大德科技园还创建了信息交流平台，并努力加强国际院校、机构的合作和科技成果的转化。

近十年来，科技园得到了进一步的发展，2011年，大邱科技特区、光州科技特区、釜山科技特区与大德科技园一起，形成了区域更为辽阔、领域更加宽广的集合科技园区（见图2.4）。这一组合使不同的尖端科技与商业板块有机地结合在了一起，为以韩国模式为基础的全新国际化创新集群成长模式的建立奠定了基础。

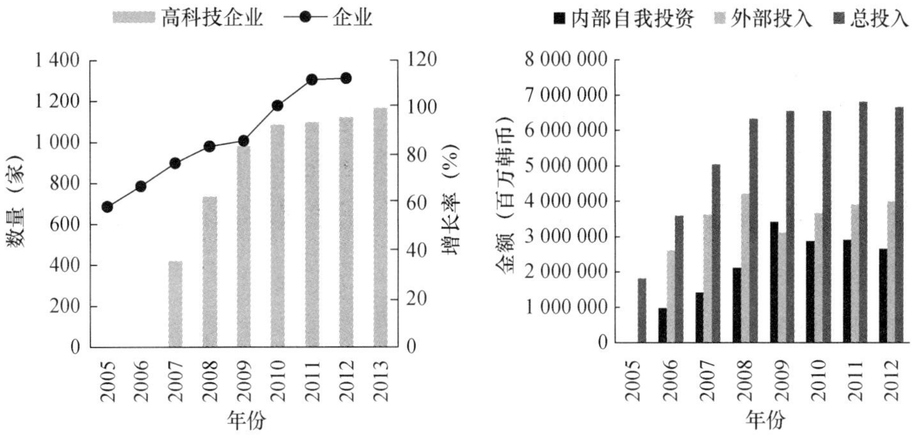

图2.4　大德科技园发展情况

资料来源：笔者根据 http://dd.innopolis.or.kr/en-sub0103 翻译整理。

二　国外科技园区的成功经验

从世界各个园区的成功发展经验来看，几个关键性因素对园区的发展壮大和产业集聚的形成至关重要：政府的大力支持、教育及研发资源的配套、风险投资的发展、高科技人才的引进、基础网络的产业组织形式、完善的配套中介服务和创新创业氛围等。科技园区的成功不能只依靠其中某一个要素，要素整体的高度集聚和有效整合促使了科技园区高新产业协作创新网络的形成。图 2.5 概括了构成高新产业集聚模型的要素。

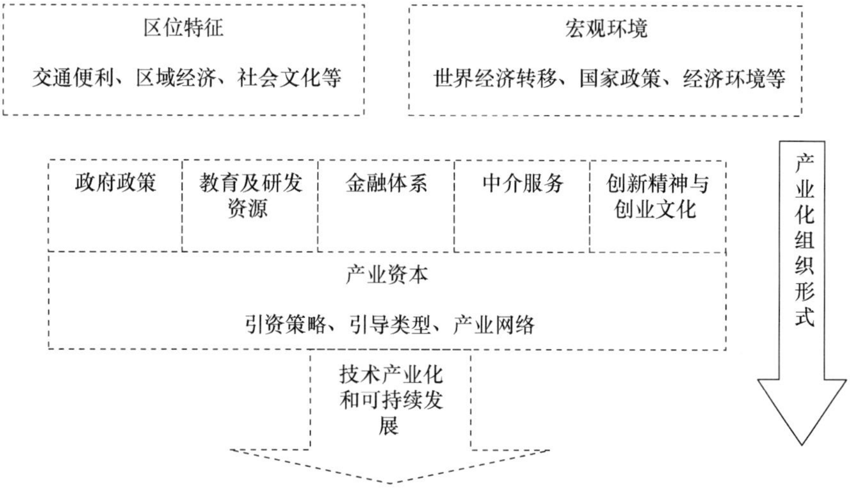

图 2.5　高新产业集聚模型

1. 政府政策的大力支持

即使是采取自然发展模式的硅谷，也没有完全脱离政府支持而独立存在。除了地方政府采取的各种鼓励创新的政策法规以外，美国联邦政府采购中的小企业政策也推动了当地高科技产业的发展。中国台湾新竹科技园区强调了当局对企业发展的协助作用；韩国政府在大德科技园中投入各项资源发展和创新科学技术；印度政府则在重视中小企业发展的基础上，关注后续人才的培训储备并大力提升计算机软件的工程能力。

2. 教育及研发资源的配套

高科技园区的发展都依托强大的科技研究与开发组织，并十分重视高等院校及相关组织的设立及发展。美、法、日等多国的统计表明，九成的科技园区都是依托理工大学及其科研机构创建的，这其中最有名的当属与斯坦福大学紧邻的硅谷科技园，其中 60%—70%的企业都是由该校师生创立的，新竹科技园区也与台湾"清华大学"、工研院等著名高等院校和科研组织关系密切，班加罗尔科技园更是把研发基地放在了有"科学皇冠上的瑰宝"之称的印度理工学院，韩国政府也在大德科技园特别设立韩国国家技术研究院。

3. 配套风险投资为主的新型金融体系的发展

由于高科技活动的特殊性，科技园区的发展需要投入大量资金，设立配套的金融机构尤为重要。各国都主动或被动地在科技园内设立了创业风险投资基金或其他政府专项基金、扶持基金，利用政府基金有效引导民间闲置资金共同参与风险投资，进一步提高资金利用率，促进高科技创新型企业的成长。不同于传统工业、制造业，高科技产业具有高技术性、高风险性的特点，风险投资改变了传统的资本—劳动力—技术—生产的生产要素组合方式，将重心集中在技术所依托的智力资源上，以技术为核心聚集资金。

4. 高科技及创新的高级人才的培养与引进

人才的培养与引进是科技园区持续发展的重要因素之一。各国政府在人才培养与引进的环节上都不遗余力，以美国为例，针对高科技人才，美国政府给予其移民政策优惠，并在硅谷周边的很多大学（包括斯坦福大学）设立各种创新基金，鼓励高级科技人才创新创业。

5. 基于网络的产业组织形式

在传统工业中，工业体系以独立的企业为基础，企业将生产活动、生产要素内部化，企业相互之间只存在贸易等方面的官方联系。保守的企业文化阻碍了信息在各企业、各部门之间的传播与流动，对创新型高科技产业来说并不适用。创新型高科技活动需要多个主体相互合作、共同协作，不同主体需要形成协同的网络化结构。在网络内部，企业各部门并没有完全的职能界限，企业与贸易协会、高等教育等组织的界限也被突破。虽然各企业之间同样存在激烈的竞争，但它们之间又存在非正式的交流，共同合作创新。美国硅谷以网络状联系网为标志的新型产业体系是保持该地区区域竞争力的重要因素之一。

6. 完善的配套中介服务

围绕着网络式的产业结构，成功的科技园区都设立了较为完善的社会服务中介体系，包括商业服务机构，如商业咨询、会计、法律机构、行业协会、创业咨询服务等。以硅谷为例，园区为企业提供了完善的创业服务配套机构，不仅包括咨询机构、会计师和律师事务所，还包括猎头公司、市场营销公司、租赁公司等。这些组织形成的社会协作群网络为园区内的企业提供了创新网络发展所需要的配套服务体系，加快了各主体、各机构之间的信息流通，促进了区域创新。

7. 创新精神与创业文化

并不是具备以上条件的园区都能够茁壮成长，科技园区所处环境的创新创业精神也十分重要。适应园区发展的创新创业文化氛围是在高科技产业发展过程中逐步形成的，特定的文化氛围很难在短时间内被模仿或超越，这是某一科技园区有别于其他园区的重要特征。

虽然科技园区的发展出现了很多共同特征，但在产业网络的形式、政府发挥的作用等方面，却显示出巨大的差异。根据科技园区的管理体制、发展模式、政府支持等方面的情况，可以将其分为自然发展、政府管理、大学管理、企业管理、基金委员会管理等不同模式（如表 2.4 所示）。

表 2.4　世界主要科技园区的发展模式

模式	管理体制	举例
自然发展模式	自然发展，完全由市场推动而成，没有专门的管理机构	美国硅谷、128 公路
政府管理模式	由政府设立专门的园区管理机构进行全权管理	日本筑波科学城、韩国大德科技园
大学管理模式	由大学设立专门机构对大学校园内的科技园或孵化器进行管理	美国斯坦福大学国际研究院、剑桥科技园
企业管理模式	由各方组成的董事会领导、经理负责的企业管理	印度软件科技园、英国的科技园
基金委员会管理模式	由政府、企业、银行、大学和其他机构分担义务，共同承担管理职能	法国安蒂波利斯科技园、美国北卡罗来纳三角研究园

资料来源：根据汤继强，《中小企业梯形融资模式》，华夏出版社 2011 年版及其他相关文献翻译整理。

政府各部门在各区域、各环节发挥的作用不同，制定相关政策产生的效用也不尽相同。硅谷基本上是由市场推动自发形成和发展的，政府并不干涉园区的管理，其主要职责是为该园区制定宏观政策和进行产品的采购。印度班加罗尔科技园的主要管理者是由各团体组成的董事会，但政府施行的软件行业优惠政策在扶持科技园发展方面起到了巨大的推动作用。在园区内企业合作的网络关系上，不同地区的表现形式也并不相同。在美国硅谷和印度班加罗尔地区，大型企业在区域内发挥了重要的作用，小型企业基本上承担的是大型企业外包商的职责，为大型企业的生产、技术环节提供支持及辅助。而英国剑桥科技园的环境更加适合中小型企业的发展，大规模技术型企业的数量不多，园区内企业的网络构架形式更像是平等共生关系。

至于在创业风险投资、教育科研基础、中介配套服务等方面，各科技园区也显示出完全不同的特点，这是不同区域内的经济、科技和社会发展程度差异的表现，是创新产业集聚网络的鲜明特质。表 2.5 对典型科技园区的产业集聚发展特点和差异做了比较。

表 2.5　科技园的产业集聚发展特点和差异

	美国硅谷	英国剑桥	印度班加罗尔	日本筑波
运行机制	市场机制	市场机制	企业主导，政府参与管理	政府主导
产业集聚网络	以分包关系为主	以平等共生关系为主	企业之间：分包关系；供应商高度竞争，合作不足	政府垂直领导，科研机构相互独立，缺乏沟通
园区产业	计算机、网络、生物医疗	计算机、电子、生物技术、仪器制造	软件组件、IT 委托外包服务	生物研究、土木建筑
政府作用	立法促进技术转移并提升创业风险投资企业的功能	出台了一系列鼓励中小型企业发展的政策，优先支持来源于大学的科技型企业	政府作用巨大，提供税收、进出口、产业支持等一系列支持政策	完全依靠政府指令
科研力量	斯坦福大学培育大量科技成果与衍生企业，与企业有着紧密的联系网络	鼓励科技成果产业化，教学、产业联系紧密	集聚国内著名大学，并吸引大量海外留学生	以基础科研为主，新技术开发慢
金融支持	聚集大量风险投资企业，资金主要来源于民间	政府贷款担保引导创业风险投资基金，资金来源多样化	与企业联系紧密，帮助中小型企业解决融资问题	风险投资体制不健全，主要靠政府拨款及大企业投资

（续表）

地区	美国硅谷	英国剑桥	印度班加罗尔	日本筑波
配套中介	中介体系发达，行业协会制定有效的技术标准	行业协会提供技术、培训等一系列服务	行业协会、服务中心至关重要	非营利性中介组织发达
文化环境	鼓励冒险创新、对失败的容忍度高	教育文化背景相似、信任程度高	开放程度高，区域内主体合作多、信任程度较高	封闭型人才培养方式，由政府主导

第二节　我国高新技术产业开发区的发展

经过二十多年的发展，我国高新技术产业开发区（以下简称高新区）已经成为我国经济发展的主力军之一、国家创造税收的重要来源。在转变经济发展方式、调整和优化产业结构方面，我国高新区取得了巨大的成就，正逐步成为我国国民经济和国家科技创新体系的重要组成部分。2016 年是我国进一步进行结构性改革的一年，经过长达六年的适应调整之后，我国经济增速已进入由降转稳的关键时期。国家高新区也在继续寻找稳定增长与结构调节的平衡点，加快培育创新驱动、增长驱动产业。虽然在数量上，我国高新区处于世界领先地位，但部分地区仍存在高新区与当地联系不够紧密、产业集群程度有待提高的问题[①]，以下对高新区目前的发展状况做了全面分析。

一　我国高新区的发展成就

（一）经济规模稳步增长，高新区支撑作用逐渐凸显

国家高新区努力探索，继续着眼于持续推进以质量提升替代规模扩张的新型经济增长模式，希望不断促进科技与经济的有机结合，实现经济质量的提升和产业结构的调整，实现生产要素的高效集约使用。2014 年，高新区内企业人均创造价值能力和园区企业质量稳步提升，人均营业收入、工业总产值、人均利

① 代瑞红、金生、张自强：《基于产业集群的高新区发展研究》，《现代管理科学》2009 年第 6 期。

润率较 2013 年同比增长 8.7%、7.5%、15.9%，园区企业的平均利润率、增加值率和工业增加值同比增长 6.6%、2.0%和 0.5%。

国家高新区以经济全球化和创新国家化为目标，推动企业国际竞争力的提升。国家高新区积极鼓励跨国公司设立研发机构并引导国际资本进入，2014 年新设立外资研究机构 127 家，留学归国人员创办企业 26 969 家，高新区及其直属企业吸引外商实际投资额 70.1 亿美元，同比增长 5.2%。同时，高新区大力践行国家“走出去”战略，引导企业开展境外投资研发营销体系，2014 年，高新区纳入统计企业实现对外投资额 846.4 亿元，占全国非金融领域对外直接投资的 13.4%。

（二）创新能力全面稳步提升

国家高新区继续发挥高科技集聚地和孵化器的作用，引导企业直接参与创新活动，突出企业在创新过程中的主体地位。高新区继续吸引高等院校研究机构和各类科研院所的进入，为园区的平台搭建奠定了良好的知识基础。截至 2014 年年底，国家高新区内积聚了各类大学 615 所，国家重点实验室 290 个，国家工程研究中心 134 家，国家工程技术研究中心 202 家，等等。与此同时，高新区进一步强化公共服务平台建设，整合政府和社会资源，大力培养各类型的中介服务机构，为企业提供一体化的科技创新成果转化服务。国家高新区在吸引高科技人才方面也不遗余力。通过建立灵活的人才引进政策，国家高新区建立了庞大、稳定的科技人才队伍。2014 年，115 个国家高新区共吸引 282.4 万名科技人员，每万名从业人员中科研人员数量是全国平均水平的 16.1 倍。

高新区为促进相关机构对创新型企业的扶持提供了强有力的资金支持。2014 年，115 个国家高新区财政拨款总额约为 545.2 亿元，占高新区财政支出的比例约为 15%，其中用于科技型、中小型创新基金的配套金额达 82.0 亿元，扶持创业投资机构资金达 197.7 亿元，扶持担保机构资金达 217.5 亿元。近年来，国家高新区内研发投入一直稳步增长，在国家政策支持下，企业自身也加大了科研经费的支出，截至 2014 年年底，高新区内企业科研经费内部支出为 6 704.4 亿元，较 2013 年同比增长 18.7%，企业内部研发经费支出占全国总量的约40%，增速比全国研发支出总额高出约2%。国家高新区企业的研发投入强度仍处于较高水平，国家高新区企业研发支出与园区GDP的比值为5.74%，是全国研发与GDP比值的2.7倍。

作为国家创新的中坚力量，国家高新区需要充分发挥政府的引导作用，有效促进协同创新，推进产、学、研合作，提升创新驱动能力和效率。截至2014年，国家高新区内共有生产力促进中心257个，各类企业技术创新战略联盟841个，技术转移示范机构672家。高新区创新成果产出也硕果累累，截至2014年年底，全国国家高新区共有企业技术中心8 051家，其中，经国家认定的企业技术中心393家，占全国企业技术中心总量的35.8%。专利申请数量和授权量占全国总量的比例也有所提升，2014年，国家高新区企业年度专利申请数量为31.5万件，其中，发明专利申请量为16.1万件，占全国发明专利申请量的17.3%，在数值上比2013年提高了0.5%。2014年，国家高新区专利授权量达到18.1万件，其中，发明专利授权58万件，占全国总量的24.9%，在数值上较2013年提高了0.4%。与2013年的数据相比，2014年国家高新区企业专利发明、授权的数量均呈现上升趋势，国家高新区的单位专利产出量与专利总量增长情况也远高于国家平均水平，国家高新区正逐步成为全国专利产出最丰硕的地区（见表2.6）。

表2.6　2013年、2014年国家高新区区域内高新科技型企业创新情况

（单位：件/万人）

每万人专利产出量	2014年	2014年全国平均水平	2013年
申请专利	206.1	30.6	197.8
申请发明专利	105.1	12.0	95.1
授权专利	118.8	16.9	114.0
授权发明专利	37.8	3.0	34.9
累计已有专利	466.0	60.1	372.6
累计已有发明专利	152.2	15.5	128.7

资料来源：《2014年国家高新区综合发展与数据分析报告》。

（三）高新企业融资渠道继续扩张

为了进一步加速推进科技与金融的深度结合，为区内企业提供多元化的融资方式和渠道，国家高新区不断吸纳和培育各类金融机构，旨在打造科技金融全新的产业链条。至 2014 年年底，国家高新区内共有包括科技支行在内的银行 1 957 家，担保公司 741 家，小额贷款公司 724 家，科技融资租赁公司 476 家，科技金融服务机构 1 676 家。2014 年度，国家高新区内的企业获得风险投资金额总计高达 68.5 亿元，是 2013 年度风险投资总量的 2 倍多。

高新区在推动和完善多层次资本市场方面也进行了有力的探索。2006 年，北京中关村科技园区诞生了面向创新创业型中小企业提供股权转让和定向融资服务的股权代办转让系统，在高新区试点非常成功。2014 年，经国务院批准，决定对“新三板”进行扩容，并推广至全国范围实施。截至 2014 年年底，共有 913 家位于国家高新区的企业在“新三板”挂牌，挂牌数量是 2013 年的 2.6 倍；另外，据不完全统计，国家高新区还有 54 家企业在“四板”即区域性股权交易市场挂牌。2014 年，高新区企业实收资本共计 51 546.6 亿元，与原来的 114 个国家高新区相比，增幅达 13.9％，其中上市融资额度同比增长 93.4％，企业海外上市同比增长 23.3％。

相应地，随着高新区企业实力的不断增强，高科技园区的规模化效应也在逐渐凸显。2014 年，115 个国家高新区内营业收入超过千亿元的企业有 7 家，较 2013 年增加 3 家；超过百亿元的企业有 349 家，较 2013 年增加 30 家；超过亿元的企业有 17 533 家，占园区内企业总数的 23.6％，较 2013 年提高 1.5％。企业通过上市方式获得了资金支持，增加了资产，提高了声誉并扩充了经营规模，企业实力增强的同时，收益也在稳步上升。2014 年，国家高新区内上市公司利润率平均值为 7.0％，比高新区内企业平均值高出 0.3％，上市公司各项人均指标均高于园区内企业的平均水平。

（四）国家高新区产业转型升级趋势凸显

国家高新区对于建立以企业为主体的创新体系起到了积极的引领和示范作用。国家高新区营造良好的产业发展氛围，将发展重点集中在高新产业上，结合不同产业园的特点，按照产业价值链分工，促进园区内部主导企业和配套企业的协作，深化产业集群内部上下游的互补活动，旨在建立具有园区特色且富有竞争力的产业集群和产业体系。

作为培养和发展高新科学技术的核心力量和主体基地，国家高新区以高科技产业为主、高科技服务业为辅，不断孵化、发展高科技产业，国家高新区转型升级向高新技术产业生态系统发展。近年来，国家高新区借助其良好的产业优势和发展经验，率先转变传统的生产方式，调整产业结构，将发展重点定位于培育和发展战略性新兴产业，正在逐渐形成一批战略性新兴产业聚集地，努力成为我国发展战略性新兴产业的核心基地。2014 年年底有关国家高新区的问卷调查显示，几乎所有的国家高新区都有自己明确的产业规划，集聚效应初步显现。国家高新区已诞生二十多年，这期间经历了“一次创业”规模积累、“二次创业”效益优化、“三次创业”战略提升的过程，目前已进入战略提升新阶段。高新区始终坚持将“人才、科技、资本”有机结合，坚持走“自主创新、内生发展”的道路，构建“研发孵化、科技加速、产业转型”的发展模式，已经成为我国经济发展和科技创新的重要引擎。

二　加快高新区发展的建议

当前国家高新区正处于重要的战略机遇期，面对新的机遇和挑战，国家高新区要增强责任感和紧迫感，主动对接“一带一路”“京津冀协同发展”“长江经济带”等战略布局，积极主动地响应“大众创业、万众创新”“互联网＋”“中国制造 2025”等重大战略部署。国家高新区已经走过“一次创业”规模积累和“二次创业”效益优化的发展阶段，目前已经进入战略提升的新时期，应尽快转变经济发展方式，促进产业集群式网络的形成，实现创新驱动发展。同时，应积极探索国家高新区之间相互合作、协同创新的新机制和新模式，推动产业转型升级、实现跨越式发展。

（一）选择主导产业

选择主导产业是高新区集群式发展的重点参考因素。高新技术产业的发展虽然对自然资源的依存度不高，但是对产业特色的培育则是产业发展的共同规律。高新区主导产业的选择应建立在以下的基础之上：① 要和当地的产业基础、资源、区位、社会环境等相适应；② 集群产业的选择要突出特色，选择重点发展产业并注重产业链的拓宽与发展，避免因追寻短期经济增长而忽略了对项目的筛选；③ 集群产业要有根植性，充分发挥当地经济的潜力。只有充分整合本地资源，发展具有强烈"根植性" 的特色产业集群，才能使产业园具有无法被复制的特殊竞争力。

（二）优化招商方式

高新区的定位招商应按照高新区制定的产业规划展开。引导主导产业内有影响力的优质企业入园，通过龙头企业的引领作用，吸引相关配套企业协同跟进，从而达到"引进一家，促成一片"的成效。最大限度地完善产业链，建立相互依存、相互合作的产业发展网络，逐步形成高新区的主导特色产业。有针对性地进行主题招商的"园中园"的模式也是很好的选择。应该突破传统模式中"招商在前，选址在后"的模式。想要集群式发展，就要对高新区预先进行规划，在高新区范围内尚未开发的土地上，根据主导产业规划出若干特色产业区，如软件园、生物科技园等，将原本单一的单体招商模式转变为集群式招商模式，提高项目成功率，促进产业集群的形成。

（三）完善金融服务

在产业集群形成及发展的过程中，金融机构的支持也十分重要。纵观国内外发达的高新区，众多的金融机构尤其是风险投资机构往往分布密集，如硅谷地区聚集了全美近 50%的风险投资公司。20 世纪 80 年代在美国脱颖而出的高科技企业中，很大一部分是靠风险投资起家的。风险投资在微软、英特尔、苹果、戴尔、雅虎公司的发展初期都起到了强有力的推动作用。有风险投资参与的科学研究可以有效地缩短科研成果商品化的周期，风险投资不仅为初创企业提供稳定可靠的资本来源，还为其提供产业的预测，以及丰富的管理经验、知识。因此，应鼓励有条件的民营资本进入风险投资领域，积极培育一批高素质的风险投资专家，使那些既有科学技术、市场、金融等综合知识，又有管理经验的人员进入风险投资机构，提高风险投资的成功率。

（四）培育集群文化

硅谷成功的一个重要原因就是其独特的集群文化。高新技术产业集群的成功离不开与高新技术产业相互包容、相互促进的区域集群文化。应在高新区内大力鼓励敢冒险、敢创业、积极进取与善待失败的企业家精神。同时，也应重视信任与合作文化，中国的传统文化中对于彼此信任、合作的观念有所忽视，而事实上，信任与合作对于迅速整合信息和资源十分有效，并可降低成本和风险。集群的竞争推动力、合作氛围以及良好的组织环境是产业集群持续发展的基本要素。高新区只有培育出符合自身发展规律的集群文化，才能吸引企业集聚，促进产业集群的形成和可持续发展。

（五）健全中介机构

中介服务机构的主要作用是为企业获得市场机会和投资提供帮助，为企业提供专业技术、投资、管理等服务，从而降低高新技术企业在成长初期所面临的竞争风险，帮助企业茁壮成长。信息和人际关系网可以有效提高高新技术企业的管理水平并帮助其开拓市场。中介机构主要包括企业间联盟、行业协会、商会、服务中心、律师事务所、会计师事务所等，它们通常兼具市场灵活性和公共服务性两方面的特征，通过为交易双方提供中介服务，可以降低企业的交易成本，特别是信息成本。目前，我国高新区中介服务体系建设有待加强，产业集群效率有待提高。中间商的缺乏使集群内企业的生产和销售受到制约；会计师事务所、律师事务所不足的问题也影响了集群产业市场的正常秩序；其他服务体系如人才市场不够发达、产权交易市场规模较小、资源配置效率不高也影响了集群的发展。因此，积极采取措施，引导中介服务体系的形成和完善显得尤为重要。应通过政府和中介服务体系共同发挥作用，积极促进产、学、研之间的交流合作，促进产业集群的形成和发展。

第三节　国内科技园区科技金融实施情况

纵观全世界，各国普遍采用建立科技园区的方式来促进高新技术成果转化、发展高新技术产业、提高地区技术创新能力，科技园区在我国的实践主要是高新区。我国于 1988 年 5 月批准设立了第一个国家级高新区——北京高新技术产业开发试验区。截至 2014 年年底，我国已经设立了 115 个国家高新区。经过 20 余年的发展，国家高新区实现了经济的较快发展。据有关数据表明，2014 年全国 GDP 636 463 亿元，115 个国家高新区生产总值 690 607.0 亿元，占全国 GDP 比重的 10.9%。高新区也是地方区域经济发展强有力的支撑，2014 年，33 个国家高新区创造的生产总值占其所在地 GDP 的比重超过 20%；国家高新区企业缴税总额为全国税收收入的 11.1%。由此可见，国家高新区已经成为我国经济发展的重要力量、国家税收的重要来源。

高科技企业的特性决定了其融资手段也有别于一般的传统制造业，我国要建设创新型国家，就需要科技金融的不断发展与完善。高科技园区作为我国高科技创新的重要载体，已经成为发展科技金融的重要平台。我国首批 16 个科技金融试点城市的重心均在国家级高科技园区，如北京中关村、上海张江、武汉东湖和天津滨海高新区等。各高科技园区在建立科技金融管理机制、创新科技金融政策和做强科技金融主体方面都进行了有益的尝试，成效显著。作为后起之秀的苏州、成都高科技园区，在科技金融方面的创新实践也十分积极，大有赶超之势。宁波高新区作为国务院批准的第二批国家级高科技园区，虽然成立时间不长，但也在积极探索科技金融创新的新途径。下面将对比研究北京中关村、上海张江、武汉东湖、天津滨海、江苏苏州、四川成都及浙江宁波高新区在推动科技金融发展方面采取的具体措施与发展经验。

一　国内科技园区科技金融发展现状

（一）中关村高科技园区科技金融发展处于全国前列

中关村是国家自主创新示范区，培育和孵化了一大批具有自主创新能力的高科技企业，而且将进一步发展成为国家科技金融创新中心。2009年，中关村率先推出优惠政策，鼓励商业银行建立科技信贷专营机构，用于重点支持科技型企业的发展。据不完全统计，截至2014年年末，19家银行在中关村园区内设立了近50家科技信贷专营机构或特色支行，累计提供科技信贷额度为645.2亿元。中关村园区创业风险投资活动十分活跃，天使投资行业也稳步发展。2015年，中关村发生的创业投资案例达到544起，投资金额355亿元，占全国的1/3。据不完全统计，截至2014年年底，中关村上市公司数量达254家，IPO累计融资总额超过2 200亿元；园区企业在代办股份转让系统的挂牌数量也遥遥领先，挂牌企业数量达353家。216家中关村上市公司中，境内上市公司有142家，境外上市公司有74家，在创业板市场初步形成“中关村”板块。

（二）重点高科技园区科技金融工作各出新招

张江高科技园区、滨海高新区、武汉东湖高新区在科技金融试点推进工作方面都取得了明显成效。截至2013年年底，滨海高新区、武汉东湖高新区、张江高科技园区上市公司数量分别达到26、30和56家；继中关村之后，张江、东湖和滨海高新区获得“新三板”试点，目前已有多家科技型企业顺利登陆“新三板”；此外，各园区还积极引进商业银行设立科技支行，专门从事科技信贷业务，截至2013年年底，张江已落户7家科技支行，东湖落户2家，每年为科技型中小企业提供融资达百亿元。

成都高新区的快速发展也令人瞩目。2011年年底，成都高新区的综合排名位列国家高新区的第四位、西部地区的第一位，已形成具有较大影响力的以电子软件为主导的特色产业集群。截至2014年6月，区内已有上市公司23家，占全市的一半以上，累计融资逾230亿元；“新三板”挂牌企业数量也达到了11家。

苏州市作为中国最具创新能力的城市之一，占据天时、地利、人和，也是国内科技金融实践的积极参与者。在苏州高新区、工业园区内，已有11家上市公司。苏州市内还拥有中国第一只市场化运作的政府引导基金，风险投资活动频繁，创新创业氛围浓厚，后续发展动力强劲。

截至2014年年底，宁波高新区在沪、深两市上市公司数量仅为3家，但宁波高新区内境内外的上市公司已多达45家，其中英国AIM 1家，中国香港6家，法国1家，美国OTCBB 2家，新加坡1家。在宁波A股上市公司中，超过八成都属于民营性质，同时这些公司科技含量高，发展迅速，平均净资产收益率大都高于全国上市公司的平均水平。这一方面是由于宁波高新区成立时间较短，目前仍处于进一步探索和发展的阶段；另一方面，可能是相对上海、武汉、北京、天津等地，宁波地区民间资本更为活跃，投资类别及投资区域更为广泛。

（三）科技金融产品不断创新

科技创新需要不断创新科技金融产品，各高科技园区根据企业需求，积极与金融监管机构、金融机构开展合作，推出各类创新型的科技金融产品。首先，直接融资形式不断丰富，除了中小板和创业板外，中小企业集合债券、中小企业集合信托、中小企业集合票据等融资形式为科技型中小企业直接融资提供了更多的融资选择。其次，园区也与科技银行、担保公司合作，开发适合科技型中小企业的信贷产品，如张江高科技园区的“科灵通”和“投贷宝”，苏州高新区的“科贷通”，成都高新区的“科创贷”。最后，科技保险产品也不断创新，为高科技企业保驾护航。自2006年科技保险试点以来，科技保险产品创新受到重视，高科技企业产品研发责任险、关键研发设备保险、高新技术研发营业中断险等创新产品为高科技企业管控风险提供了新的途径。

二　国内科技园区科技金融政策创新

高科技园区科技金融的快速推进得益于各园区根据实际情况建立适应科技金融发展的管理机制，出台符合高科技企业、科技金融机构需求的科技金融创新政策，做强园区科技金融推进主体，通过在机制、政策和主体三方面完善政策配套，推进园区科技金融的发展，创新高科技企业的融资途径。

为了有效地推进科技金融试点工作，各试点城市结合各地实际特点在建立科技金融管理机制方面均采取了有效措施。2010年，中关村科技创新和产业化促进中心（中关村创新平台）正式成立，平台下设科技金融专项工作组，成员单位包括财政部、国家发改委、科技部、央行、银监会、证监会、保监会、外汇管理局等中央和北京市有关政府部门，在中关村管委会下设科技金融处具体负责科技金融推进工作，形成了中央、北京市、区县协同推进的中关村科技金融工作体系。此外，上海、天津、武汉等试点城市均建立了科技金融工作推进机制，成立科技金融领导小组，为科技金融试点顺利推进创造条件。

（一）科技金融扶持政策体系

科技金融的发展离不开配套政策的支持，目前，各高科技园区的支持政策主要集中在科技金融机构集聚、科技金融产品创新及直接融资政策等方面。中关村、张江、东湖、天津、成都、苏州、宁波高新区均对科技金融机构的购房、租房、税费补贴、风险补偿等方面给予财政扶持，形成了一套较为完整的科技金融机构扶持政策。表2.7对其科技金融扶持政策做了比较。

表2.7　各高新区科技金融扶持政策

	北京中关村	武汉东湖	天津滨海	上海张江	成都	苏州	宁波
科技支行	购房补贴每平方米1 000元，三年租金补贴为50%、30%、10%；风险拨备补贴为50%—75%	按新引进金融机构标准，自开业年度起施行营业税、企业所得税地方财政留成部分“两免三减半”；每平方米1 000元的购房补贴，三年内每年30%的房租补贴	按年融资额给予0.5%—1%的补贴，且当年累计支持高新区企业不少于4家	无	金融机构年度贷款余额每增加30亿元，奖励5万元。金融机构设立小企业贷款服务机构，该机构每增加5亿元贷款，给予10万元奖励	银行科技贷款余额比上年增长部分给予1%的奖励补贴；“一行两制”	给予一次性50万元开办费奖励；风险补偿资金存量金额低于50%时，补充至初始规模

（续表）

	北京中关村	武汉东湖	天津滨海	上海张江	成都	苏州	宁波
创业风险投资机构	按创业投资机构投资金额的10%（不超过100万元）给予投资风险补助	每平方米1 000元购房补贴，三年内每年20%的租房补贴；符合条件的创业投资机构企业所得税和营业税“两免三减半”	按年融资额给予20万—100万元奖励：注册资本5 000万元以上的，自盈利年度起，三年内奖励企业所得税高新区留成部分的50%	企业所得税、营业税、房租补贴	对种子期、初创期企业给予其所获投资额的10%的经费支持，最高100万元；对创业投资公司个人收入给予所得税补贴	天使投资机构自获利起，前两年企业所得税地方留成给予100%的奖励，后三年给予50%的奖励，累计奖励不超过投资额；高层次人才个人所得税地方留成给予50%的奖励；合伙制天使投资机构中个人合伙人个人所得税实际税负超过20%的部分，地方留成全额奖励	成功引入投资机构投资，年营业收入增长20%以上，奖励实际投资额的3%（最高不超过100万元）
融资租赁机构	购房、租房补贴同科技银行；对园区内企业的实际融资租赁额的1%给予补贴，不超过500万元。对企业融资租赁费用提供20%的补贴，不超过50万元	租赁与科技银行相同	按年融资额给予0.5%—1%的补贴，且当年累计支持高新区企业不少于4家	无	购买商品房给予1 000元/平方米一次性购房补贴；租赁给予3年补贴，每月20元/平方米；金融机构补贴总额最高500万元，补贴资金按分享比例承担	无	三年内每年按房屋租金的30%予以补贴，单位租金不超过高新区办公楼租赁市场价格
担保机构	无	符合条件的担保机构按其融资性担保额的1%给予补贴；若发生损失，按业务实际赔付额的20%—30%给予补贴	按月均余额给予0.3%—0.8%的补贴：区内企业提供担保，补贴其代偿损失的15%—30%；对重点计划企业的担保补贴其担保额的5%	担保项目代偿的实际损失额的60%	给予其实际发生担保费用的50%、每家每年补助总额最高20万元的经费补助	交通银行苏州分行作为科技服务中介，已经形成了“银行＋政府＋保险＋担保＋创投”的科技金融苏州模式	注册资金为1 000万—3 000万元，奖励10万元；3 000万—5 000万元，奖励15万元，担保额达到注册资金后再奖励10万元；5 000万元以上，奖励25万元，担保额达到注册资金后再奖励25万元

（二）科技金融产品创新政策

各高科技园区为促进科技金融产品创新，在风险补偿、担保费用补贴、贴息、科技保险费用补贴等方面采取了一系列措施。目前，中关村在科技金融产品创新方面率先探索推进，以企业信用为基础，推出了信用贷款、信用保险和贸易融资，为企业提供相应的财政补贴政策。此外，张江、东湖、天津高新区在科技金融产品创新方面也开始进行探索，但从政策、推进力度和实施效果看与中关村还有很大的差距。作为后起之秀的成都和苏州，在科技金融产品创新方面更是大展拳脚，苏州还创造了“政府＋银行＋保险＋担保＋创投”五合一的苏州模式(见表2.8)。

表2.8 各高新区科技金融产品创新政策

	北京中关村	武汉东湖	天津滨海	上海张江	成都	苏州	宁波
信用贷款	设立信用贷款风险补贴资金，补贴试点企业50%的信用评级费用；年信用贷款累计发放在0.1亿—1亿元区间的，风险补贴2%；1亿元以上的，风险补贴3%	补贴50%的信用评级费用；对贷款利息给予25%的补贴，不超过60万元；承担最终信贷本金损失的30%，单个银行不超过500万元	无	无	给予其参与信用评级直接费用的50%，每家每年补助总额最高5万元	首期资金为5 000万元，为科技型中小企业承担有限代偿责任；每个项目贷款额最高不超过500万元，贷款期限不超过2年，包括知识产权质押贷款、商标抵押贷款等	给予基础贷款利率25%的贷款贴息补助
贷款贴息	瞪羚企业贴息20%—40%，留学生创业、软件和集成电路企业贴息50%和1%的担保费	利息金额的50%，一般不超过100万元，重点企业不超过200万元	流动资金贷款利息的30%，不超过200万元	一年期流动贷款金额的2%，不超过40万元	补贴实际发生的利息额的30%，每家每年补助总额最高50万元	科技型中小企业按贷款利息的50%给予补贴，每家企业每年最高贴息额50万元	海外人才创业企业，贷款贴息补助金额＝实际贷款金额×同期贷款基准利率
科技保险	补贴参保企业资信调查费的50%；对企业保费给予50%的补贴；提供最高0.5%的保费率补贴	按投保费用的40%给予补贴，不超过50万元	无	推出科技型中小企业履约保险贷款，补贴50%的保费	重点引导类险种，按保费的60%给予补贴；一般类险种，首年按40%给予补贴，以后按支出保费的20%给予补贴；补贴总额不超过20万元	根据企业类型的不同，分别给予50%、40%、30%、20%的补贴，最高额度不超过30万元	对新设的保险公司及其分支机构，给予一次性50万元的开办费奖励

（三）直接融资奖励扶持政策

在直接融资过程中，企业需要支出与上市或发债有关的一定费用，各高科技园区对于直接融资的扶持政策一般是通过对企业上市或发债过程中发生的费用给予补贴或减免体现的，这将直接降低企业融资费用及成本（见表2.9）。

表2.9　高新区直接融资奖励扶持政策

	北京中关村	武汉东湖	天津滨海	上海张江	成都	苏州	宁波
上市融资	改制资助20万元；新三板挂牌资助50万元；上市申请获得受理资助100万元；上市成功资助200万元；境外上市资助200万元。保荐券商和主办券商各资助20万元	上市奖励450万元；新三板上市奖励120万元	上市改制，从而设立股份有限公司的给予20万—50万元奖励，公司进行新三板挂版改制，给予20万—50万元奖励	企业改制、上市备案、上市各资助100万元；新三板改制、挂牌分别给予不超过50万元、30万元补助	进行股份制改造，给予20万元补贴；新三板成功挂牌交易，给予30万元补贴；完成上市辅导并验收合格，给予20万元补贴；被证监会正式受理，给予50万元补贴；发行完成按融资额中投入成都的1%给予补贴	拟上市企业在高新技术企业认定、知识产权服务等方面给予重点支持，减免改制重组过程中的交易税费和其他费用，并依法优先安排符合国家产业政策的投资项目、建设用地。新三板挂牌，补助50万元；取得上市受理函，奖励100万元；海外上市，补助50万元	拟境内上市确定上市计划，奖励100万元；材料受理，奖励200万元；买壳或购并等方式上市，奖励500万元；新三板挂牌，奖励50万元
债券融资/信托融资	给予企业社会筹资利息、信托或债券管理费和担保费等综合成本20%的费息贴补	比照上市融资办法	无	企业进入各类科技企业融资试点平台发生费用，给予最高80万元的补贴	单项融资额在10亿元以上且融资成本不高于同期贷款基准利率的，可按融资额的0.5%奖励项目业主	无	无

（四）科技金融推进主体

高科技园区中推进科技金融工作、集聚科技金融资源发展的主体一般是国有控股公司。中关村发展集团、武汉高科国有控股集团、张江集团、天津海泰控股集团、成都高新投资集团、中新苏州工业园区创业投资有限公司、宁波天使投资引导集团分别是中关村、东湖、张江、滨海、成都、苏州、宁波高新区的开发建设主体，也将是各园区未来科技金融工作的推进主体（见表2.10）。2010年组建的中关村发展集团从组建之初就承担着推进中关村科技金融发展的重任，其核心业务明确为科技金融，并在组织机构方面做出相应的配置，统筹原有的科技金融资源成立中关村科技金融集团作为推进科技金融工作的平台。张江集团、武汉高科、海泰控股则沿袭之前的组织设置，并未组建推进科技金融工作的统一平台，而是将各类科技金融资源分别置于不同的子公司之下，不利于科技金融资源的统筹。成都、苏州等地更是积极探索科技金融的推进，有效整合区域内的资源，设立"科技金融超市""一体化平台"，使不同主体之间协同作用、共同发展。

表 2.10 各高新区科技金融推进主体

	中关村	武汉	上海张江	天津滨江	成都	苏州	宁波
主要推进主体	中关村发展集团	武汉高科国有控股集团	张江集团	天津海泰控股集团	成都高新投资集团	中新苏州工业园区创业投资有限公司	天使投资引导集团
核心业务	产业投资、园区发展、科技金融	产业投资、资本运营、地产建设	高科技园区的开发运营商、创新服务集成商和高科技项目投资商	房地产与基础设施建设、金融与投资、高科技产业、服务业	促进科技成果产业化，培育战略性新兴产业	增强苏州市自主创新能力，全面实施苏州市产业振兴发展	创新型城市建设、产业升级、科技金融
金融投资部门	投资部、资本运作部	产业发展部、证券工作部	资产管理中心（投资管理部、资产经营管理部）	无	资产管理、金融租赁、小额贷款、产业投资基金、金融地产、私募股权及风险投资等金融和准金融产业	相关产业的创业投资基金和创业投资管理公司的发起与管理	天使引导基金、银行、担保机构
相关子公司	中关村科技创业金融服务集团有限公司、中关村科技租赁有限公司	武汉光谷投资担保有限公司	张江高科、张江科技创业投资、张江投资创业服务有限公司、张江小额贷款股份公司	天津海泰科技投资管理有限公司、海泰担保公司、海泰发展	成都高投创业投资有限公司、成都高投融资担保有限公司	园区担保公司、园区生物纳米公司、园区软件和集成电路设计产业发展基金和园区创业投资引导基金等一批服务园区高科技产业的平台	宁波市天使投资引导基金有限公司
科技金融产品	投贷宝、政企投	无	未来星、启明星、投贷宝等科技金融产品	无	银科创业投资、科创通	"政府＋银行＋保险＋担保＋创业投资"五合一模式和科贷通产品	科创金缘保、科创通

第四节 完善科技园区科技金融体系

一 优化管理机制和科技金融政策体系

中关村科技园区建设国家自主创新示范区以来，在整合“一区十园”开发建设主体的基础上组建了中关村发展集团，并明确其核心产业为产业投资、园区发展和科技金融，且成立中关村科技金融发展集团，承担科技金融资源整合与创新的职能。借鉴中关村的经验，高新区内应设立综合科技金融服务中心，作为科技金融推进工作的服务平台，承担信息沟通、咨询、服务、展示等中介功能。

（一）建立风险补偿机制

借鉴中关村科技金融政策的经验，在科技园区发展专项基金内建立一定规模的科技金融风险补偿基金，以此鼓励科技金融机构开展科技金融业务。一是建立科技信贷风险补偿基金，对科技银行在高科技园区内开展科技信贷预提的一定比例的风险给予补贴；二是建立担保机构风险补偿基金，对为科技园区企业融资提供担保或再担保的担保融资机构由于企业违约所产生的担保损失，基金可提供一定比例的补贴；三是建立创业投资风险补偿基金，对创业投资机构或天使投资人投资于高科技园区内的初、中期企业所产生的投资损失，给予一定比例的补贴。

（二）制定科技金融机构集聚政策

借鉴相关政策经验，进一步细化现有招商引资政策，针对高科技园区高科技企业发展所必需的科技银行、创业投资机构、天使投资基金、私募股权机构、融资租赁机构、担保及再担保机构、保险机构等金融机构，制定出台优惠的财政扶持政策，在购租房补贴、业务扶持、税收扶持等多方面给予一定的财政扶持。

（三）出台科技金融产品创新政策

一是鼓励科技银行根据科技型企业特点加大知识产权质押融资、股权质押融资、信用贷款、贸易融资等新型贷款业务的推广力度，降低业务开展过程中的资信调查、法务及法律费用；二是推动科技金融机构开展创业投资融资租赁、认股权贷款、债转股等创新型产品；三是鼓励保险公司与科技创新企业、科研院所联合开展科技保险研发工作，对相关费用实施补贴，推动保险公司开发新型科技保险产品。

（四）整合政府扶持资金

目前，大部分高科技园区对科技创新主体实施直接的行政扶持，但从实施效果来看，这种方式会增加政府财政投机的机会，如温州炒房团、炒煤团就是非常典型的案例。这些资金既有来自实业资本、民间资本的，也有来自银行信贷的。我国金融宏观政策的决策、调控高度集中，在明显的地区差异背景下，对地方调控的针对性不强，使得基层人民银行对地区货币供求总量和结构的调控均难以发挥作用。

地区信贷资源分配的不均衡和周期性波动难以调节，在区域经济发展不平衡、地区差异明显的情况下，商业银行出于利润追逐的目的，将更多的信贷资金投放到经济发达地区。基层人民银行在贯彻执行金融宏观政策时，职责限定在政策宣传、解释、引导，以及政策效果的分析、反馈和建议上，没有具体可操作的传导工具和手段来调节地区信贷资源实现均衡投放和实行逆周期信贷调控。

为推动科技金融的发展，政府应建立良好的管理运行机制、完善的政策框架和有效的运作平台。鼓励各类科技金融机构按照市场化原则实行风险收益匹配经营，重点发挥股权投资类企业的发现和培育功能，以股权投资带动信贷、保险、担保机构介入，形成各类科技金融机构协同配合的局面。政府可以申请组建科技银行开展试点，并在科技银行的监管机制、考核机制及资本充足率等方面寻求政策突破，如申请存款准备金率的差别化待遇、降低科技银行存款准备金率等，以弥补其信贷损失。[①]

二　完善市场主导的资本体系

近年来，我国政府开始重视自主知识产权的开发，出台了一系列促进科技

① 刘斌：《我国高科技园区科技金融及发展实施策略的比较研究》，《上海金融》2013 年第 4 期。

开发、活跃创新活动和应用的政策法规，然而，这些活动都不能脱离资本的投入，需要适宜的金融体系的强力支持。国外各金融支持体系在促进科技创新发展方面为我国提供了很多参考经验。

目前我国的金融体系类似于日本、德国式的银行主导型，资本市场发育不完全，公民更倾向于储蓄，银行系统较发达，国内直接融资只占全国正规融资总量的约20%。[①]针对这一现象，当前我国面临的工作重点之一是积极利用庞大的银行网络系统进行全国跨行业、地区的市场调查活动，同时联合银行与有关科技部门、中介机构，对科技创新项目进行审查评估，开发新型金融工具，积极支持和促进自主科技创新的商业化、科技产业化发展。

从长期的发展经验来看，市场主导型的金融支持模式在促进高新科技产业的发展方面显得更加高效。政府应重视相关法律、政策的制定，促进我国创业风险投资和资本市场的进一步发育。对创业风险资本来源的限制也可以适度放松，如让创业风险投资机构采用更灵活有效的有限合伙等组织方式。除此之外，针对当前我国创新动力、创新风险、创新能力、创新融资不足的问题，政府在政策架构上需要做的有：完善促进自主创新的财政、税收、科技开发及政府采购政策；完善风险分担机制，大力发展风险投资事业，加大对自主知识产权的保护与激励；健全创新合作机制，鼓励中小企业与大企业进行技术战略联盟，实施有效的产、学、研合作，推进开放创新；重构为创新服务的金融体制，发展各类技术产权交易，构建支持自主创新的多层次资本市场。发展我国的资本市场、构建多层次的融资通道，不仅能为高科技创新型企业提供更为灵活的融资方式，实现科技价值，也能为创业风险投资的退出提供方便、高效的渠道。随着我国金融市场的不断发展完善，二板、三板市场将迅速发展，高科技创新型企业的间接融资比例将大大降低，融资效率将大大提升，融资模式也很有可能由银行导向型转为证券市场主导型。

---

① 严长德、孙杨：《科技发展的金融支持体系——国际经验及启示》，《金融纵横》2007年第21期。

第三章　政策性基金与民间融资：四两拨千斤，此唱引彼和*

中小企业在我国国民经济中的地位日益显著，尤其在扩大就业、活跃市场、促进社会稳定和调整国民经济结构布局等方面起着难以替代的作用。近年来，我国中小企业迅速发展，已成为我国国民经济和社会发展的重要力量。截至2015年年末，全国中小企业数量已超过2 000万家，全体工商户超过5 400万户，其创造的最终产品价值也在稳步提高。以工业产业为例，全国规模以上中小型企业占规模以上企业总量的97.4％，其纳税额占规模以上企业税金总额的49.2％，提供了近80％的城镇就业岗位。作为中小企业的重要力量，科技型中小企业不仅是吸纳高科技成果的有效载体，而且具有较强的科技意识、技术创新能力、科技管理能力和科技开发能力。在发挥技术创新主体作用的同时，还不断推动着高新技术的产业化、传统产业的高新技术化进程。① 因此，促进科技型中小企业发展是保持国民经济平稳、较快发展的重要基础，是关系到民生和社会稳定的重大战略任务。

作为一种知识密集型的经济实体，科技型中小企业以科技人员为主体，以科技成果商品化为主要内容，以市场为导向，从事科学研究、技术开发、技术转让、技术服务、技术咨询，以及高新技术产品的研制、生产、销售，实行自筹资金、

* 本研究得到宁波市科技局科技创新团队立项项目：宁波诺丁汉大学"汽车零部件的低碳制造创新团队"的资助，特在此致谢。

① 英英、萨如拉：《金融工具创新之夹层融资——破解科技型中小企业融资难题的可选途径》，《中国科技论坛》2011年第3期。

自愿组合、自主经营、自负盈亏、自我发展、自我约束。科技型中小企业的经营范畴很广，涵盖了生物医药、光机电一体化、电子信息、新材料、新能源与节能、新能源汽车、现代农业、环境与资源等各个领域。它的生产经营活动主要具有创新性、不确定性与风险性、高投入性、高收益性几大特点。[①] 在萌芽期和发展期，科技型中小企业发展艰难；从成熟期开始，企业又面临投资加大、行业竞争加剧的尴尬局面。

科技型中小企业在发展壮大的过程中，逐渐形成了巨大的资金需求。相比大型企业，中小企业的抗风险能力偏弱，信用缺失情况严重，较难达到正规金融机构的贷款条件。银行对其融资需求也不够重视，再加上中介服务体系不完善，申请银行贷款的拒绝率较高。此外，科技企业的高回报也相应地要求投资者具备应对高风险的能力，对于有风险规避意识的广大投资者而言，高收益下无限责任制的高风险性容易引发财务纠纷等问题。同时，由于企业与投资者之间存在信息不对称，面对逆向选择的市场失灵，投资者的投资信心和力度也更加受到抑制。因此，如何营造良好的政策环境，切实缓解科技型中小企业融资困难的严峻形势，各级政府推出了一系列积极有效的政策措施，帮助其克服融资困难，实现又好又快的发展。针对科技型中小企业普遍面临的资金短缺问题，在过去 10 年里，政府通过政策性基金如创新基金等形式，对其进行了资助。[②]

以宁波市为例，作为浙江省第二大城市，以及中国历史上最早的一批通商口岸之一，宁波具有十分发达的工商业，也是中国科技型中小企业的聚集地之一，2016 年被批准为“中国制造 2025”首个试点城市。

2012 年，科技部下达科技型中小企业技术创新基金计划，宁波市共有 112 个项目获立项，项目立项数、争取经费数分别比上年增长 10.9％和 10.8％，继 2011 年之后再创新高。这 112 个项目大多涉及科技新技术领域，例如新材料、

---

① 秦汉锋、黄国平：《科技型中小企业融资问题探讨》，《武汉金融》2001 年第 7 期。

② 高松、庄晖、牛盼强：《科技型中小企业政府资助效应提升研究——基于企业生命周期的观点》，《中国工业经济》2011 年第 7 期。

新能源、新一代电子信息、新装备等，其中包括重点创新项目 4 项、创新项目 63 项、创业项目 30 项、服务机构补助资金项目 13 项、引导基金 2 项。这些项目对推动宁波地区中小型工业企业的发展，甚至为全国乃至全世界制定发展战略提供了借鉴。

2012 年，全市获科技型中小企业技术创新基金计划支持的企业中，有 100 多家已培育成为高新技术企业，其中康强电子、东海蓝帆、理工监测、GQY、博威合金、慈星股份和海伦钢琴等公司已经发展成为上市公司。作为专业生产电脑、针织、机械的高新技术企业，宁波慈星股份有限公司在发展过程中一直受到政府的大力支持。从 2008 年起，有多项产品获得高新认证，企业也收到多项政府补助，包括高新技术奖、国家创新基金奖励、工程技术中心奖等。企业收入也由 2008 年的 3 亿元增至 2012 年的 21.19 亿元。2012 年，公司登陆创业板市场，进一步完善产品架构，实现国际化经营目标。公司的软硬件水平已达到同行业国际水平，产品已出口至近 20 个国家和地区，在客户中享有较高的声誉。同样，宁波美康生物科技股份有限公司在 2006 年刚接受国家创新基金资助前，销售收入仅为 331 万元，员工仅有 25 人，公司规模小，产品种类少，市场竞争能力较弱，发展较缓慢。接受国家创新基金支持后，催生了一大批专利成果，显著提升了技术创新能力和核心竞争力，年销售额、利润、税收翻倍增长。2011 年，公司销售收入达到 2.04 亿元，净利润达 5 464 万元，税收达 3 387 万元；员工也从原来的 25 人增加到了 400 余人。2012 年，公司申报的“化学氧化法总胆红素检测试剂盒”项目，获得了国家创新基金 140 万元的支持。公司重视人才培养，除了引进高校毕业的科研技术人员进行技术研发，同时还引进科技管理人才。公司专职的研发人员已达 75 人，累计申请专利 50 项，其中发明专利 32 项。公司还获得了国家授权专利 18 项，其中发明专利 10 项。

创新基金、孵化基金与政府引导基金对于扶持科技型中小企业的成长，引导国民经济朝着积极、健康的方向发展，促进我国经济持续、稳定、快速增长具有重大意义。民间融资也是科技型中小企业较为常用的方式之一，这是由于其具有资金快捷、手续简便的特点，能充分满足科技型中小企业的短期融资需求。

本章分为四节，首先阐述了各类型创新基金在国外的发展与在国内取得的成就，然后对比了国内外孵化基金与孵化器的发展情况，接下来主要分析了政府产业引导基金的作用与存在的问题，以及未来发展的一些意见和建议，最后梳理了国内外民间融资发展的情况，介绍了我国民间金融的社会效益并对未来民间金融的发展方向提出了建议。

第一节　创新基金

很多国家都深知中小企业在促进经济发展方面的重要作用，并把发展科技型中小企业作为国家科技政策或高新技术产业发展政策的重要内容，积极创造社会、经济、金融和技术等各方面的条件，致力于加快科技型中小企业的成长和发展。[①]

一　国外科技型中小企业资助政策

美国政府历来非常重视企业的发展。自20世纪80年代以来，中小企业飞速发展，在经济社会发展中的作用越来越明显，美国政府也由此将关注焦点集中在中小企业上，特别是那些高风险、高收益的科技型中小企业。相比大企业，虽然中小企业在创新效率和周期方面具有较大优势，但由于创新的成本和风险在中小企业的承受能力范围外，因此这些优势始终无法转化为现实的生产力。在此背景下，由政府主导资助中小企业创新的美国SBIR计划出台，并于1982年正式进入实施阶段。SBIR计划制订的初衷是希望通过资助中小企业创新，一方面使联邦政府以较低的经费开展更好的科研，另一方面使中小企业能够借助项目资金开发出新技术、新产品及新服务。

SBIR计划主要包括招标、评估、资助三个流程。基于中小企业成长路线的

---

① 夕蓓：《国内外政府对中小企业技术创新支持方式的比较研究》，《中国科技产业》2014年第10期。

可行性研究阶段、产品定型阶段、产品推广和商业化阶段，向中标企业提供资助。美国小企业管理局(SBA)全权负责协调与管理 SBIR 计划。联邦政府的 11 个部门参与 SBIR 计划，每个部门预留出每年研发经费的 2.5%作为 SBIR 项目经费，并保证计划的具体实施。这些部门包括农业部、商务部、国防部、教育部、能源部、卫生部、交通部、环保部、航空航天局、科学基金会与国土安全部。1992 年，美国国会制定的《小企业研究与发展促进法》进一步扩展和改进了 SBIR 计划。2000 年，美国国会通过的《小企业再授权法》再次将 SBIR 计划延长至 2008 年 9 月。根据 SBIR 计划的规定，企业享有所有研究成果的知识产权，而联邦政府可以无偿使用研究成果的技术数据。

美国 SBIR 计划取得了巨大的成功。在该计划实施的 20 余年里，政府各部门发布的招标说明书共达 268 个，征集的创新研究课题达 40 万个，资助的项目达 65 000 个，投入资金共计 130 亿美元。在获得第二期经费支持后，大约 20%的项目的研究成果获得了商业化方面的成功。各大知名企业如微软、英特尔等，在其成长壮大的过程中，都曾接受过 SBIR 的资助。SBIR 计划的支持极大地促进了美国激光、生物医药、机器人等领域研究成果商品化的发展，这些领域内形成的技术与产品也增强了美国在世界范围内的竞争优势。全球各主要国家如德国、日本、瑞典、俄罗斯等逐渐认识到 SBIR 的优势，高度认可该计划的成效，纷纷仿效实施，采取类似的方式鼓励并支持中小企业的发展。①

20 世纪 90 年代初开始，德国政府联合工业界对科技型企业的发展给予了大力支持，包括：① 创造公平竞争的环境；② 提供资金支持，如科技开发基金；③ 提供技术支持，如建立高新企业孵化器。德国政府推动中小企业发展的方式侧重于激励政策。比如，为了促进科技人员的流动，政府推出了“工商企业研究开发人员增长促进计划”。这一计划为企业新进科技人员提供工资补贴，补助时间长达 15 个月，补助额占到相关工作者工资的 50%。此外，为了加强中小企业与研究院的合作，政府实施了“中小企业研究合作促进计划”，提高了对合作

① 夏孝瑾:《美国“小企业创新研究计划”(SBIR):经验与启示》,《科技经济市场》2011 年第 12 期。

项目的资助比例，从而促进了技术的交流和更新。以低息贷款、承担部门责任的方式入股分担企业的创新风险以激励其对新技术的应用。

此外，瑞士、韩国政府也采取了一系列政府资助措施来推动科学技术的转化。瑞士政府成立了技术创新委员会(Commission for Technology and Innovation，CTI)，重点支持以市场为导向的企业研发项目，致力于鼓励企业推动学校及研发机构与产业界的合作，促进知识与技术间的转移。CTI 为初创企业的产生与发展提供帮助，尤其是科技型中小企业，通过实施 CTI Start-up 来扶持初创企业的产生与发展；通过专题研究网络和其他措施，促进产、学、研合作，促进知识、技术的转化(KTT-Support)，从而更好地为市场服务。韩国政府提倡支持和激励举措。比如，对私人工业研究所参加国家研究与开发计划，从事核心技术和基础技术开发、工业技术开发和新能源开发等，政府将给予补贴，最高可达研究与开发总费用的 50%；此外，政府还倡议个人或小企业提供可达总投资额 80%—90%的资金支持，帮助其实现产业化。

二　中国科技型中小企业创新基金

近年来，中国政府把科技型中小企业当作发展的重中之重，并给予大量的资金支持，这已成为国家的发展战略，是政府激励企业技术创新和技术开发活动的形式之一。

1999 年，国务院批准设立了科技型中小企业创新基金，并深入贯彻基金的发展战略，加紧经济转变以及结构的部署，把发展科技型中小企业、加强创新机制当作经济发展的新动力，不断改善创业环境，引导社会资金向新兴的科技型中小企业倾斜，并取得了很好的成效。科技型中小企业技术创新基金，简称“创新基金”，是我国第一只用于支持科技型中小企业技术创新的政府专项基金，以资助初创期和成长初期企业的技术创新产品开发为切入点，致力于帮助中小企业度过初创期。创新基金的主要运营模式是通过拨款资助、贷款贴息和资本金投入等方式来支持科技型中小企业的技术创新，扶持科技成果产业化。创新基金不仅可以使产品和产业结构得到优化，还能吸引地方政府、大型企业、风险投资机构和金融机构对科技型中小企业进行投资，有助于建立起符合市场经济客观规律的高新技术产业化投资机制。在过去十多年的实施过程中，创新基金已获得了显著成果，这其中包括：培育了一大批具有创新能力的中小企业，为我国经济的发展注入了新的活力；促进了科技成果的转化及产业化，有力地推动了产业的转型升级和经济结构的调整；增强了企业的自主创新意识，提升了企业的技术创新能力；缓解了企业技术项目融资难的问题，推动形成了多渠道支持中小企业技术创新的新格局；拓宽了就业渠道，带动了高端人才的创新创业。[①]

由科技部主管、财政部监管，通过无偿资助、贷款贴息和资本金投入三种方式，创新基金致力于支持科技型中小企业创新创业。目前，创新基金已经形成了资助种子企业，发展其科研项目或创新计划，资助中小企业公共设施建设，引导社会资本向科技型中小企业投资的运行规则。1999—2009 年，在创新基金成立的 10 年间，中央财政累计安排创新基金 104.5 亿元，设立专门项目 20 297 项，其中，2009 年资金规模比 2008 年翻了一番，高达 28 亿元。被创新基金资助的新兴企业犹如雨后春笋般涌现出来，有很多企业都获得了国家认可并保护的专利权。相比于成立初期的数字，科技型中小企业的数量已经翻了 10 倍以上，为社会创造了大量的就业岗位，受到了国家和各地区的重视，全国 37 个省级行政单位都已设立了创新基金，2010 年基金规模就已达到 36 亿元，目前该数值仍在大幅度增长。表 3.1 为中国 2008—2012 年创新基金预算编制情况。

表 3.1　2008—2012 年创新基金预算编制情况

年份	2008	2009	2010	2011	2012
投入金额(亿元)	14	28	35	37.7	43.7

资料来源：《科技型中小企业技术创新基金 2012 年度报告》。

表中显示，2012 年度中央财政安排创新基金预算 43.7 亿元，比上年度增长 15.92%。近年来，国家对创新基金的投入力度持续加大。由 2008 年的 14 亿元增长至 2012 年的 43.7 亿元，政府对创新基金的重视和对科技型中小企业发

① 万钢：《科技型中小企业技术创新基金回顾与展望》，《科技与法律》2010 年第 83 期。

展重要性的认识日益提升。从表3.2的数据我们可以大致了解2012年创新基金资金的具体流向。技术创新项目首拨资金28.86亿元，占预算总额的66.04%；中小企业公共技术服务机构补助资金（以下简称服务机构补助）项目5.0亿元，占预算总额的11.44%；科技型中小企业创业投资引导基金（以下简称"引导基金"）项目4.99亿元，占预算总额的11.42%；往年立项项目二次拨款4.85亿元，占预算总额的11.09%（见表3.2）。

表3.2　2012年创新基金预算执行情况

项目类型		拨款金额（万元）	占预算总额的比重（%）
技术创新项目	重点创新项目（首拨款）	21 784	4.98
	创新项目（首拨款）	266 828	61.06
服务机构补助项目		50 000	11.44
引导基金项目	风险补助项目	7 033	1.61
	投资保障项目	12 887	2.95
	阶段参股试点项目	30 000	6.86
验收项目二次拨款（往年立项）		48 468	11.09
合计		437 000	100.00

创新基金自1999年成立以来，在全国范围内开展和实施，得到了迅猛发展，取得了令人瞩目的成效，对推进科技创新和进步做出了积极贡献，在科技中小型企业界产生了积极影响。十多年来，创新基金作为一种中央政府的引导基金，通过资金投入的多样性和支持领域的广泛化，为中小企业的创新创业搭建起了重要的融资平台。

创新基金成立当年收到3 329项申报，其中立项1 089项，共计资助资金8.16亿元。随后，创新基金申报量、立项量和资助资金均稳步上升。以2013年度数据为例，创新基金共立项6 446项，计划支持金额51.21亿元。在这十余年的发展过程中，创新基金结合实际执行效果，不断优化项目结构，增大间接支持力度并向西部地区倾斜。实践证明，创新基金工作实施以来，我国的科技型中小企业取得了长足的发展，科技创新能力得到大幅提高，企业实力显著增强。正是源于创新基金的支持，一些名不见经传的科技型中小企业才有机会发展壮大，成为我们今天所熟知的具有较强市场竞争力、高科技产品生产能力与自主知识产权的大型企业。[①]

第二节　孵化器与孵化基金

“孵化”是指在一个集中的空间内，在企业创立初期资金不足的情况下，政府在一定范围、空间内为企业提供资金、管理等多种便利，这个集中的空间则被称为孵化器。在孵化器里，企业可以享受很多的优惠扶持政策，因此更有利于企业初期的生存与发展。孵化基金即政府用于建设孵化器的资金来源。

一　国外孵化器发展模式

（一）美国孵化器的发展

美国的“技术孵化器”模式是最早出现的科技企业孵化器的典型模式。美国孵化器的正式发展始于1980年因越南战争导致的经济衰退，美国地方政府为了寻求经济的振兴，开始大力发展孵化企业。目前，经过三十多年的发展，美国已是世界上拥有孵化器最多的国家，其孵化器产业已形成多种所有制形式，而且运作模式多样。目前，主要有以下四种形式：① 政府主办的不以盈利为目的的孵化器。这类孵化器占到了孵化器总数的51%，其主要目的是扩大税收来源，创造就业机会，同时为整修与利用闲置的办公用房增加繁荣景象，扩大部门收入来源。② 私人主导的孵化器。这类孵化器占到孵化器总数的22%，它一般是由风险投资家与种子基金投资集团主办，高额利润的赚取主要是通过投资客户公司、应用新技术与转让技术实现的，并通过开发商业性与工业性房地产使其产生增值作用。③ 学术机构主导的孵化器。这类孵化器占到孵化器总数的18%，比较关心学校的科研成就，通过孵化器来吸引众多的科研项目与高级研究人才。④ 公私合营孵化器。这类孵化器占到孵化器总数的9%，主要是由政府、非营利性机构和私人合股兴办，这样孵化器在取得政府经费和其他资源

① 毛冀：《我国科技型中小企业技术创新基金的发展》，《资源开发与市场》2010年第2期。

支持的同时，也能得到私营部门的专业知识与经费资助。

目前，美国孵化器的发展已经达到了相当成熟的水平，总体来说，其发展过程可大致归纳为以下四个阶段(见表3.3)。

表3.3　美国科技企业孵化器发展阶段

	政府与孵化器的关系	目标	运作模式	服务重点	管理者
辅助企业创立阶段	政府直接资助	提供就业	非营利性机构	新企业组织的创建	政府派出的官员
孵化功能系统化阶段	系统化的间接支持	提高企业成活率和成功率	主体多元化的非营利性机构	提供更多服务和资源	政府指派人员
企业化运作阶段	政府的资助和支持减少	帮助企业创造巨大价值	企业化运作	无形的智力支持	有管理经验的主管
创业孵化集团阶段	独立于政府的企业	企业最终孵化成功	营利性的新创企业	全方位的创业支持	成功的创业者

第一阶段，企业组织的创立阶段。最初的孵化器项目都是由州政府和社区资助设立的，例如在俄亥俄州、佐治亚州、北卡罗来纳州、宾夕法尼亚州，早期的孵化器都是由政府和社区合作建立的。这一时期，企业创立往往遇到很多棘手的现实问题，制约了企业从地区吸收人才的计划，例如：无法支付企业或组织初建时的成本，没有基础设施建设的资金来源；经营地点无法做到既合适又便宜；租约安排也比较棘手。另外，因为当时还没有太多成功的科技型新创企业，所以企业的运营风险很大。这些问题虽然明确，但是新创企业对此却无能为力。因此，帮助新创企业解决在经营上遇到的问题就成了最初由政府和社区主导的孵化器的宗旨，同时如何降低企业建立的成本、如何促进企业快速步入正轨就成为孵化能否成功的关键。美国早期的孵化器致力于帮助新创企业寻找合适的场合、建立基础设施、支付企业的日常管理费用。这一时期的孵化器主要是以资金资助的方式为企业提供各种便利，政府设立孵化器的根本目的也是帮助新创企业尽量降低融资成本。

第二阶段，孵化器成长为孵化系统。政府在前期实践中发现，支持新创企业孵化器的运作并没有想象中的成功，虽然一些企业在政府的资助下成立起来了，但是真正发展壮大的企业数量不多。经分析发现，政府的优势是其庞大的区域网络及广泛的联系，企业可以利用这类特点以低成本获得大量有价值的信息、联系及建议。由此，政府对自己的职能做了一些转变，联合企业、教育机构和相关的一些非营利性组织共同建立孵化器。总结经验后的实践酝酿出了一批成功的企业孵化项目。从此，人们不再局限于以投资为依据的孵化工作，而是开始全方位、系统化地建立孵化资助体系，通过信息和网络的支持更好地对中小企业实施援助。

第三阶段，孵化器的企业化运作。孵化器的企业化运作大致可归结于以下两方面的原因：一方面，经济危机导致美国各地区的政府大量建立孵化器予以应对，造成了成本大于收益的现象，同时管理方面又经验不足，社区对孵化器在政策上的支持往往只能持续一两年，致使孵化器没有经济来源，管理阶层不得不花费大量精力去筹集资金，使得本就分配很少的培育新创企业的时间更加缩水。另一方面，人们开始对孵化器有了新的认识。孵化器也应具有企业的创新精神，通过自己的不断创新，给予初创企业更好的服务与体验，这样才能保证自己的不断发展。

第四阶段，集中体现在创业孵化集团的出现上。20 世纪 90 年代后期，随着创业者开始主导经济时代，美国出现了专门孵化互联网服务企业的创业孵化集团。这一时期，在新型互联网发展的大背景下，互联网带来的便捷服务不仅显著提高了人们的办事效率，互联网服务企业从创立到上市的期限也随之变短，企业竞争力得到了极大的提高。因此，为解决竞争激烈的问题，在诸多竞争者中脱颖而出，创业孵化集团这种可以适应互联网对速度要求的孵化模式应运而生。创业孵化集团本身就兼备新创企业的性质，其主导者都是具有管理经验的成功创业家，这就改变了以往由政府主导发展孵化企业的状况。创业孵化集团兼具风险投资、多元化控股集团和孵化器三大功能。它在向新创企业提供办公场所和相应的互联网设施的同时，也提供关于企业发展和技术开发、市场营销、竞争研究分析、法律顾问、会计等管理咨询方面的相应服务。创业孵化集团对企业孵化的多方面支持，最终目的是新创企业的孵化成功。由创业者主导，具备强大的经营管理班子，创业孵化集团这种形式融合了传统孵化器、风险投资公司和多元化经营控股企业的特点，推动并实现了创意、管理和投资在孵化器内的一体化，这在目前的竞争环境中无疑是一种难能可贵的组织创新。

（二）以色列科技孵化器的发展

孵化器对以色列科技企业的发展也起到了不可估量的作用。以色列孵化器始建于1991年，伴随着国内高科技产业的兴起而发展，其运作模式最显著的特征是发明者或创业者项目、政府资助与孵化器服务三者紧密结合（见图3.1）。科技孵化器受工贸部下属的首席科学家办公室（OCS）管辖，是一个独立的、不以营利为目的的法人实体。通过OCS，政府每年对每个孵化器提供20万美元的资助，对孵化器内单个项目提供的资助最高可达15万美元，针对每个项目，孵化器都会与OCS签订协议。通过合同，政府与孵化器间明确责任关系，董事会负责监督孵化器的管理决策，政府不在董事会内派驻代表且不干涉管理人员任命，孵化器享有独立财务权，政府只对其资金进行监督。除了来自OCS的每年20万美元的运行经费，孵化器的收入还包括来自项目公司的服务收入，如租金、设备使用费等，以及转让股权的收入（孵化器在每个项目公司占有20%的股份）。截至2013年，以色列共建有孵化器23家，在孵项目每年超过200项。[①]

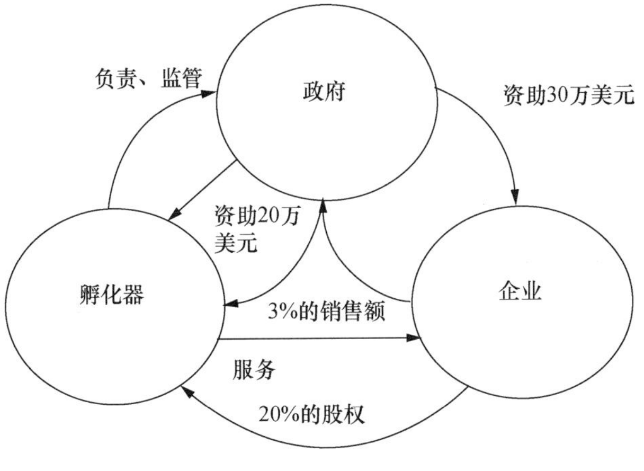

图3.1 “政府—孵化器—企业”三者关系

资料来源：笔者根据相关资料整理。

① 苏瑞波：《以色列科技企业孵化器：多措并举打造“中东硅谷”》，《广东科技》2015年第3期。

以色列的孵化器每年都会收到200—300个项目申请，而最终通过筛选入驻孵化器的只有5—7个，通过率仅为3%左右。孵化项目入驻孵化器前，一般都会经历三次严格筛选，待审查通过后才可入驻。入驻孵化器的第一天，项目创始人就会注册一家有限公司，孵化器会与公司创立者签订协议，明确项目知识产权100%归于公司，发明者应为项目公司服务。在入驻孵化器后，入孵项目将经历最长2年的孵化期。在孵化期内，项目需要熟悉产品市场、消除技术风险、申请专利、解决知识产权问题、保护商业机密、提升管理及学习能力并创立高素质的管理团队。在孵化期结束前，项目必须成功募集到资金或找到战略合作伙伴。入孵项目以成立项目公司的形式运作，项目每年的预算经费需超过18万美元，两年最少36万美元，其中政府最多直接提供30万美元的支持。购买设备、生产转包、专利申请费、一般管理费用、市场营销费、市场调研费、运营费用及咨询费用是经费支出的主要范围。①

（三）德国科技孵化器的发展

自20世纪80年代末起，由德国大学最先开始利用孵化器来培育科技企业，作为高校促进科研成果产业化的主要手段。虽然起步较晚，但德国孵化器发展迅速，从最初的促进产业调整，到培育创新和创造就业，再到目前技术转化的助推器，其功能不断升级并与社会经济发展紧密结合，呈现蓬勃发展、欣欣向荣的局面。通过不断的调整与发展，德国已成为欧洲孵化器最多的国家。据不完全统计，截至2012年，德国共有300余家科技园和企业孵化器。政府主导型发展模式是其孵化器发展的主要模式。

德国企业孵化器实行多元投入的运行模式，其发展主要具备以下特征：① 政府以资助为主，大多依靠社会力量；② 通过采用股份制的经营模式削减管理人员、提高管理效率；③ 吸引外地企业或外国企业进驻企业孵化器。具体来说，通过以企业、高校、房地产商和社会团体为代表的社会力量积极参与孵化器

① 魏璐、王凤霞：《国外企业孵化器发展经验及对我国的启示》，《黑龙江对外经贸》2008年第12期。

的运营与发展，以资金、房租或服务收入、管理要素等作为资本参股入孵企业并共同参与企业的经营管理。[①] 近年来，德国孵化器不满足仅在其国内发展，已积极扩展国际化项目。2012 年，德国电信设立的互联网产业孵化器就面向东欧国家，并在波兰设立分支机构。德国政府非常重视高技术产业的发展和对科技型中小企业的资金扶持，通过中小企业技术中介服务机构下放及分配补贴。工商会和联合会（包括最有影响力的民办、公助的弗朗霍夫协会）、德国联邦科技园和孵化器联合会连接着政府和企业，支持中小企业的发展。在支持企业发展方面，政府扶持的项目主要有以下三种：产品革新项目最高可得到一年 20 万欧元的无偿资助；技术革新助理项目鼓励企业接纳新的毕业生；革新想法的专利保护，专门为专利申请提供咨询和资金帮助。[②]

二　国内孵化器发展实践

（一）国内孵化器的发展历程

我国的孵化器实践始于 1987 年，以武汉东湖创业中心为起点。目前，我国大部分孵化器设立在北京、上海、广州、江苏这些创业环境较好的地区，尤其上海，是我国孵化器产业发展的领头羊，孵化器和高科技企业在规模、质量和效益上均在全国名列前茅。目前，我国正在运作中的孵化器规模不等，有的可容纳几百家企业，有的仅能容纳数十家企业，这主要取决于孵化器的自身定位和是否具有大规模孵化的能力。1988 年 8 月，我国决定开始实行专门为发展高新技术产业而设立的“火炬计划”。在该计划中，国家把建立孵化器——科技创业服务中心列为重要内容。2012 年 12 月，科技部发布了《国家科技企业孵化器“十二五”发展规划》（国科发高〔2012〕1222 号），加快推动科技企业孵化器的发展。该规划提出了孵化器的量化建设指标，即：到 2015 年，全国孵化器数量达 1 500 家，其中国家级孵化器达到 500 家，并实施国家级孵化器的动态管理和退出机

① 李剑川、苏瑞波：《德国科技企业孵化器：注重开放合作　加强政企联接》，《广东科技》2015 年第 Z2 期。

② 张翠、冯德连：《美国与德国科技企业孵化器发展比较及启示》，《铜陵学院学报》2009 年第 1 期。

制。国家级孵化器 30%以上建立创业苗圃和企业加速器，50%以上具有天使投资和持股孵化功能，60%以上从业人员接受孵化器专业培训，80%建有公共技术服务平台，90%形成创业导师辅导体系。[①] 截至 2015 年，全国的企业孵化器或创业中心已达 2 000 多家，其中国家级创业中心超过 520 家。在孵化器分布方面，北京、广州领跑全国，孵化器主要建设区域仍集中在东部沿海，并向内陆辐射。以资金来源划分，政府主导类型占 28.4%，混合型占 31.1%，企业或私人主导型占 22.8%，大学科技园型占 17.7%。[②]

根据国外孵化器的发展实践和我国孵化器的发展现状，我国科技孵化器的发展可划分为以下三个发展时期[③]：

第一个时期为发展萌芽期，即孵化器的初级发展阶段，大约经历了 10—15 年。这一时期的主要特征表现为政府以特殊政策来支持孵化器的建立和发展，通过投入大量资金创造最初级的孵化条件。实际上，发展萌芽期也是创业孵化器发展最为艰难的时期。这一时期，我国孵化器的发展进程又分为三个阶段：① 初创阶段（1987—1993），这一时期的标志是 1987 年国家科委下发《关于开展科技创业服务中心可行性研究的通知》和同年成立武汉东湖产业中心。其间，随着国家科委提出"服务为主、开发为辅"的工作方针，以项目为主的科技孵化工作逐渐开始出现。② 兴起阶段（1994—1998），这个阶段，我国成立了中国高新技术产业开发区协会创业服务中心专业委员会，并且制定了创业中心"九五"计划和 2010 年发展规划。③ 发展阶段（1999 年以来），随着 1999 年全国科技创新大会的召开、2000 年世界企业孵化器与技术创新大会的召开，我国创业孵化器真正崛起。

第二个时期为多元成熟期。这一阶段为孵化器二次创业期，估计可能要持续 20—30 年左右，这一时期我国由向在孵企业提供全过程、全方位的服务逐步

① 曾榆婷、徐淑琴：《科技企业孵化器大事索引》，《广东科技》2015 年第 Z2 期。

② 艾媒咨询：《2016 年中国孵化器发展现状研究报告》。

③ http://wenku.baidu.com/link?url=wTajC9l4O5ZRBD0--PF55hm9pOVAW3-RnEA8ElIiSL6-JnTRD2-UY-sIGpxXXUNG0D4leeOnzzDTcnZiNbfqZ5U8K0pO6BdNqda4yM2zpqee

过渡到为创业者提供直接服务以及专业化发展、创业投资、网络化发展、营利性发展、国际化发展阶段。目前我国一线城市如北上广深已经进入多元成熟期，一些发展较快的二线城市也陆续进入。2006年，由国家科技部制定的《中国科技企业孵化器“十一五”发展规划纲要》，对科技企业孵化器未来的发展做出了规划和指导。中国近二十年的实践表明，作为连接知识创新源头和高新技术产业的桥梁，以及培育自主创新企业和企业家的平台，科技企业孵化器已成为提高科技自主创新能力的关键环节、创新成果产业化的重要载体、促进科技型中小企业发展的强大支撑力量、现代高新技术服务业的重要内容，以及国家科技创新体系的重要组成部分。各种趋势表明，我国企业孵化器建设的新时期已经到来。

第三个时期为全球化发展期。这一时期也叫作第三次创业期，跨国公司、多国政府和跨国投资机构支持，依托全球资源对世界范围的最新发明进行跨国孵化将是其主要标志。我国目前正在向这一时期发展，一些先进的企业已经触碰到这一领域，并且带动更多企业向这一时期发展，我国创业孵化器的全球化将有望实现。

我国的科技园和孵化器刚步入正轨，正处于高速发展期，并会逐步走向成熟，这对国家的经济发展起着极大的促进作用。尤其在当下中国经济转型的大背景下，由中国制造转向中国创造离不开这类政策的大力扶持。

（二）国外孵化器的发展现状

美国的孵化器起步于20世纪50年代，但直到21世纪初才发展到上千家的规模；与之相比，我国从1987年建立第一家孵化器开始，仅用了23年时间就达到了1 000家。目前，我国孵化器在数量上仅次于美国，如果考虑到我国单个孵化器的平均规模较大，在整体规模上其实已经接近甚至超越美国。然而，我国孵化器的增长并不是持续稳定的过程，而是表现出先慢后快两个截然不同的阶段性特征：第一阶段是20世纪80年代末至90年代末，孵化器发展的速度和质量都很低，1998年年底我国的孵化器数量仅有77家；第二阶段是90年代末至今，孵化器在数量和质量上都呈现出快速提升的势头，2010年年底我国孵化器数量已经达到982家。① 仅从数量的角度看,第二阶段平均每年新增的数量就已经达到第一阶段的数量总和。②

运营模式方面,我国孵化器的模式大致有综合性科技企业孵化器、专业技术孵化器、大学创业园、海外学人创业园、国际企业孵化器、企业孵化网络、专利技术孵化器、流动孵化站和行业技术孵化器这九种主要类型。此外,我国孵化器主要具有以下特征:孵化器的主体以政府为主导;孵化器的运行模式多采用事业单位的运作机制;企业孵化器的功能以提供硬件设施为主;种子基金、启动基金等创业前期的资金供给与风险投资运作开始起步,处于初级阶段;孵化器的地区发展不平衡,孵化质量有待提高。③ 目前,我国孵化器应该朝着更为市场化的方向发展。应加大力度培育市场化的自营孵化器,取代政府运营孵化器的模式,用市场化的手段去选择和培育创业项目,以专业化的方式运营孵化平台,政府职能逐步转向给予民营孵化器以政策支持和服务支撑。

第三节　政府引导基金

作为一种新型的政府性投资基金,引导基金区别于地方政府型的投资公司,也与科技型中小企业创新基金不同。与直接进行创业投资不同,引导基金是通过引导社会资金来设立创业投资企业的,这样可以发挥财政资金的杠杆放大效应,从而更有成效地支持创业企业。科技型中小企业创新基金是通过无偿资助的形式来支持新创企业,政府引导基金是通过有偿的投资来支持创业投资企业的建立,然后再通过这些创业投资企业来投资新兴的科技型中小企业。从基金投资对象来看,政府引导基金实际上是一种"基金的基金"(Fund of Funds,

① 本部分的数据来自《中国火炬统计年鉴(2011)》,其中,2010年的孵化器总数量包括896家"科技企业孵化器"和86家"国家大学科技园"。

② 刘刚、李强治:《我国孵化器的功能演化和快速成长的机制研究》,《科学学与科学技术管理》2014年第5期。

③ 何卫平:《国内外科技企业孵化器的发展模式比较分析》,《生产力研究》2008年第19期。

FOF)，即通常投资于其他基金的基金，也称作“母基金”。这种基金都是以投资于其他创业投资企业来间接地投资中小企业的，这样一方面可以促进社会建立更多的创业投资企业，另一方面也避免政府人员通过直接投资以权谋私。

一　国外政府引导基金的实施情况

关于政府引导基金的研究，国内外学者主要将注意力集中于政府在风险投资发展中发挥的作用，这其中尤以美国、以色列以及韩国的成功经验最具代表性。

(一) 美国的小企业投资公司

20 世纪 50 年代，美国的《小企业投资法案》决定由联邦政府向小企业管理局审批通过的小企业投资公司发放信贷，这使得美国的风险投资业快速崛起，也推动了美国高新技术产业的发展。私人自有资金和政府给予的优惠贷款是小企业投资公司的主要资金来源。政府贷款主要有以下三种形式：政府直接发放贷款资金；SBIC 发行政府担保债券获得社会资金支持；政府对专门的小企业投资公司(Special Small Business Investment Companies，SSBIC)提供额外的优惠政策。

有了 SBIC，美国的风险投资开始走向专业化道路。1958—1969 年，美国有超过 1 000 家的小企业投资公司，投资数量是非小企业投资公司的 3 倍，并且在企业投资领域占有绝对的主导地位。到了 20 世纪 80 年代，许多私人的创业投资基金诞生，并且具有养老基金供应的功能(这两大方面成为投资行业重要的经济来源)，致使小企业投资公司衰落。到了 90 年代初，在所有风险投资资金中，小企业投资公司的比重不到 10%，SBIC 危机重重。

1992 年，美国重新审视 SBIC 计划，并颁布了《促进小企业权益法》进行巩固。新的 SBIC 计划明确指明了美国风险投资的市场缺陷，并提出六点计划目标：① 为更多的中小企业提供服务(主要指需要权益性资本或长期借款的中小企业)；② 帮助创业投资管理人克服市场失灵的问题并获得规模化的创业风险投资基金；③ 削减政府成本；④ 通过适当监管，监督投资定位、投资范围和投资的合规性，降低政府的信用风险，从而确保政府公共政策目标的实现；⑤ 降低获得资本的成本，以保证更多的合格私人参与者加入进来；⑥ 供应稳定的、可预期的融资，以便于私人参与者用这些资金实现长期投资计划。据统计，经过改善的 SBIC 计划在 10 年间创造了以往 40 年的投资额度纪录，其金额达到了 280 亿美元，其中 60%左右的资金投入处于种子期或起步期的科技型中小企业，在小企业发展史上起到了重要作用。

（二）以色列的 Yozma 基金

以色列政府于 1993 年拨款 1 亿美元正式设立 Yozma 基金，以便吸引民间资金，设立更多的商业性创业投资基金。该项基金杠杆放大了对创业企业的支持，并有利于培育创业投资专业人才。Yozma 基金是以参股方式，吸引民间资金进行商业性创业投资的。并且商业性创业投资基金所占的股份不得高于所有股份的 40%，另外的 60%以上则由私人投资者占有，这样有利于决策的公平公正，从而确保基金的商业化运作模式。Yozma 基金的投资对象多为通信业、IT 业、生命生物科学、医药技术等领域的企业，其投资重点为建立基础设施及有专利技术的企业。被投企业可以是新创企业，也可以是发展中的企业，其中大多数为具有高技术含量、多元化产品流、以国际市场为主的新兴企业。Yozma 的初始投资规模一般为 100 万—600 万美元，这也为后续资助留下了附加资本。

政府基金所参股的商业性创业投资基金为以色列创业投资行业做了良好的示范，所参股的多数创业投资基金居于全国前 20 位。在政府基金的引导下，截至 1998 年，以色列已形成了 90 家以上的创业投资基金，基金总规模达到 35 亿美元，实际投资规模达到 30 亿美元，这极大地促进了高科技产业的发展。到 2000 年，Yozma 基金所参股的创业投资基金已全部私有化，政府基金从创业投资领域全面退出。而此时以色列国内注册的创业基金达到 97 家，国家基金管理公司管理着 50 亿美元的资金，筹资额占当年 GDP 的 2.7%，在所有国家中是最高的。

（三）韩国政府的商业化运作

韩国政府基本采用完全商业化的运作方式，来完成对风险投资的扶持，这其中也包括参与投资。政府会把钱交给专业化的团队管理，不管资金的投向，只要求团队取得成功。事实上，这样做更符合市场化的原则，对韩国风险投资业的发展起到了极大的促进作用。另外，通过税收优惠政策等，韩国政府积极吸引国外投资，进一步开放市场。①

二　我国政府引导基金的发展模式

中国的政府引导基金有多种操作方式，如参股投资、融资担保和跟进投资等，这些运作模式也可综合采用。在实践过程中，参股投资是学术界和实业界都比较接受与认可的投资模式，也是普及程度最高的运作方式，北京和上海已普遍采取这一方式。在该模式中，政府引导基金与私人部门投资者共同设立混合基金，以此为涉足创业投资领域的民间资本按一定比例匹配杠杆资金，从而发挥投资乘数作用的放大效应，以吸引更多民间资本参与创业投资领域。② 政府引导基金能够有效地发挥政府资金的杠杆作用，为解决社会资本投资市场失灵和转变政府资金扶持方式提供了重要手段。

（一）我国政府引导基金的发展回顾

近年来，我国政府引导基金经过四个阶段的不断努力，逐渐发展并日趋完善，其中2002—2006年为第一阶段，即探索起步阶段。从2002年年初的“中关村创业投资引导基金”到2005年年末的苏州工业园区、北京海淀园区、上海浦东新区和无锡新区的引导基金的相继设立。截至2005年，由引导基金主导的社会各种资金总额已超过500亿元。③

2007—2008年为第二阶段，即培育发展阶段。这一阶段各地方政府筹集创

---

① 李继培：《韩国VC“教父”中国布教》，《新经济导刊》2003年第24期。

② 肖艳、张书铨：《不完全契约框架下公私混合基金中剩余权的优化配置——基于政府引导基金参股投资模式的分析》，《上海经济研究》2013年第8期。

③ 王在全：《政府引导基金发展浅析》，《高校理论战线》2013年第3期。

业投资引导基金，引导基金由探索阶段的 5 只发展到了 26 只，规模更是达到了近 100 亿元。我国的股票市场也陆续推出了中小板、创业板，这也加速了政府引导基金的发展步伐。然而，由于引导基金在我国起步较晚，因此政府引导基金无论在理论研究上还是在实践操作中，均面临诸多问题。

2009—2012 年为第三阶段，即规范设立与运作阶段。这一阶段不仅基金数量达到 30 只，规模超过 320 亿元，还解决了政府引导基金在发展中遇到的诸多问题，改正了许多错误，使其逐渐步入规范设立与运作的轨道。

2012 年至今为第四阶段，即快速发展阶段。各地政府均纷纷开始筹划设立创业引导基金，各种类型的基金如雨后春笋般涌现，撬动了大量社会资金，发挥了巨大的积极效用。各阶段政府引导基金的发展情况详见图 3.2。

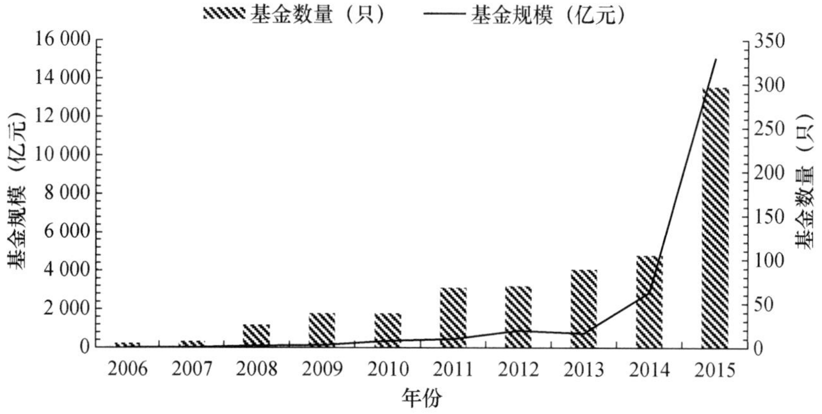

图 3.2　2006—2015 年政府引导基金设立情况

资料来源：私募通，2016 年 1 月。

（二）政府引导基金发挥的积极作用

早在 2005 年年底，我国出台的《创业投资企业管理暂行办法》就规定："国家与地方政府可以设立创业投资引导基金，通过参股和提供融资担保等方式扶持创业投资企业的设立与发展。"自此，地方政府设立创业投资引导基金成为热潮。有调查统计显示，目前引导基金带动社会各类资金已经超过 500 亿元。北京、上海、天津、成都等资本市场活跃的城市的政府引导基金发展得更加迅速，一些二线或者三线城市也先后设立政府引导基金，以支持当地经济的发展。目前，我国的政府引导基金可以分为三类：一是地方政府通过财政出资设立创业投资引导基金；二是地方政府与国家开发银行合作设立创业投资引导基金；三是创新投资基金与地方政府共同出资成立创业投资引导基金。政府引导基金在促进经济发展尤其是中小企业融资方面具有积极作用，主要表现在以下几个方面：

首先，政府引导基金具有杠杆效应，能够放大社会资金的作用，增加创业资本的有效供给。例如，从 2009 年就已经开始运作的北京市海淀区的政府引导基金，成立之初就设立了总规模达 5 亿元的各区县创业投资引导基金。截至 2014 年年底，该基金累计出资 6 亿元，撬动社会资金规模上百亿元。

其次，政府引导基金具有投资引领和产业导向作用，创新了政府的投资模式和投资机制。在整个风险投资和引导基金的合作过程中，政府对基金进行积极监督，并且积极参与投资管理委员会的工作。在投资方向的选择上，与单纯追求高利润回报的市场投资不同，政府引导基金的投资方向和目的，应该首先符合国家经济发展的需要，满足国计民生发展的要求，同时也要考虑一定的保值增值目标。

最后，政府引导基金有力地支持了创业投资行业的发展。政府引导基金存在特殊转让营利机制和激励机制，它不以单纯的营利为目的，而是给商业性创业投资机构让出利润，商业性创业投资机构可以按照一定的价格来购买引导基金的股权，这相当于创新了一种激励机制，激励市场化的创业投资机构进行投资。政府引导基金的设立有利于创业投资家积累经验，有利于创业投资企业的风险分散。此外，由于政府引导基金的参与，创业投资企业的政策性风险大大降低了。

（三）我国政府引导基金的发展模式及比较

1. 发展模式

政府引导基金在全国范围内蓬勃发展的过程中，许多地方政府在相关政策指引下，立足实际，大胆创新，逐步形成了各具特色的引导基金运作模式，推动了风险投资产业的发展，缓解了科技型企业的融资困境，提升了发展高新技术的意愿。上海模式、深圳模式、宁波模式、杭州模式、苏州模式、成都模式等都是典型的政府引导基金在国内的实践模式。①

(1) 上海模式。上海市政府引导基金采用的是一种“委托管理”的运作模式,由上海市政府出资设立,引导基金共6亿元,其中4亿元(即总额的2/3)委托给上海的6家基金管理公司管理,上海创业投资有限公司与这6家公司共同筛选并最终确定投资的目标企业,并在此基础上引入独立的第三方监管机构。该模式权责明晰,出资人负责出资,并不参与管理,管理人带资入伙并负责运作管理,监管机构负责对基金的日常管理和运行进行监督。

(2) 深圳模式。深圳市政府引导基金采用的是“基金参股+跟进投资”的运作模式,由深圳市国资委发起,主体为深圳市创新投资集团有限公司,该公司以财政资金为主,通过基金参股方式吸纳其他地区的政府引导基金和社会资本共同组建,并在此基础上建立基金管理公司,进行自我管理,母基金可以参与创业投资公司对目标企业的投资。深圳市政府同时出资设立了深圳市高新技术投资担保公司对投资进行担保。

(3) 宁波模式。宁波市政府引导基金采用的是“委托管理+阶段参股+跟进投资”的运作模式。由宁波工业投资集团有限公司新设立一家子公司作为引导基金受托管理机构,受托管理机构负责引导基金的日常管理与投资运作事务。引导基金的70%用于阶段参股,30%用于跟进投资。支持对象主要为创业投资企业和初创企业。同时设立独立的咨询评审委员会,作为管委会的决策咨询机构,其成员由政府有关职能部门和创业投资行业的专家学者共同组成。

(4) 杭州模式。杭州市政府引导基金采用的是“委托管理+阶段参股+跟进投资”的运作模式。杭州市高科技投资公司、杭州市投资控股公司和杭州市财开投资集团三家国有独资公司分别新设立三家创业投资公司:杭州高科技创业投资管理公司、杭州通汇创业投资公司和杭州泰邦创业投资公司,对基金进

① 谭中明、朱忠伟:《我国政府创业投资引导基金实践模式比较与改进策略》,《地方财政研究》2013年第11期。

行运作管理。杭州市政府引导基金与创业投资机构共同出资，投资管理由创业投资机构负责。除杭州高科技创业投资管理公司采取阶段参股方式之外，其余两家公司采取的是跟进投资方式。

（5）苏州模式。苏州市政府引导基金采用的是“基金参股＋委托管理＋跟进投资＋风险补助”运作模式。该基金是我国第一只市场化运作的政府引导基金，由国家开发银行与中新苏州工业园区创业投资有限公司共同出资设立。该基金以国有资金为主，以基金参股方式吸收其他类别的资金，成立专门的投资公司，国有资金对投资范围不加限制并尽量不参与基金的运作管理与项目的选择，以市场化及投资效率最优为目标，母基金可以在创业投资企业对项目或者其他企业投资的过程中进行跟投。如果投资项目失败，政府引导基金会对已投资的创业投资企业给予一定的补贴。

（6）成都模式。成都市政府引导基金采用的是“委托管理＋风险补助”的运作模式。该基金是由中国进出口银行、成都投资控股集团有限公司、成都高新投资集团有限公司三家公司共同出资设立的，运作主体为成都银科创业投资公司。该基金委托专业的管理机构进行管理，并与境内外专业投资机构及社会资金设立专业和具有针对性的各类投资基金，为中小型高科技企业的发展提供资金支持。同时，成都市政府还设立了规模为 2 亿元的专项基金，补偿创业投资风险和补助创业投资服务平台建设。

2. 发展模式的比较

（1）模式的比较标准。上文中提到的六种政府引导基金的典型实践模式各具特色，不尽相同，但都建立在适应各自环境的基础上。从政策目标吻合度、管理效率、投资效率和风险控制等不同角度评价，各模式各有长处，也各有短处。政策目标吻合度主要是指政府引导基金的设立宗旨及基金的运作原则等；管理效率主要是指基金的自我管理和委托管理；投资效率主要是指基金对于处于发展初期，即种子期和起步期的企业的投资力度；风险控制主要是指基金对风险的管理与控制。表 3.4 对这六种政府引导基金的运作模式和实践做了总结与比较。

表 3.4　政府引导基金的运作模式和实践的总结与比较

典型模式	上海模式	深圳模式	宁波模式	杭州模式	苏州模式	成都模式
组织形式	政府独资公司	股份制公司	政府独资公司	政府独资公司	股份制公司	政府独资公司
运作模式	委托管理	基金参股＋跟进投资	委托管理＋阶段参股＋跟进投资	委托管理＋阶段参股＋跟进投资	基金参股＋委托管理＋跟进投资＋风险补助	委托管理＋风险补助
模式特点	委托专业的第三方管理，并且采取出资人、管理人、监管人三者独立的方式，提高管理效率，降低管理风险	采用跟投方式，降低投资风险，提高投资效率	参股不控股，阶段参股、跟进投资等方式保证创业投资企业和创业企业的决策及经营独立性以及商业化运营	阶段参股模式，可以实现财政资金的滚动利用，且有助于创业投资企业的长期发展	财政资金杠杆放大效应最大、无投资地域限制等	虽也采取风险补助方式，但对创业投资企业的激励效应较苏州模式较弱
政策目标吻合度			相对较优	相对较优	相对较优	
管理效率	相对较优					
投资效率					相对较优	
风险控制	相对较优				相对较优	

(2) 比较分析。以政策目标吻合度为衡量标准，苏州市、杭州市、宁波市政府引导基金的表现相对较优。苏州市政府引导基金采取了基金参股方式，规定的基金参股比例较小，财政资金的资本放大系数较大，并通过市场化方式（公开招标）选择专业的创业投资机构进行合作。如果以政府引导基金发挥财政资金杠杆的作用为宗旨，以“政府引导、市场运作”为原则，苏州模式相对较优。杭州市和宁波市政府引导基金在这方面的表现也可圈可点，其选用的阶段参股加跟进投资的方式，可以使财政资金滚动投入项目，借以支持更多的创业投资企业，对社会资金参与的积极性也给予了鼓励。

以管理方式为衡量标准，上述六种模式都采取了委托专业的基金公司管理的方式。由于基金公司拥有丰富的基金管理经验，因此这种方式能够充分发挥专业管理公司的优势，可以有效提高政府引导基金的管理效率。这六种模式中，上海市政府引导基金委托专业的第三方公司进行管理，而其他模式则是创业投资企业自我组建管理公司。相对而言，上海模式对于利益的分配与管理较清晰，有利于建立有效的激励约束机制。

以投资效率为衡量标准，苏州、深圳、宁波和杭州的政府引导基金都选用了跟进投资的方式，以降低投资风险，促进投资效率的提高。除此之外，苏州的政府引导基金还有风险补助项目，进一步保障创业投资企业的投资安全。成都的政府引导基金也存在风险补助项目，但其对创业投资企业产生的直接激励效应及安全保障较苏州模式较弱。上海模式在投资效率方面稍显不足。

以风险控制为衡量标准，上海模式和苏州模式相对较优。上海的政府引导基金模式中出资人、管理人以及监管人相对独立，权责明晰，风险防范能力较强。苏州的政府引导基金采用基金参股的模式，参股比例小，社会资金吸引量大，成立子基金个数较多，可以较好地分散运作风险。而其他模式都是创业投资公司自我组建基金管理公司对基金进行管理，没有引入专业的第三方监管机构。

三　发展政府引导基金的建议

（一）选择合适的政府引导基金模式

现阶段，对于我国大部分城市而言，政府引导基金采用基金阶段参股的方式较为适宜，同时可以采用跟进投资、风险补助以及投资保障这三种模式作为补充和辅助运作模式。如果采用跟进投资模式，引导基金就需要与创业投资企业联合起来对企业进行投资，不利于引导基金发挥资本放大的效应，因此，政府引导基金必须控制好跟进投资所占的比例，且最好只是作为辅助方式。风险补助和投资保障这两种方式有利于降低投资风险，但这两种方式都会造成政府引导基金的纯粹支出，对资本放大效应有所抑制，同时影响激励效应。因此，这两种方式最好也只是作为政府引导基金的辅助方式。

阶段参股与跟进投资模式可以结合使用，以利于提高引导基金的投资效率。可以根据创业投资企业的经营情况和投资效率采用阶段参股方式，确定引导基金在规定期限内逐年降低对创业投资企业的参股比例，使得创业投资企业能逐步平稳地减弱对基金的依赖，同时有利于财政资金的滚动投资。另外，在采用跟进投资模式的过程中，需要把控投入资金在政府引导基金中的比例，对于跟进投资的资金，可以部分源于母基金，部分从退出投资资金中抽取，借此降低创业投资企业的投资风险，并加大创业投资企业提高经营效益和投资效率的激励效应。如果采用风险补助和投资保障两种模式，其在实际投资损失额中所占的比例要严格控制，不宜过高。

（二）完善政府引导基金的运作机制

我国政府引导基金的原则是“政府引导，市场运作”。因此，如何充分发挥财政资金的利用效率，如何更好地吸引社会资金，增加创业投资资本的供给，克服单纯通过市场配置创业投资资本的市场失灵问题，是政府引导基金的重中之重。政府引导基金要做到市场化运作，对于其中的风险和投资效率要仔细考量。

政府应适当、适量地设立政策性目标和财政绩效考核机制。在我国创业投资发展的初始阶段，各项投资制度还不够完善，如果赋予创业投资引导基金太多的政策性目标，就可能导致管理人员压力过大，不堪重负，反而不利于创业投资基金的发展。政府可以对政策目标进行分解，把不同的目标分散到各个管理者的身上，这样就可以解决管理者压力过大、发挥失常的问题。在此基础上，政府有必要建立完善的投资决策体系，加大管理力度，降低代理成本。创业投资基金应由具体的投资企业、专业的投资管理人员来把控，政府只起到监督和引导的作用，而不应过多地干预创业投资公司的管理活动。创业投资公司可以建立自己的评审委员会，对一些投资项目进行全方位的评估，并向理事会汇报最终的评审意见，进行管理决策。鉴于该类项目投资回收的周期长、风险大，基金要容忍一定范围内的损失，因此在考核投资绩效时，除了将投资资本中国有资产保值增值、引导基金的盈利状况和推动上市项目的数量作为衡量标准外，也应将推动科技成果转化的数量，以及推动战略性新兴企业发展壮大的数量列为标准来进行评估。同时，还要根据国家政策的变化及时完善创业投资机构的管理体系，制定相关法律严格监管并定期做出绩效考核。

（三）改进政府引导基金的管理方式

政府引导基金应积极引入基金参股方式，有效结合社会资本和国有资本，共同组建创业投资企业，建立母基金，降低社会资本的准入门槛。其中，财政资金放大效应应是重点关注的问题，国有资本所占比重需要进一步降低，这样有利于控制注册资本中国有资本所占比重和发挥国家资金的放大效应。但在设立子基金的过程中，情况稍显不同，引导基金在对子基金参股时，国有资本的比重应适当提高，以有利于降低社会资本的准入标准，因为一般会同时存在多个子基金，母基金吸引社会资金的能力会稍显不足。

选择专业的基金管理公司并引入第三方监管机构，也有利于引导基金运作效率的提高。在设立创业投资企业时，创业投资企业需要组建专业的基金管理公司或者通过公开招投标等方式选择专业的基金管理公司，由于创业投资企业自建基金管理公司缺乏经验，可能会造成资金耗费，一般更建议采用公开招投标方式选择基金管理公司的方式，同时独立的第三方监管机构的引入更有利于对机构日常管理和运作的监督。

第四节 民间资本投资创新创业企业

民间融资，是指出资人与受资人之间，在国家法定金融机构之外，以取得高额利息与取得资金使用权并支付约定利息为目的而采用民间借贷、民间票据融资、民间有价证券融资和社会集资等形式暂时改变资金所有权的金融行为。民间融资是以民间信用为基础的一种非正规金融活动，相对于正规金融而言，它是一种游离于国家金融体系之外的融资方式。改革开放以来，我国经济的快速发展使民间资本得以大量积累，但由于制度不完善及现有金融市场体系不足，庞大的民间资本的投资潜力难以充分发挥。近年来，由于实体经济资本利润率的下降，大量民间资本通过正规途径的流动并不通畅，活力难以充分激活，过于狭窄的投资途径为民间非法集资和民间非正规金融的野蛮生长提供了生存的土壤。作为我国金融体系的一个组成部分，民间融资在我国整个金融体系中占有较大的份额,民间融资的发展对于弥补正规金融机构业务经营不足、缓解资金供需矛盾、促进中小企业发展等有着积极影响。如果能够充分规范,必将成为正规金融融资方式的有力补充,大力推动国民经济的快速发展。

目前,我国经济发展正处于新旧动能转换时期,科技型项目仍然面临融资难的困境,急需创新融资机制,拓宽"双创"的资本来源渠道。引导民间资本踊跃参与创新创业,既能激发民间投资潜力,又能加快发展新经济、激活新能量、培育壮大新动能,让经济发展的活力进一步迸发。目前,民间资本进入"双创"领域主要通过直接投资和间接投资两个途径。直接投资是指民间资本直接入股高科技企业,或者是传统民营企业直接组建或转型为科技型企业。间接投资指的是民间资本通过金融市场进入高科技企业,主要分为两种形式:一是民营企业利用自有资金组建天使基金、创业风险投资基金,对高科技企业进行投资;二是民间资本以参股形式进入专业的天使投资基金、创业投资基金或私募基金间接控股,将资本注入高科技企业。

本节在分析国内外民间融资主要表现形式的基础上,深入探讨国内民间资本投资面临的主要问题,并提出了促进民间融资规范发展和投资于创新创业企业的建议。

一　国外民间融资形式

作为一种有效的资金融通方式,民间融资在很多金融体制相对健全的国家都有着久远的发展历史。20 世纪 90 年代以来,经济格局的变动使得民间融资在形式和功能上不断扩展,各国政权高度重视民间融资的发展,对其积累的治理经验也日益增加。国外民间融资主要包含以下几种组织形式:循环式的储蓄贷款联合会(Rotating Savings and Credit Associations, ROSCA)(日本称为"无尽"),积累式的储蓄贷款联合会(Accumulating Savings and Credit Associations, ASCRA),小额信贷组织(Microcredit Microfinane Institution, MFI),信用合作社(Credit Union),放贷人(Moneylender)等。各国采用的组织形式不尽相同,也有很多值得借鉴的成功经验。

美国民间融资的主要表现形式是中小企业融资管理与信用合作社监管。美国中小企业的贷款处境与我国十分相似，由于规模小、信用不足、经营环境差等原因，中小企业较难取得商业性金融机构的贷款。对此，美国政府的主要解决方案有：① 政府为中小企业政策性金融机构提供担保基金，从而引导商业银行对中小企业发放贷款；② 为扶持中小企业融资建立健全相应法规；③ 成立专门机构为中小企业融资提供担保与援助；④ 联邦小企业管理局制定宏观调控政策，鼓励民间资本投资中小企业。此外，美国最基本的民间融资的组织形式是信用合作社，这一点与我国把信用社视为正规金融的做法不同。美国对其的监管也和对其他金融机构一样，采取联邦政府和州政府双重监管主体制度。除信用社以外，在美国，互助性质的机构还包括合作银行、带有合作性质的储蓄贷款协会或储蓄银行。

德国的民间融资将重心集中在传统信用合作社治理与高效金融监管体系上。信用合作社的诞生地就是德国，而这一合作金融体系至今仍在德国延续。在德国的合作金融体系中，基层合作的金融组织就是信用合作社，其采取民主管理方式，社员就是所有者及服务对象。第二层为区域性的合作社联盟（即合作银行），地区合作银行可向基层信用社提供资金支付、结算、短期再融资等服务，也可借入外部资金来从事证券投资和国际银行等业务。第三层也是最高层即中央合作银行，它几乎是一家全能型的现代银行机构，除了向地区合作银行提供资金支付、结算、短期再融资等服务外，还可开展其他多种金融服务。另外，德国高效的监管体系也是其民间融资的一大特点。联邦金融市场监督局是德国金融市场的主要执法者，它的主要职责为颁发金融业务的营业执照，确保金融市场的正常运行，以及对涉案人员进行调查和取证。而德国联邦银行（即德国中央银行）为德国的另一个监管机构，它主要负责审核各金融机构呈递的报表，检查其资本充足率及应对风险的能力。它们彼此之间存在既分工又合作的关系。同时，由于德国政府非常注重通过立法来保证金融市场的稳定发展，因此在德国，非法集资类的金融犯罪案件少之又少。

英国民间融资最具代表性的莫过于 PFI 融资模式和现代合作事业管理。

英国的民间资本相当活跃，PFI（Private Finance Initiative）是英国政府借势对民间资本进行疏导的一种成功模式。PFI 的字面意思是私人主动融资，在实践中它往往指政府部门作为启动者和监管者，借助私人或私人机构的资金、人员、技术及管理优势对公共项目进行投资、开发建设和经营。根据资金的来源及回收方式的不同，PFI 模式可分为独立运作型、建设转让型和综合运作型三种类型。独立运作型是指政府不提供财政资助给 PFI 项目，项目建成后通过向最终使用者收取费用来获得收益；建设转让型是指政府在项目完成后根据所提供服务的数量等情况出让项目或服务；综合运营型是指政府和私人部门共同投资，出资比例依据项目的性质及规模，私人部门掌握项目的控制权，双方在合同中规定资金的回收方式及其他事项。作为现代合作事业的发源地，英国也有一些富有代表性的民间融资形式，主要包括合作批发协会（后发展为专门的合作银行）、信托储蓄银行、房屋贷款协会。信托储蓄银行主要是面向中低收入群体，通过吸收小额存款，将集中起来的存款资金转存于其他金融机构如商业银行，从而赚取利息，将利息收入分配给各位储蓄者，可谓给中低收入者提供了一个良好的利息收入渠道。随着后来邮政储蓄银行的大量出现，信托储蓄银行被迫调整经营方针，其原有的合作性质逐渐消失。1970 年之后，英国的许多房屋贷款协会开始相互合并，往商业银行的方向转变。

日本传统的民间融资机构是“无尽”（Mujin），也就是日本的 ROSCA。“无尽”最早是指典当融资，是一种互助性质的金融组织，由于商业性渐强，它逐渐被重组为互助银行，最后被改组为商业银行。日本广泛存在的“无尽”，其运作机制与我国的“合会”基本保持一致。按营业特征来划分，日本的“无尽”可以分为营业性与非营业性两大类型。1913 年颁布的《无尽业法》是日本“无尽”进行运作的基本法制，该法的内容与形式具有金融组织法的一般特征，确立了“无尽”业在日本属于合法的民间金融组织的地位。

印度民间融资的特色是多种融资方式并重，其民间融资机构主要有：小额信贷组织，未经注册的金融公司，非职业放贷者，各种各样的租赁公司、投资公司、ROSCA 等。印度民间融资机构的发展主要具有以下特点：① 很多非正规的金融机构在印度进行注册或由RBI（印度储备银行）实行监管，从而保证成员行为的安全性，减少违约事件的发生；② 统治当局加强对民间融资的干预，使得民间融资的重要性日益降低；③ 印度民间融资的发展趋势主要包括积极拓展金融服务种类，比如贷款、储蓄、保险和其他金融服务，同时鼓励多种组织形式的发展，从而促进整个微观金融产业的快速发展。

二 国内民间融资形式

近年来，民间融资在我国相当活跃，已成为中小企业的重要来源。它的存在形式也是多种多样的，在实践中一般有以下几种类型：

（1）民间直接借贷。这可谓是民间金融最原始和最普遍的形式，泛指社会上自发的、分散的、一对一的借贷。其主要用于解决家庭困难、生活消费、小本生产、小本经营等问题，也可用于企业资金周转时的临时急需。由于它灵活、方便、分布范围广泛，因此虽然单笔金额较小但总体规模依然较大。

（2）企业内部集资（集股）。为了加强企业内部集资管理，使企业内部集资活动步入健康发展的轨道，很多生产性企业在自身生产资金短缺时，在单位内部职工中以债券等形式筹集资金。为了免除“非法集资”的嫌疑，不少企业的集资是以集股的方式进行的，这也被称作股权性集资。近年来，由于宏观调控紧缩，企业集资的范围和规模都有扩大的态势。这种集资方式在企业、单位内部相对比较普遍。相对于外部融资，企业内部集资可以减少信息不对称的问题，节约交易费用，降低融资成本，增强企业的控制权。但是，企业内部集资的能力，也受到企业盈利能力、净资产规模和未来收益预期等方面的影响。

（3）典当融资。典当是指当户将其动产、财产权抵押给典当行，交付一定比例的费用取得当金，并在约定期限内支付当金利息、偿还当金、赎回当物的行为。在我国，典当已在现有的金融体系中取得了合法的经营地位，也逐渐成为中小企业的新兴融资渠道。

（4）其他：合会等。合会集储蓄和信贷于一体，是一种传统的互助性融资形式。合会一般是由急需资金的某个人作为发起人，组织一定数量的人员，组成一个“会”。每人每期上交一定数额的会钱，约定好利率后，交给某个人使用，下次再换人，依次轮流下去。至于谁会在某一期收到会钱，可由抽签或对利息进行投标等方式予以确定。由于这种民间融资方式无法可依，因而假借该种形式进行非法牟利者并不在少数，倒会等恶性金融风险时有发生。

作为一项非正规金融活动，民间融资一直游离于国家金融以外。虽然受到经济基础、金融体制和法律法规的制约，但民间融资多年来一直没有十分明确的法律规范，有时也接近于非法金融。近年来，有关民间融资的利弊，以及它在我国产生的经济和社会效应也引发了广泛的关注。

民间融资的积极影响主要体现在以下方面：

首先，民间融资的存在为正规金融提供了有益补充，有利于资源的优化配置。相对于正规金融而言，民间融资在贷款范围、金额、利率协商及方便程度等方面，均具有独特优势。被正规金融忽略的中小企业、个体经营户等都能通过民间融资获得良性发展。同时，在正规金融发挥作用缺位的前提下，民间融资具备的信息优势可使放款者在小范围内对投资项目的风险、发展前景、借款人的信用状况加以深入和综合的分析，以选择一个收益和风险相对合理的项目并对其加以资金支持，从而进一步优化资源配置。

其次，民间融资能有效进行监督管理与风险控制。由于民间融资区域小，借款人与贷款人之间往往存在千丝万缕的关系。借款人在贷款前可对资金用途进行详细了解，在贷款过程中及贷款后都可以进行动态跟踪，并利用地缘、血缘等关系对贷款人进行监督，从而在一定程度上控制资金运用的风险。

最后，民间融资有利于交易的便利和市场的调节。民间融资自身具备的简便快捷，有利于在短期内实现融资，方便交易。由此带来的物流和资金周转的加快，也为商品生产者和最终消费者提供了便利，促进了社会经济生活的发展。另外，民间融资所有活动的开展都以盈利为目的，完全用市场机制来协调金融管理，因此它也在某种程度上具有调节市场的功能。

三　引导和促进民间融资规范发展

民间融资的风险暴露已不是个别现象、局部问题，这体现为由民间借贷资金链断裂引发的“跑路潮”现象愈演愈烈。对于“两多两难”（中小企业多、融资难、民间资本多、投资难）问题的缓解，民间融资的确起到了一定的作用，但其也存在巨大的风险。因此，如何合理、有效地规范和引导民间借贷也将成为当下的一个重要课题。目前，我国还没有针对民间融资的专门法律，没有确立民间融资的合法地位。法律法规的滞后不仅抑制了民间融资的发展，同时也造成非法集资现象肆无忌惮地产生，给金融的稳定和繁荣带来了一系列负面影响。吴英案就切实反映了我国民间融资立法缺失的问题。在民事和行政方面，我国现行的法律中并没有用来规制民间融资行为的立法，刑事方面的规定也不是很明确（见表 3.5）。我国用来确定民间融资民事责任、行政责任、刑事责任的法律条文仅存在于《民法通则》《合同法》与《刑法》中。因此，当债务纠纷出现时，法律法规没有提供必要的支持，必然导致社会不安定因素增加。[①] 由此可见，建立健全民间融资的法律制度体系是政府部门的当务之急。

表 3.5　民间融资的责任认定概览

民间融资的民事责任	《民法通则》第 106 条、第 117 条、第 134 条 《合同法》第 107 条、第 207 条 《关于对企业借贷合同借款方逾期不归还借款应如何处理的批复》 《人民法院关于审理借贷案件的若干意见》第 10 条、第 11 条
民间融资的行政责任	《商业银行法》第 83 条 《证券法》第 175 条 《贷款通则》第 73 条 《非法金融机构和非法金融业务活动取缔办法》第 22 条
民间融资的刑事责任	《非法金融机构和非法金融业务活动取缔办法》第 22 条 《商业银行法》第 81 条、第 82 条 《最高人民法院关于审理非法集资刑事案件具体应用法律若干问题的解释》第 7 条 《刑法》第 176 条（非法吸收公众存款罪）、第 179 条（擅自发行股票、公司、企业债券罪）、第 192 条（集资诈骗罪）

资料来源：杨有星、杨俊、杨栩，《民间融资法律责任之完善》，《法制与经济》2011 年第 5 期。

① 郭晴：《我国民间融资现状、问题与建议》，《中国商贸》2013 年第 25 期。

近年来，国家对于规范与引导民间融资阳光化、合法化，努力促进并推动其健康发展的政策意图已经十分明确。2011年国务院发布的《关于鼓励和引导民间投资健康发展的若干意见》，以及2012年浙江省政府出台的国内首个引导和规范民间融资管理办法——《关于加强和改进民间融资管理的若干意见（试行）》，都表明国家为鼓励民间投融资，已提供了越来越多的政策与立法支持。除此之外，国家应明确民间融资的法律地位，制定有关民间融资的法律法规。应结合资本市场与金融机构发展的历史，界定出民间融资合法与非法的界限，并通过法律法规对民间融资的模式、运作方式、适用利率加以规范，正确引导民间借贷行为，尽量改善民间融资杂乱无章的现状，避免不法分子的投机行为，确保融资者与投资者双方的利益。建议出台《民间借贷管理条例》，将民间借贷纳入秩序化、规范化的管理框架，推动民间融资有序运行，促进经济健康快速发展。① 在此基础上，政府还应对货币财产在平等主体间的运行进行干预，既实现有效监管，又让融资者免受无端追究，因此，设立备案登记制度这一免除后期纠纷的程序安排应作为民间融资立法的主要内容。

除了完善现有的立法体系以外，政府还应出台一套有效机制来规范和引导民间融资行为：

首先，通过建立健全民间借贷监测制度，加强对民间借贷行为的监测与分析。定期采集民间借贷活动的相关数据，以便于及时分析民间借贷资金的流向和利率变化的趋势，从而全面地掌握金融市场的变动情况。② 在此基础上，“窗口指导”、金融稳定协调机制等的建立，也能有效调节信贷资金的供求，防范金融风险的发生。

其次，应积极加强法制教育宣传力度，增强融资双方的法律意识。政府相关部门应建立一个与民间融资相关的法律法规网络活动平台，以及一个民间融资交易网络平台，并同时对民间融资合同的文本格式进行统一规范，完备手续。

① 刘冬梅：《民间融资现状分析及政策建议》，《企业经济》2006年第3期。

② 冯学荣：《规范民间借贷行为的对策建议》，《西部金融》2008年第9期。

在民间融资活跃的地方，可设立相关的管理和咨询机构，为融资双方提供法律服务。这些平台的构筑有利于加强宣传推广力度，使融资双方对相关法律有更强烈的意识，从而提高防范融资风险的能力，减少纠纷，促进社会的和谐稳定。此外，还应通过民间融资归集社会上的闲散资金，组建起区域性的小合作性质的金融机构并给予其优惠的发展政策，引导资金投向政府鼓励的产业及项目上。这样做可以从体制上引导民间借贷行为的健康发展，有利于促进地方经济的发展，维护区域社会稳定，保障资金的正确投向。

最后，由于民间融资涉及面广，有效管理仅靠一个部门的力量较难实现，因此，有必要建立起协调机制，鼓励建立由政府、银监会、人民银行等共同参与的监管模式。

为降低民间融资风险，政府还应加大信贷投放力度，进一步拓展中小企业的融资渠道及民间资金的投资渠道。民间融资日益盛行的一大主因是中小企业缺乏必要的融资渠道，而民间资金充裕却缺乏投资渠道。因此，政府要积极关注中小企业尤其是民营企业的发展，在确保银行资金充足的情况下，尽量满足经济效益和信用度良好的中小企业的资金需求，并为符合贷款要求的中小企业简化贷款手续，及时给予信贷支持。同时，积极重视和支持地方信用担保机构拓展业务，完善多层次的资本市场，尽量减少资金双方的信息不对称，为中小企业融资创造条件。另外，政府可适当调整金融机构市场准入规则，将民间资金纳入正规金融渠道；适度调整银行股本金的准入规则，鼓励民间资本在城市商业银行和农村信用合作社中参股。

政府还可通过银行积极开展个人委托贷款业务，将民间融资由地下操作变为规范的市场融资行为。银行拥有信用中介的职能，因此可充分发挥这一职能为民间借贷的双方牵线搭桥。根据委托人确定的贷款对象、用途、期限、利率等，银行可代为发展、监督使用并协助收回贷款。在此过程中，银行只负责履行委托业务，收取一定的手续费，而不承担贷款风险。通过开展个人委托贷款业务，银行帮助资金出借者分担了一部分，委托人由此得到了更多的投资理财机会，最终民间融资会从地下操作发展为规范的市场融资行为。

高新技术产业发展为民间资本投资提供了重要的流通平台和通道。在新常态时期，通过创新金融机制来引导和撬动我国民间资本有效、有序地融入“双创”大潮中，对于推动我国经济转型升级意义重大。政府可以从以下方面着手：

（1）财政出资设立天使投资引导基金和创业投资引导基金，发挥财政资金的杠杆效应，吸引和支持民间资本参与创新创业。加大对科技型项目的财政资金引导力度，推动发展各类天使投资、创业风险投资，充分发挥其杠杆作用，撬动民营资本参与创新创业。

（2）培育天使投资人、风险投资家。推动灰色资本合法化和民间信贷规范化的发展，引导民间资本向天使投资基金、风险投资基金转化；促进“天使投资＋孵化器”的融合，以孵化、投资、管理一体化提高民营资本投资高科技项目的成效，促使民营企业家向天使投资人、风险投资家身份转化。同时，创造条件支持大型现代民营企业集团直接出资组建风险投资公司，对于投资亏损部分，政府给予一定程度的财政补贴，降低民营企业的投资风险，提高民营资本参与创新创业的积极性。

（3）鼓励民间资本创办或参股高科技企业担保公司，解决科技型企业贷款难的问题，放大科技信贷规模。政府同时给予保费补贴，提高担保公司的业务积极性。

（4）引导和鼓励民营资本参与组建科技保险公司，为高科技企业贷款分担风险。政府同时给予被保企业相应的保费补贴，降低民营科技保险公司的运营成本。

第五节　政策性基金与民间融资经典案例分析

一　孵化器促进瑞士生物领域大力发展[①]

在生命科学、物理学、化学等科学研究领域，瑞士的科技实力均处于国际领

① 郭霞：《孵化器：上海市创新体系中的活力之源》，《华东科技》2012年第1期。

先地位，仅次于美国。其在制药、化工、精密仪器、医疗设备等领域的应用开发研究同样也位居世界前列。瑞士政府着力营造适合于生物产业发展的学术、社会、产业以及商业环境，欲使瑞士成为国际上创建和运营生物技术企业的首选之地。由世界经济论坛发布的全球竞争力指数显示，瑞士已连续五年排名第一；而据世界知识产权组织发布的全球创新指数显示，瑞士已连续三年排名第一。瑞士在发展生物技术产业上的诸多优势不仅不断创造出了本国生物技术产业发展的奇迹，还成功培育了 Actelion、Basilea 和 Glycart 等大型企业，同时也吸引了众多国际知名生物技术、化工企业和药物开发企业入驻瑞士，为其奠定了良好的产业发展基础。

瑞士的良好发展状况离不开政府的支持与宏观计划。资助瑞士生物科技基础研究和针对性研究的政府部门主要是国家科学基金会（SNSF）。SNSF 具有严密的国际评估标准，每年资助 7 000 余名大学和研究机构的研究人员。2006 年 SNSF 资助的 5 亿瑞士法郎中，大约 40%直接资助生物技术项目或间接资助相关的生命科学、物理和化学等方面的项目。在 SNSF 的资助下，已涌现出 Cytos、Prionics 和 Glycart 等一批新兴生物技术企业。SNSF 每年还资助 2 000 多名博士研究生，从国外吸引了大批青年创新人才。通过这些措施培养了大批高素质的研究人员，由此形成的良好的学术环境不断吸引全球科技人才来此学习和工作，不仅为瑞士生物科学的发展提供了稳定的人才队伍，也为其科技创新不断提供新鲜血液。1992—2001 年间，瑞士启动的“生物技术优先发展计划”（SPP），投资了 5 780 万瑞士法郎来促进大学和企业间的技术转让，共支持了 251 个合作项目，并建立起了 18 个新的生物技术企业；2001—2003 年，瑞士国家竞争研究教育中心（NCCR）启动新的资助计划，提供的 4 350 万瑞士法郎共资助了 14 个项目。

联邦技术和创新委员会（Commission for Technology and Innovation，CTI）是政府资助生物技术研究、开发与应用的主要部门。至今已运转了六十多年的 CTI 致力于支持企业以市场为导向的研发项目，项目既包括生物技术基础研究和应用型研究、技术创新和产品开发，又包括对优势技术的完善和转化。

该项目为生物技术企业提供有针对性的支持和高效服务，促进瑞士生物产业的快速发展，同时积极推动学界与业界的合作，促进知识与技术的转移。CTI 每年在生命科学方面的投入大约为 6 000 万瑞士法郎，联邦政府承担其中的 40%（商业伙伴负担 60%）。不仅如此，CTI 每年还为 1 000 位研究人员提供薪水。2004—2007 年间，CTI 资助总额近 4 亿瑞士法郎，受 CTI 资助启动的企业每年可吸引近 1 亿瑞士法郎的风险投资。①

生物技术产业在税收方面也享受优惠政策，比如低工资税等。2003 年，瑞士企业的平均税率是利润率的 25.5%，2005 年也仅为 21%，算得上是欧洲最低的税率。技术创新的资金扶持加上孵化园的配合，充分表明了瑞士政府的扶持力度，也展示了其发展的成熟、经验的丰富。瑞士有 26 个州，其中 20 个均有生物科技园区，但园区主要集中在日内瓦地区，较有名的有 BioAlps、BioValley Basel、Zuerich MedNet、BioPolo Ticino 4 个生物科技产业聚集区。BioAlps 园内就有 BioArk、Biopole、Neode 等 5 个产业孵化器，200 家生物技术企业，其中包括 Serono、Medtronic、OM Pharma 等世界级医药和生物技术企业。这使得 BioAlps 成为欧洲最著名的生物科技园区。

相比之下，其他孵化基地也毫不逊色，Basel 科技园也吸纳了全球排名前 10 的生物制药企业 Novartis、Roche，并且很多著名企业的总部也均设在此。在过去 10 年里，100 余家生物技术企业在巴塞尔诞生，从事生物信息、抗体、纳米仪器等研究。苏黎世科技园区也拥有 400 余家生物技术和医药企业、国际著名的高等学府和研究机构以及完善的金融系统。此外，Ticino 园区通过提供一站式服务等措施，促进和吸引生物技术企业。企业在孵化园里有适合成长和发展的环境，政府也大力支持技术创新，从而促成了瑞士生物科技行业的蓬勃发展。

二　孵化器：上海市创新体系中的活力之源②

上海科技企业孵化器孵化培育了 4 000 多家科技型中小企业，其中大多数

① 陈铭萱：《瑞士政府促进中小企业参与协同创新研究》，《才智》2013 年第 29 期。

② 郭霞：《孵化器：上海城市创新体系中的活力之源》，《华东科技》2012 年第 1 期。

孵化器都有鲜明的产业和专业方向，一大批科技创业企业如杨浦创业中心的华平信息、集成电路创业中心的闻泰集团、张江高新技术创业中心的微创医疗器械（上海）有限公司、漕河泾开发区创业服务中心的蓝旗科技有限公司等，都体现了孵化器的作用与功能，印证了孵化器是“创新驱动、转型发展”中的最佳载体。

上海市科技创业中心在上海孵化器建设中起着主导作用。自 2001 年起，它每年从上海市财政争取到 1 000 万元的专项孵化资金，每年选择 2—3 家单位合作，合资成立运营主体。市、区及参与单位按 1∶1∶1 的比例投入，市创业中心代表市政府和市科委分别投入上海其他孵化器基地建设项目，并派出一批优秀管理人员参与指导科技企业孵化器的运作发展。同时，区政府、大学、国有企业和民营企业也受此吸引，积极参与孵化器的建设，孵化器的多元化投资格局形成。各区孵化器里都成立了创业中心及运营管理公司，积极推动各区创业服务中心的发展，在上海全市形成了良好的创业环境。

自 2007 年起，企业孵化器的高速发展促使科技企业对专业孵化服务的需求不断提高，上海科技企业孵化器开始朝专业化方向发展。专业孵化器如纳米、多媒体、都市工业设计、现代农业、环保、精细化工、生物医药等纷纷浮出水面。专业孵化器的孵化服务具有“高水准”与“专业化”两大特点，最大限度地促进了在孵企业的高速成长，同时也反哺了孵化器。相比综合孵化器，专业孵化器更强调“强化专业服务、拓展融资功能、提升创新能力、打造孵化品牌”，不断提高上海整体的孵化能力及在孵企业的创新能力，不断提升国际化拓展能力。2009 年，以 8 家孵化器为试点单位，上海市科技创业中心牵头在上海新开辟了 8 块科技创业苗圃，提供半年的免费预孵化服务给那些具有创意点子和创业梦想的人。科技创业苗圃在上海科技创业一条龙服务体系中，位于科技创业活动的最前端，直接对接创新源头，致力于将“种子期”的创意孵育出“芽”，并促进其茁壮成长。目前，在全市的科技创业苗圃中，已有几百颗“幼苗”接受孵化，这些创业项目的领域多为网络通信、电子商务、生物医药等。

近年来，通过与国际知名孵化器开展广泛的交流与合作，建立起长期友好的战略合作伙伴关系，上海孵化器开始向国际化方向发展。上海国际企业孵化器首创了“一器多基地”模式，积极实施“引进来，走出去”战略，帮助创业企业实现国际化孵化服务。1998 年以来，上海在科技部的支持下已成功举办了近 20 期企业孵化器国际培训班。迄今为止，孵化器已赢得了良好的国际声誉，来自 30 多个国家的 300 多名国外孵化管理人员已先后参加了培训，形成了一支国际化的管理队伍，拓宽了国际合作渠道。

经过多年的发展，上海创业孵化的环境已日趋成熟完善，很多民营资本由于寻求转型发展也非常重视这一领域，大量的民营孵化器不断涌现。民营孵化器的最大优势是机制灵活，最大特色是创新服务。国有孵化器多为公益性的，除了房租与增值服务外，很少有收益用在壮大自身上，与之相比，民营孵化器显得活力十足，没有条条框框的束缚。上海谈家二八孵化器是由商业地产公司投资建立的，它的存在不仅非常有效地盘活了地产资源，还大大提升了区域经济活力。奥普生物医药有限公司在上海张江成立了奥普医谷创业园，其作用主要是为产业链培养小企业。

此外，科技金融的创新服务也越来越受到重视，为上海科技型企业的发展提供了便利。2010 年 10 月，由上海市科委与市金融办联合推出的履约保险贷款，为科技型中小企业解决融资难问题开辟了新途径。目前，上海市科技创业中心正在开发一系列的科技金融产品，来满足科技型企业不同阶段的发展需求。这些科技金融产品主要包括：针对创新基金立项企业的科技小额贷款，为科技企业量身定制的小巨人信用贷款，服务创新集群内科技企业的创新型产业集群集合贷款。2011 年，针对刚刚起步的科技型企业，上海研普科技创业中心联合区担保中心与浦发银行一起推出“银园保”集合融资产品。“银园保”建立的企业融资模式是联合企业、园区、政府和银行的一种新型融资模式，它的风险分摊机制是园区推荐、监管并分摊部分风险，政府增信，银行商业化运作。2011 年，尽管大型金融机构存款准备金率上调了六次，整体宏观环境银根收紧，杨浦创业中心还是继续优化“银园保”项目，将保证金比例从 15%降到 5%，向园区内的 4 家企业提供了 1 600 万元贷款。

上海科技企业孵化器正在不断发挥其作用，现已成为上海技术创新体系的重要组成部分。通过一流的孵化空间及优质的孵化服务，孵化器加速了孵化企业的科技成果转化，为社会提供了大量的高科技产品与服务。同时，科技型企业在孵化器的培育下，缴纳了大量的税收，为城市就业机会的增加及城市良好的科技创新氛围的营造做出了巨大贡献。

第四章　天使投资与风险投资：千锤百炼出深山，百里挑一非等闲

高科技产业发展和技术进步对于促进我国经济发展、增强创新能力、提升全球竞争力非常重要，也是中国工业化与经济结构转型过程中非常重要的环节。由于高科技产业的特殊性，它对投资有着非同一般的要求。按照美国的经验，高科技企业的成功率仅为20%—30%，失败率极高。虽然投资高科技产业面临巨大的风险，但是一旦取得成功，将会产生极高的投资收益率，这正是风险投资家们所追求的。

风险投资的起源可以追溯到19世纪末期的美国。当时已有一些私人银行通过对钢铁、石油和铁路等新兴行业进行投资而取得高额回报。第一家正式的具有现代意义的风险投资公司——美国研究与发展公司是由美国波士顿联邦储备银行行长拉尔夫·弗兰德斯以及美国哈佛大学教授、创业投资之父乔治·多里特与一批新英格兰地区的企业家成立的。[①] 以美国、以色列为代表的发达国家风险投资业取得的成功经验表明，风险投资在推动高科技产业发展过程中发挥了巨大作用。风险投资通过科学的投资组合和规范的制度设计，有效地控制了高科技企业发展过程中的各种风险，是支持创新与创业、发展高新技术产业的一种新型的现代投资模式。风险投资一方面为有投资意愿的资金所有者提供了投资渠道，另一方面也给有创新能力的企业家提供了融资机会。

① 汤继强：《中小企业梯形融资模式：实务运用与案例分析》，华夏出版社2011年版，第152页。

有关天使投资的最早的研究出现在 Wetzel[①]对于非正式投资的相关论著中，此后，美国、英国、德国、加拿大、瑞典等国家和地区的学者纷纷开始关注天使投资，并从不同角度对相关问题进行了研究。天使投资市场一般被认为是风险资本市场的一个子市场，与风险投资有着紧密的互补关系。健康发展的天使资本市场对于风险投资产业的发展起到了非常重要的作用，风险投资和天使投资有机结合，有利于形成利于企业发展、市场繁荣的资本市场。以国内首家 B2C 化妆品垂直电商平台聚美优品为例。聚美优品由陈欧、戴雨森等创立于 2010 年 3 月，专注于美妆产品的网络销售。创办之初，聚美优品就收到了徐小平 18 万美元的天使投资，第二年获得了红杉资本、险峰华兴等几家风险投资公司合计 1 200 万美元的投资，其中徐小平追投 20 万美元。2014 年，聚美优品在美国纳斯达克市场上市，上市当天市值便高达 35 亿美元，成功造就了化妆品电商的神话。在聚美优品种子期，天使投资人通过经验进行风险评估，从种子期起就参与企业的风险规划，并积极说服风险投资家加入，筹集创业资本。在聚美优品发展期，风险投资不仅带来大量的资金投入，同时还提供了丰富的管理经验，扩散了社会关系网络，提供了与国际资本市场对接的平台。如果说天使投资是企业在种子期的助燃剂，那么风险投资就是企业发展期的加速燃料。通过聚美优品发展过程中天使投资和风险投资在企业生命周期中的作用可以发现，天使投资与风险投资都可以在企业创业初期提供资金支持，为企业的发展提供资源和管理经验，加速其发展，但二者也存在一定的区别。

高科技企业的特殊性决定了它不能像一般企业那样从普通融资渠道获得资金。在企业初创阶段，这种情况尤其突出：高科技企业规模小，没有固定资产和有价证券进行银行抵押，资产负债表也很难符合银行的贷款条件，只有建立一套特别的投资机制才能满足其融资需求。在高科技企业创业期，风险喜好者是其主要投资者，建立高科技企业创业者与风险投资家之间高效的投资机制能

① Wetzel W E Jr. Angels and Informal Risk Capital. *Sloan Management Review*, Vol. 24, No. 2, 1983, pp. 23—34.

促进高科技企业的快速成长,也能满足风险投资家的高收益期望。

案例

作为中国领先的新媒体、通信及移动增值服务公司,搜狐的快速发展壮大与其前身爱特信信息技术公司(ICT)引入大量海外风险投资紧密相关。[①] 爱特信信息公司的创办者张朝阳曾在麻省理工学院(MIT)学习,因深受硅谷创业文化的影响,他努力寻求机会以获得硅谷天使基金的投资。张朝阳于1995年11月1日回国,他发现相比快速发展的美国互联网产业,中国的互联网产业在1996年中后期只有国联在线、高能所等少数几家刚起步的小公司。当时,中国网络建设仍存在许多问题,中文信息的严重匮乏极大地阻碍了互联网产业的发展。在国内,真正能提供中文信息内容服务的ISP(因特网服务提供商)数量非常少,而这其中超过九成的服务提供商只能提供简单的因特网接入服务。

张朝阳看好国内互联网产业的巨大发展空间,决心创业。成立公司前夕,他面临的最大问题是资金的缺乏。他向美国著名风险投资专家爱德华·罗伯特求助,二人共同分析了中国市场后,张朝阳写了一份商业计划书并把它交给催生了英特尔公司的风险投资人——尼葛洛庞蒂,不久他便得到了数百万美元的投资,也因此于1996年8月成立了搜狐的前身——爱特信信息科技公司。公司发展迅速,一年后,已走过了初创阶段。1997年,公司取得了英特尔公司的技术支持,推出了"SOHOO"网上搜索工具,并独家承揽"169"北京信息港1998年整体内容设计和发展的任务。紧接着,ITC公司又与几家世界著名的风险投资公司进行了接洽,第二期风险融资意向顺利达成。2000年7月12日,搜狐公司正式在美国纳斯达克挂牌上市(NASDAQ:SOHU),从一个国内知名企业发展成为一个国际品牌。搜狐的发展壮大展示了国内企业开展国际融资的新方式,即开辟了一条将海外风险投资运用于国内企业的新途径。

---

① 根据相关报告、新闻资料整理。

本章首先比较天使投资与风险投资的异同，探讨风险投资的国际经验，随后梳理中国风险投资的实践，并对高科技项目评估提供参考方法，随后探讨政府介入风险投资管理的已有措施，最后为政府部门、项目投资方与科技型企业如何进行风险投资提出建议。

第一节　天使投资、风险投资与一般金融投资

一　天使投资和风险投资的理论研究

Wetzel 于 1981 年最早对天使投资进行了研究，从此，美国、英国、德国、日本等国家和地区的学者开始关注天使投资，但对于天使投资的基本概念和命题，各国学者并没有达成共识(见表 4.1)。一般认为，天使投资人特指将资金投资于早期创业企业的富裕的个人投资者，其所从事的投资活动称为天使投资。在欧美国家，典型的天使投资人通常是 50 岁左右的成功男性，属于社会的富裕阶层，很多人有成功创业或者经营企业的经验。作为一种非正式的风险性投资活动，投资资金的主要来源是天使投资人的个人财富。天使投资人通常以注资形式换取企业股权，股权的平均持有期限为 5—8 年。天使投资人除了提供资金之外，还会积极参与创业企业的管理，用自己的创业经验或专业技能来指导

表 4.1　关于天使投资的文献综述[1]

研究者	主要论点	研究内容
Wetzel(1983)	拥有大量可投资资产的投资人，有创业投资或管理经历，投资多元化且分散	天使投资者的定义
	亲友的资金支持不应包括在天使投资的范围内	天使投资的范围界定
Fiet (1995)[2]	天使投资是纯私人行为	天使投资的定义

① 整理自孙革：《中国天使投资市场规模及其与风险投资关系的研究》，硕士学位论文，上海交通大学，2014 年。

② Fiet J O. Risk Avoidance Strategies in Venture Capital Markets. *Journal of Management Studies*, Vol. 32, No. 4, 1995, pp. 551—574.

（续表）

研究者	主要论点	研究内容
Gaston (1989)①	天使投资从项目评估到最终决策都以投资者的自身意志为主导，不受其他投资机构的影响	天使投资的定义
Coveney & Moore (1998)②	初始投资者、潜在投资者、追求财富最大化投资者、企业家投资者、寻求稳定收入投资者、机构投资者	天使投资者的区分
	投资者虽通过机构进行投资，但自己决定投资金额、进行投资决策也可归为天使投资	天使投资的范围界定
Feeney et al. (1999)③	积极投资者、偶尔投资者、潜在投资者和非投资者	天使投资者的区分
Paul et al. (2003)④	新生天使，支票天使，投资组合天使，超级天使	天使投资者的区分
Wong & Ho (2007)⑤	天使投资者的投资行为受亲友关系的影响很深	天使投资者的区分
	来自投资者朋友的投资应该被划分在天使投资范围内	天使投资的范围界定
Mason & Harrison (2008)⑥	天使投资人关注企业的发展潜力和快速成长能力，通过退出获利是天使投资人的出资目的	天使投资的范围界定
Pereiro (2001)⑦	天使投资者一般为高净值人群，可支配资产额度在100万美元以上	天使投资的范围界定
Hindle & Lee (2002)⑧	亲友注资应与天使投资有严格的区分	天使投资的范围界定

① Gaston R J. The Scale of Informal Capital Markets. *Small Business Economics*, Vol. 1, No. 3, 1989, pp. 223—230.

② Coveney P, Moore K. Business Angels: Securing Start Up Finance. *Chichester: John Wiley*, 1998, pp. 78—85.

③ Feeney L, Haines Jr G H, Riding A L. Private Investors' Investment Criteria: Insights from Qualitative Data. *Venture Capital: An International Journal of Entrepreneurial Finance*, Vol. 1, No. 2, 1999, pp. 121—145.

④ Paul S, Whittam G & Wyper J. Towards a Model of the Business Angel Investment Process. *Venture Capital*, Vol. 9, No. 2, 2007, pp. 107—125.

⑤ Wong P K, Ho Y P. Characteristics and Determinants of Informal Investment in Singapore. *Venture Capital*, Vol. 9, No. 1, 2007, pp. 43—70.

⑥ Mason C M, Harrison R T. The Size of the Informal Venture Capital Market in the United Kingdom. *Small Business Economics*, Vol. 15, No. 2, 2000, pp. 137—148.

⑦ Pereiro L E. Tango and Cash: Entrepreneurial Finance and Venture Capital in Argentina. *Venture Capital: An International Journal of Entrepreneurial Finance*, Vol. 3, No. 4, 2001, pp. 291—308.

⑧ Hindle K, Lee L. An Exploratory Investigation of Informal Venture Capitalists in Singapore. *Venture Capital: An International Journal of Entrepreneurial Finance*, Vol. 4, No. 3, 2002, pp. 169—177.

（续表）

研究者	主要论点	研究内容
Bygrave et al. (2003)[①]	投资者虽通过机构进行投资，但自己决定投资金额、进行投资决策也可归为天使投资	天使投资的范围界定

和帮助创业企业家。天使投资主要以极具成长性的高科技企业为投资对象，投资风险较高，投资回报要求也很高。在欧美国家，天使投资期望的税后年均回报率高达30%—40%。

天使网络（Angel Network）的出现是当今欧美国家天使投资的一个显著特征。天使网络是由天使投资人组成的一种非正式组织，它为天使投资人提供了一个相互交流投资经验、提供投资信息、寻找投资机会的重要平台。天使网络成员之间会组成不同的投资团队，共同向某一项目投资，这样不仅有助于扩大单个项目的投资规模，也有利于降低个人的投资风险。天使网络通常由一位拥有丰富投资经验的天使投资人牵头组织，小的天使网络没有专门的管理机构，大的天使网络则一般聘请专职的经理人（通常为律师）进行管理。[②]

风险投资起源于15世纪末16世纪初欧洲人所进行的远洋探险投资活动。19世纪时，美国人沿用了这个术语，并通过该种投资方式创办油田及铁路事业。1946年，美国哈佛大学教授George Doriot和企业家共同创办了“美国研究和发展公司”，现代意义上的风险投资正式产生。微软、苹果、联邦快递等世界著名的跨国公司，在发展之初都曾获得过风险投资的支持，风险投资业也因此被看作推动中小型企业成长的“孵化器”。[③] 从广义方面来讲，风险投资主要是指由风险投资家出资，协助具有专门技术而无法筹得资金的技术专家进行研发与生产，并承担高风险的投资机制。风险投资家的最大特征是愿意冒较大的风险以获取巨额的回报，投资的主要目的是获取股息、红利及资本利益。他们以专业

① Bygrave W, Reynolds P. Who Finances Start-ups in the USA? A Comprehensive Study of Informal Investors, 1999—2003. *A Comprehensive Study of Informal Investors*, Vol. 2003, No. 2006, 1999, pp. 2002—2006.

② 涂峰：《天使投资与风险投资的比较分析》，《科技创业月刊》2006年第6期。

③ 朱光荣、吴子稳：《风险投资在促进创新型中小企业成长中的作用》，《乡镇经济》2007年第8期。

知识投资并参与企业的经营决策，企业会在他们的帮助下迅速发展壮大。企业一旦取得成功，风险投资家便可出卖所持股票进行资金回笼并获取高额利润，同时寻找下一个投资机会，继续重复上述活动。从狭义方面来讲，风险投资是对尚且处于创业期并且具有高成长性的新型企业进行的长期股权投资。

美国宾夕法尼亚大学沃顿商学院的 Andrew Metric 教授关于风险投资的描述比较全面。他提出风险投资有五大特征：

(1) 风险投资是金融中介机构行为。这里可以对比风险投资与天使投资。天使投资一般不属于金融中介机构行为，而是个人或者企业利用自有资金进行的投资，天使投资模式与风险投资模式很类似，但天使投资者重点关注初创企业，并以小型投资为主，因此天使投资的项目数量比风险投资多。风险投资基金一般需要从投资者那里融得资金，并给予投资者回报。因此，风险投资机构可以被认为是金融中介机构。

(2) 风险投资仅仅投资尚未公开发行股票的私有企业，因此风险投资是私募股权投资的一种。私募股权投资涵盖的范围要比风险投资广泛得多，包括对种子期、初创期、发展期、扩展期、成熟期和公开上市前各个时期企业所进行的投资，相关资本按照投资阶段可划分为风险投资资本、发展资本、夹层资本、并购基金、不良债权和不动产投资，等等。

(3) 风险投资家一般会把双赢作为主导思想，积极地采取各种方式对投资企业进行监管，并为企业提供经营方面的帮助。

(4) 风险投资的目的是通过股权转让、转卖、公开发行上市等退出机制来实现金融回报最大化。风险投资一般在所投资的企业中做小股东，不过分干涉经营。

(5) 投资是为了促进被投资企业的内生性增长，即资助企业进行新的研发生产与商业模式运作，而不是帮助企业并购现有的资产与商业来获得外生性成长。①

---

① Andrew Metric, *Venture Capital and the Finance of Innovation*, United States: John Wiley & Sons, 2007, pp. 3—7.

二　天使投资与风险投资的比较研究

国外对于风险投资与天使投资之间关系的研究主要是从理论和实证两方面进行的。在研究初期，很多学者把天使投资当作风险投资的一部分，并不对二者进行严格区分，研究内容也主要集中在天使投资和风险投资的相似之处，以及它们作为融资渠道所发挥的作用。近期的研究开始关注天使投资和风险投资在投资主体、投资行为、投资阶段、投资行业等方面的区别，研究范围也开始由理论向实证扩展，但是成果相对较少（见表 4.2）。国内的研究则主要针对理论上的分析和比较，对于天使投资与风险投资关系的实证研究相对较少。

表 4.2　天使投资与风险投资关系的文献研究①

研究者	主要观点	分析层面
Avdeitchikova et al. (2008)②	天使投资和风险投资都属于私募股权投资的范畴，但商业天使投资人倾向于在中小型企业的种子期和创业期提供资金，二者的投资行为有很多差异，但也有学者指出二者的差异也存在模糊的界限	理论分析
Freear and Wetzel (1990)	天使投资是风险投资在风险资本市场的极大补充	理论分析
Freear et al. (1995)③	二者在实际操作以及对企业的影响上有着很大的差别	理论分析
Wong (2010)	阐述了风险投资与天使投资在投资阶段、投资行业、投资后管理等不同角度的相似与区别之处	理论分析
	得出风险投资拥有更大的控制力的结论	实证分析
Mason & Harrison (2010)	从企业不同的发展阶段、联合投资等不同维度，利用英国的企业数据，进行实证分析，研究天使投资与风险投资的关系	实证分析
Madill et al. (2005)	对加拿大的中小企业数据进行研究，发现很大比例的企业在获得天使投资后又获得了风险投资	实证分析

---

① 整理自孙革：《中国天使投资市场规模及其与风险投资关系的研究》，硕士学位论文，上海交通大学，2014 年。

② Avdeitchikova S. On the Structure of the Informal Venture Capital Market in Sweden: Developing Investment Roles. *Venture Capital*, Vol. 10, No. 1, 2008, pp. 55—85.

③ Freear E, Wetzel Jr W E. Angels: Personal Investors in the Venture Market. *Entrepreneurship & Regional Development*, Vol. 7, No. 1, 1995, pp. 85—94.

（续表）

研究者	主要观点	分析层面
Kaplan & Strongburg (2003)[①]	风险投资和天使投资在投资后管理以及影响企业绩效方面的区别	实证分析
Goldfarb et al (2012)[②]	风险投资家相较于天使投资人更多地参与投资后的企业管理，并拥有更多的控制权和决策权	实证分析
Hellmann et al. (2013)[③]	天使投资和风险投资会相互形成壁垒，企业不易获得另一种融资；有天使投资和风险投资共同参与的企业的表现也与其他企业显著不同，得出天使投资和风险投资是替代关系的结论	实证分析

天使投资与风险投资都是提供追加价值的长期权益投资，主要以高风险高收益、具有巨大增长潜力的科技型创业企业为投资对象，并在适当的时机以股权套现的形式退出投资，获得投资回报。除了上述的共同特点之外，天使投资和风险投资之间也存在较为明显的区别。

（一）投资动机的区别

获取高额的投资回报可以说是风险投资的唯一目的。但对于天使投资而言，除了投资的经济利益之外，其投资动机里面还存在许多非经济性因素。这些非经济性因素主要包括传授创业经验的渴望、获得乐趣和激情、通过投资建立人际网络、挑战自己的心智以便保持敏捷的商业思维能力、通过投资于健康产业创造社会福利等。

（二）在创业企业融资中的作用区别

天使投资在创业企业融资中发挥着巨大的作用。据美国风险基金联合会估计，美国天使资本的规模接近 1 000 亿美元，而风险投资基金的规模只有 483 亿美元。另据美国小企业联合会 1996 年委托 Freear 和 Wetzel 进行的研究估

① Kaplan S N, Stromberg P. Financial Contracting Theory Meets the Real World: An Empirical Analysis of Venture Capital Contracts. *The Review of Economic Studies*, Vol. 70, No. 2, 2003, pp. 281—315.

② Goldfarb B, Hoberg G, Kirsch D, et al. Does Angel Participation Matter? An Analysis of Early Venture Financing. Unpublished Working Paper, 2009.

③ Hellmann T, Schure P, Vo D. *Angels and Venture Capitalists: Complements or Substitutes?* Social Science Electronic Publishing, 2013.

计，每年约有25万个天使投资者投资于约3万家创业企业，投资额高达200亿美元。此外，Ferear教授等在1987年对284家新兴科技企业所做的调查显示，天使投资和风险投资在创业企业融资中的作用是互补性的，但天使投资在创业企业早期阶段的融资中占据了主导地位。风险投资是一种制度化的投资，能够以私募方式吸收各方面的资金来扩大资本规模，其单一项目的投资额从几十万到几百万美元不等，有的甚至高达几千万美元。风险投资拥有较强的资本实力和单纯的盈利动机，因此主要投资于成长期和成熟期的企业。

（三）运作方式的区别

1. 投资活动的主体不同

天使投资的主体是天使投资人，他们一般将自有资金投资于早期创业企业，投资收益直接按约定归各投资人所有。在风险投资中，投资活动的参与主体是由职业经理人组成的风险投资团队，用于投资的风险基金来自机构或者个人投资者，风险投资家的收入主要来自基金管理费用和风险投资的利润分成。

2. 尽职调查的方式不同

在风险投资中，风险投资家往往组成团队，对投资的备选企业进行长时间的跟踪考察，花费大量的精力进行详尽的价值评估和投资可行性分析。而在天使投资中，天使投资人没有风险投资家那样的时间、精力对创业企业展开调查和评估，他们对投资项目的选择更多的是根据自身的专业知识和经验，以及对市场趋势的判断和把握。

3. 项目投资合同的差异

在风险投资中，风险投资家和创业企业签订的投资合同非常正式化和规范化，合同一旦签订，双方协商的空间便非常小；而天使投资人与创业企业签订的投资合同在内容和形式上都更加灵活，合同签订以后，在执行过程中还留有更多协商和调整的空间。

4. 对创业企业的监督和参与管理的程度不同

由于投入的是自己的资金以及是为了重新体验创业的梦想，天使投资人有很强的动机参与创业企业的管理，在创业企业中扮演非常积极的间接管理者的角色。在风险投资中，风险投资家虽然也会参与创业企业的管理，但他们参与的程度和介入的深度都不及天使投资人，他们更多的是为创业企业提供外在的增值服务。

5. 退出战略不同

风险投资基金一般都有一个固定的投资期限，通常是 3—7 年，风险投资家必须在风险基金的投资周期内从创业企业中退出投资。因此，风险投资在退出战略上有着较为严格的时间约束，其投资行为的获利动机更加强烈。天使投资在退出战略上则没有明确的时间约束，其在退出时机的选择上更加灵活，因此可以选择对双方来说都最为有利的时机退出投资。①

三 风险投资与一般金融投资的比较研究

风险投资作为一种支持创新型中小企业的独特的投资制度，可谓是金融业中的一种制度创新。一般的金融投资，多以传统大中型企业为投资对象，因此它们之间存在显著的差异（见表 4.3）。风险投资主要有以下四大特点：

（1）风险投资的主要对象多为具有良好成长前景的未上市创新型中小企业。创新型中小企业拥有的新技术、开发的新产品、发现的新市场机会和创造的新营销模式等都具有巨大的商业价值，并且其他竞争者也很难进入。因此，一旦这些创新成果获得成功，将为投资它们的风险投资者带来丰厚的回报。

（2）风险投资的主要方式是为创新型中小企业提供股权资本支持。风险投资者一般在创新型中小企业的创业初期投资入股并取得相应的股权，在企业取得成功后，以上市或转让股权等方式收回投资，带着巨额利润寻找新的投资机会，开展新一轮的投资。

（3）风险投资是一种高附加值、高参与性的投资。风险投资者之所以非常看重企业的发展，是因为进行风险投资没有任何担保及抵押，完全将资本押在风险企业的成功上。风险投资将风险资本、创业家的创新才能、风险投资者的

① 涂峰：《天使投资与风险投资的比较分析》，《科技创业月刊》2006 年第 6 期。

管理才能等资源有效结合，使创新型中小企业不断增值。

（4）风险投资是高风险、高收益的投资。风险投资者对创新型中小企业的投资，要面临各种风险，如由信息不对称带来的道德风险，以及创新型中小企业特有的技术、市场、管理、信用、变现退出风险等。发达国家的经验表明，风险投资的成功率一般为20%—40%，收益率是股票的2—10倍。

表4.3　风险投资与一般金融投资的比较

比较内容	风险投资	一般金融投资
投资方式	权益资本	借贷资本
投资对象	创新型中小企业	传统大中型企业
投资阶段	企业创业与扩张阶段	企业成熟阶段
融资条件	无信用和抵押	有信用和抵押
风险程度	高	低
流动性	低	高
投资审查	无形资产、企业成长性	有形资产、资产安全性
投资管理	参与企业管理	不参与企业管理
融资期限	长期	中、短期
投资回报	转让股权或清算，收益不稳定	收回本息，收益稳定
融资成本	高	低

第二节　风险投资的国际经验

20世纪70年代末期之后，风险投资开始在美国快速发展，并很快在世界范围内产生巨大的影响。作为一种新型的创新创业投融资机制，风险投资并不只是为创新企业提供资金，它还在创新项目孵化、创新成果转化、市场开拓、企业管理等方面发挥着重要作用。

一　美国风险投资的发展

在美国，1994年风险投资管理资本总额仅为332亿美元，到了2004年已达2 711亿美元，10年间增加了近8倍。尽管由于金融危机带来了投资缩水，但仅

2014年，美国的风险投资管理资本总额仍高达1 565亿美元。[①] 风险投资在美国兴起并经过数十年的快速发展，已经积累了大量的成功经验，形成了一套非常成熟的发展模式。如果用四个字来总结这一发展模式，那就是“官助民营”，即政府积极引导、市场广泛参与。从政策的角度来说，为了促进风险投资的发展，美国政府制定了一系列的优惠政策，努力为风险投资的发展创造一个良好的环境。主要做法有：

（1）税收优惠。在1978年颁布的税法中将风险投资基金的税率从49%降至28%，1981年又进一步降至20%。这一措施使美国的风险投资在20世纪80年代初期大约以每年46%的幅度激增。比方说，在美国采取有限合伙制的风险投资基金，可以获得税收上的优惠，政府也通过这种方式鼓励风险投资的发展。

（2）政府补助，即政府向风险投资者和风险企业提供无偿资助。

（3）放松管制。为了支持风险投资企业高新技术的合作和开放，美国政府尽可能放宽行政限制，给风险投资以切实的行政支持。美国的风险投资产业也具备良好的外部投资环境。美国的金融市场高度发达，法律规定也比较完备，良好的外部环境是风险投资体系运作顺畅的前提条件和基础，并有力地推动了风险投资的发展。美国专门为风险投资企业建立了“第二股票市场”，这类市场以发行风险投资企业的股票为主，使风险资本既能“投得进”，又能“出得来”，为各方的利益提供了有力的保障。此外，美国已形成了一整套世界上最为完善的高科技开发体系，政府也制定了一套能够约束各方行为的制度，从而建立起成熟的技术市场，保证风险投资所必须具备的高新技术来源。

（4）充足的人才储备。美国风险投资业在发展过程中，培育了一批懂经营风险资本的人才，他们具有强烈的风险意识和开拓创新精神，并且结构合理、层次分明，从风险投资家到一般技术人员，数量充裕、搭配科学。

（5）众多的辅助机构。进行风险投资，投资者将面临技术风险、市场风险、

---

① 王元、张晓原、张志宏：《2015年中国创业风险投资发展报告》，经济管理出版社2016年版，第114页。

管理风险等诸多风险，单靠其自身的力量难以有效地解决众多的风险。因此，能够提供各类咨询服务的辅助机构在美国十分普遍，它们在风险投资业发展的过程中起到了非常重要的作用。①

美国的风险投资经过长期的发展，日趋成熟，积累了丰富的经验，形成了一套制约和分散风险的机制。在投资决策方面，进行严格审慎的决策分析，对要投资的项目了然于胸，实行分段投资，并以组合投资的方式来分散风险。在风险企业管理方面，风险投资公司亲自参与企业的重大决策，提供管理经验和市场信息。同时，实行“在马死之前先把它卖掉”的策略，及时撤资，以便进行下一轮投资。

美国政府介入风险投资的主要形式为：

(1) 为中小企业的创新活动提供技术条件和资金支持。美国政府以无偿资助的形式实施“小企业创新研究计划”(SBIR)和“小企业技术转移计划”(STTR)，SBIR 旨在将一定比例的政府部门的研发经费用于支持小企业，鼓励小企业进行创新活动；STTR 旨在帮助小企业将研发成果从实验室走向市场。此外，美国中小企业局(SBA)为促进风险投资业的发展于 1958 年建立了小型企业投资公司(SBIC)，对中小企业的创新活动提供资金扶持。1996—2000 年，将近一半的中小企业都接受了 SBIC 的扶持。SBIC 投向中小企业的金额在风险投资总额中也占有相当的比重。

(2) 出台法律法规促进风险投资的发展。美国政府于 20 世纪 70 年代末、90 年代末先后出台了一系列法律法规，鼓励民间资本进行风险投资。这些法律法规为促进风险资金存量的增加和风险投资业的稳定发展创造了良好的法律环境。

(3) 实行优惠的税收政策。为促进风险投资的发展，美国政府将新兴企业的所得税税率从 1970 年的 49%降至 1980 年的 20%，资本所得税税率也从 1969 年的 49%降至 1978 年的 28%，1982 年又降到 20%。

① 陈泉：《美国风险投资发展历程及借鉴》，《合作经济与科技》2005 年第 4 期。

(4) 为高科技中小企业的银行贷款提供政府担保。SBA为高科技中小企业15.5万美元以下的贷款提供90%的担保,15.5万—20万美元的贷款提供85%的担保。1993年,美国政府规定银行可以向风险投资企业提供占其总投资90%的贷款,且承诺如果企业破产,政府可以赔偿银行贷款的90%。政府担保降低了银行向新兴企业贷款的风险,进一步促进了美国风险投资业的发展。

(5) 实行向新兴企业倾斜的政府采购计划。政府承诺,在制定及执行采购法等相关法案时,优先考虑新兴企业。①

二　欧洲风险投资的发展

1. 英国

英国政府对风险投资的介入表现为:

(1) 政府直接参与英国的科技风险投资。1973年,英国政府设立了国家企业局进行地区工业投资,为高科技中小企业提供贷款。1981年,英国国家企业局与国家风险投资公司合并,成立了英国最大的官办风险投资公司——英国技术集团,以低息贷款的形式主要面向公营部门进行风险投资。英国的国家金融机构也多设有相关部门为风险投资发展提供资金和咨询服务。

(2) 制定相关法律法规,为风险投资的发展提供良好的运行环境。1981年,英国政府推出贷款担保计划(LGS),对创业期在两年内的中小企业提供10万英镑以下的政府担保,担保比例为贷款总额的70%;对创业期在两年以上的中小企业提供25万英镑以下的政府担保,担保比例为贷款总额的85%。LGS从创立到1996年3月,共有5万项总计16.7亿英镑的贷款得到了担保。此后,英国政府陆续推出了商业发展计划和企业扩大计划,对风险投资的发展实施税收优惠,包括根据小企业的研发支出减免税收、对风险企业管理人员的股份给予税收优惠等。

(3) 建立多层次的市场体系为风险投资提供良好的融资渠道和退出渠道,

① 李泽:《美国政府支持风险投资的一些模式》,《科技与企业》2008年第5期。

比如 1980 年伦敦开设的“未正式上市公司股票市场”。

2. 法国

法国政府对风险投资的介入主要体现为：

（1）在资金投入方面，法国政府对风险投资进行了直接的资金扶持。1987 年，法国设立“创新资助金”，扶持创办不足 3 年的技术型企业。1998 年，法国政府决定从法兰西电信公司的利润中提取 6 亿法郎作为风险资金。2000 年，法国政府、欧洲投资银行和法国信托储蓄银行分别出资 5 000 万欧元联合成立了“2000 年风险投资基金”，对从事高新科技的中小企业进行资金扶持。

（2）在税收政策方面，对风险投资公司实行所得税减免。

（3）法国政府允许大公司、银行、保险公司、养老基金等组织机构进入风险投资业。这些措施的推行，大大促进了法国风险投资的发展。

3. 德国

德国的第一家风险投资公司于 1982 年在慕尼黑成立，德国政府在风险投资方面的干预比较直接，对风险投资的介入形式具体体现为：

（1）对中小企业的创新行为进行资金扶持。德国政府和银行共同以低息贷款的方式对从事高新技术研发的中小企业进行资金扶持，其中高技术小企业风险投资计划（BTU）以股权投资的方式进行扶持，欧洲振兴创新计划（ERP）以政府贷款的形式进行扶持。

（2）政府补贴和政府担保。德国在各州建立了 80 多个技术创业中心，扶持新建的高新技术中小企业，并对高技术企业的研究项目进行补贴，凡获准补贴的项目第一年可获得相当于其研究成本 80％的财政补贴，第二年为 50％，第三年为 20％。德国科学工业园区创业初期的投资，几乎全部由州政府提供或给予一次性补贴。德国政府还为投资者进行股权担保，最高担保比例达 50％。

（3）政策法规介入。德国政府制定并出台了优惠的投资融资政策、宽松的资本市场政策和优惠的税收政策以促进风险投资的发展。

三　以色列风险投资的发展

以色列早在20世纪60年代就出现了创业投资活动，当时的主要投资对象是以电子产业为代表的新兴产业。以色列贴现银行是最早涉足创业投资领域的机构，其第一笔创业资本的投资金额高达8万美元。之后十多年，许多公司在创业投资公司的资助下，在纽约证券交易所和纳斯达克先后成功上市，所获的巨额回报大大促进了以色列风险资本的发展。以色列工贸部首席科学家办公室针对不同生命阶段和不同产业的企业设计了有针对性的科技计划，其中YOZMA计划尤为典型和成功。这一计划主要针对的对象为种子期、初创期的高科技企业。与一般股权投资基金不同的是，YOZMA基金采用"政策＋民间资本＋海外资本"的方式，政府通过各种优惠政策吸引民间资本和海外资本，并同时注入40％的股份，使多种资本有机融合，增强了资本实力，并有利于资源的优势互补。

以色列的创业资本在1993年之前是非常不足的，一直处于萌芽阶段，这主要体现在：① 投入科技公司成熟期的资本远远高于投资于初创期的数量，"创业"的内涵严重不足；② 职业化的创业投资家及创业投资媒介较为缺乏；③ 所有机构包括政府在内，对研发这一块的资本投入较大，研发在GDP中所占的比重较大，但产生的研发成果的市场化程度却较低，这使得研发与生产严重脱节。

随着1993年由政府投资、市场导向的YOZMA创业投资公司的成立，以色列的创业资本获得了突飞猛进的发展。以色列创业投资协会(IVC)的调查显示，截至2000年年底，以色列当年筹集的创业投资已高达23亿美元。以色列早期阶段的创业投资(含种子期与创业期)达47％，大大超过欧洲19％的平均水平，也超过美国42％的水平。一般而言，在早期阶段的高技术创业企业最需要资金支持，创业资本在这一阶段投入的比例越高，对高技术产业的支持力度就越大。因此，以色列早期风险投资的较高水平大大支撑着高技术产业的发展和壮大。[1]

四　日本风险投资的发展

借鉴美国经验，日本的风险投资起步于20世纪50年代初。日本政府于1951年设立风险企业开发银行，用于支持中小企业融资，该银行主要的业务内容是为企业提供地域市场利率的实业贷款。日本的风险投资机构主要由大企业创办，风险资金主要由银行机构提供，由银行机构直接提供的资金占日本风险投资资金总额的一半左右。日本政府为积极促进风险投资的发展，颁布了各项法律法规，为风险投资的发展提供良好的外部环境，同时直接参与风险投资。1963年，日本政府出台了《小企业投资育成公司法》，以该法案为基础，分别在东京、大阪和名古屋成立了三家中小企业风险投资育成公司，主要面向资本额在1亿日元以下的中小企业；1974年，日本政府成立了研究开发企业培植中心，为新兴企业的融资活动提供贷款担保；1975年，日本政府又成立了一家非营利基金——日本风险企业中心，主要为风险企业提供贷款担保以及组织企业交流等。此外，日本还通过新技术开发事业团等政府机构，对进行研发创新活动的中小企业实行税收优惠，并施行资金补助和金融方面的奖励政策。

日本的风险投资在20世纪70年代以后得到了飞速发展，各大风险投资公司相继成立，极大地缓解了成长期中小企业融资难的问题。到90年代，随着生物科技、新能源等产业的蓬勃发展，日本的风险投资进入了快速发展期，风险投资规模已为1980年的160倍。1996年，日本风险投资公司突破100家，主要面对的投资对象是高新技术中小企业。日本的主要银行，如三和银行、住友银行等也成立了风险企业创业基金。日本风险投资公司在发展的早期其主要的投资行业集中在风险低、收益稳定的传统行业，1997年经历金融危机后，日本风险投资公司开始意识到中小企业，特别是高科技中小企业发展的重要性，风险投资的主要投资方向开始转向IT、生物工程、医疗保健等行业。

---

① 苏启林：《以色列创业投资发展现状与经验借鉴》，《外国经济与管理》2001年第23期。

第三节　中国风险投资的发展实践

一　中国风险投资的发展历程

1984 年,中国国家科委科技促进发展研究中心组织了“新的技术革命与中国的对策”的研究,提出了建立风险投资机制促进高新技术发展的建议。1985 年 1 月,中共中央、国务院颁布《关于科学技术体制改革的决定》,指出:“对于变化迅速、风险较大的高技术开发工作,可以设立风险投资给以支持”,并于同年成立了中国第一家政府出资的风险投资公司——中国新技术创业投资公司。1991 年,国务院颁发的《国家高新技术产业开发区若干政策的暂行规定》中指出:“有关部门可以在高新技术产业开发区建立产业投资基金,用于风险较大的高新技术产品开发。”在这一规定以及其他相关政府政策的推动之下,中国各地纷纷设立了以政府部门为主导的风险投资机构。1998 年 3 月,民建中央在全国政协九届一次会议上提出了《关于加快发展我国风险投资事业的几点意见》的提案,该提案以及政府此后制定出台的一系列政策法规进一步促进了中国风险投资的发展。

相对于发达国家完备的市场运行条件和成熟的风险投资运作机制,中国的风险投资业存在自身的特殊性。中国的风险投资发展一开始就带有浓厚的政府色彩,是国家科技政策的一部分和政府扩大科技投入的一种方式,政府在风险投资兴起、发展的整个进程中均发挥了作用。中国风险投资的发展可以大致概括为酝酿阶段、初期发展阶段、调整摸索阶段和深入发展阶段四个阶段(见表 4.4)。

表 4.4　中国风险投资业的发展历程

时期	阶段	主要背景
1985—1996 年	酝酿阶段	政府成立创业投资公司、高新技术产业开发区等;截至 1996 年年底,全国共有风险投资机构 24 家,资金总量 47.1 亿元

（续表）

时期	阶段	主要背景
1997—2000 年	初期发展阶段	一些大公司、大企业及证券公司开始涉足风险投资，境外风险投资基金加大在中国的投入；截至 2000 年年底，全国风险投资机构达到 206 家，资本总量超过 436 亿元
2001—2004 年	调整摸索阶段	资本市场持续低迷，创业板市场设立遥遥无期
2005 年至今	深入发展阶段	深圳中小企业板小市"开闸"，大量海外风险资本涌入，截至 2006 年年底，全国风险资本存量超过 583.85 亿元

资料来源：王松奇、王国刚，《中国创业投资发展报告》，中国财政经济出版社 2002 年版。

（一）酝酿阶段（1985—1996 年）

改革开放以来，中国政府意识到了高新技术产业发展对经济增长的重要作用，风险投资相对于传统的融资渠道而言，更有利于科技创新和高新技术产业的发展。因此，这一阶段中国的风险投资成了政府扩大科技投入的一种方式，政府部门对风险投资的发展进行了扶持，政府在整个风险投资的酝酿阶段发挥了积极的推进作用。中国第一家风险投资机构——中国新技术创业投资公司于 1985 年 9 月成立。创立伊始，中国新技术创业投资公司就担负了促进中国科技创新和经济发展的使命，成为国家科技政策的一部分，并且得到了国家相关部委的支持。但是此时所谓的风险投资在实质上就是高科技产业投资，并不是真正意义上的风险投资。在中国新技术创业投资公司成立之后 6 年，即 1991 年，国务院颁发的《国家高新技术产业开发区若干政策的暂行规定》指出："有关部门可以在高新技术产业开发区建立产业投资基金，用于风险较大的高新技术产品开发。"此时风险投资的对象锁定为具有较高风险的高新技术产业，已经与最初单纯的高科技产业投资有了差别，朝着真正意义上的风险投资迈进了一大步。虽然针对风险投资的具体投资对象、项目选择、组织形式、退出渠道等关键因素还并不明晰，但是在这一规定以及其他相关政府政策的推动之下，以政府部门为主导的风险投资机构纷纷在各地设立起来。中国风险投资的酝酿阶段具有如下两个特点：一是发展风险投资的目的在于促进科技成果转化和高新技术产业发展，二是政府在风险投资的发展中居于主导地位。

在这一阶段，虽然各地都在政府科技投入和科技政策的支持下设立了以推进高新科技产业发展为目标的风险投资公司，但是这些公司和机构对高新技术产业的发展起到的作用十分有限。这些风险投资机构的设立之所以无法完成预期的科技目标，主要原因就在于以政府为主导的、政府直接出资设立的风险投资机构产生了产权虚置、所有者缺位等制度缺陷。这些所谓的风险投资机构没有遵循市场规律选择合适的投资对象和投资计划，往往只是听命于政府部门、满足政府行政命令的需要，也有一些风险投资机构偏离了预定的具有高风险、高发展潜力的高新技术产业，转而投向房地产、证券等传统投资领域。

（二）初期发展阶段（1997—2000 年）

20 世纪 90 年代，美国经济呈现高增长率、低通货膨胀率和低失业率的发展态势，这种经济现象又被人们称为美国“新经济”。推动美国经济长期高速增长的核心动力是科技进步和高科技产业的迅猛发展，而风险投资的兴起功不可没，其在促进科技进步和高科技产业发展方面的作用更加突显出来。

在此背景下，中国的专家学者开始对风险投资理论和中国的风险投资建设进行较为系统的研究，政府也加大了对风险投资发展的扶持力度。1998 年 3 月，民建中央在全国政协九届一次会议上提出了《关于加快发展我国风险投资事业的几点意见》的提案，该提案引发了国内学者对风险投资进行理论研究的热潮，也促进了中国风险投资机构的设立和运行。

此后，中国政府又陆续出台了一系列鼓励和扶持风险投资发展的政策及措施，比如《关于促进科技成果转化的若干规定》《关于加强技术创新、发展高科技、实现产业化的决定》等，这些政策措施的出台对中国风险投资的发展起到了积极的引导和促进作用，中国风险投资业开始进入初期发展阶段。该阶段具有两个特点：一是中国风险投资机构的数量和风险投资管理的资本总额得到了快速的增长。1997—2000 年这四年时间内，中国风险投资机构的数量分别增加了 59.4%、49.0%、55.3% 和 111.0%，风险投资管理的资本总额分别增加了 83.3%、66.8%、81.4%和 67.2%。到 2000 年年底，中国的风险投资机构总数为249家，风险投资管理的资本总额为512亿元。二是投资主体和投资阶段发生了变化。从投资主体来看，除了政府投资之外，一些大公司、境外风险投资基金也加大了在中国的风险投资力度；从投资阶段来看，这一阶段的风险投资不再仅仅偏向于企业的扩张阶段和成熟阶段，对于处在成长期的高新技术产业也进行了相应的投资。

中国风险投资初期发展的三个条件：一是市场机制的完善及相关中介机构的发展。20世纪90年代末期，中国的市场机制不断完善，与风险投资发展密切相关的中介机构也得到了长足发展，市场机制的完善和相关中介机构的发展为中国风险投资初期的发展提供了前提条件。二是政府政策支持。1997—2000年间，中国陆续出台了一系列政策文件鼓励风险投资的发展，这些文件是中国风险投资初期发展的政策保障。三是纳斯达克的崛起。纳斯达克的崛起对于中国风险投资的初期发展起到了较好的示范效应，使得风险投资这种有别于传统融资模式的投资制度在中国受到了广泛关注，同时也激励了在国外成功的华人回国创业。

（三）调整摸索阶段（2001—2004年）

在国家相关政策措施的鼓励和推动之下，中国的风险投资自1997年起经历了一段高速增长时期，到2000年达到了一个顶峰。2001年，受世界经济发展减缓及国际风险投资退潮的影响，中国风险投资发展的速度开始放缓，进入了调整摸索阶段。

从风险投资在中国兴起伊始，中国政府就陆续出台了鼓励和促进风险投资发展的法律法规，市场机制得到了不断完善。这些外部制度环境的改善有效降低了代理成本，使得中国风险投资初期发展得十分迅速。然而，这些投资在1999年和2000年年初大多投向了估价过高的网络服务企业，投资绩效较差。

这一阶段中国的法规制度依然不十分规范和完善，政府过多地把风险投资视为其科技政策和科技投入的一部分，对它的投资回报关注甚少。风险投资的退出渠道单一，供风险投资企业上市的二板市场迟迟未能建立，风险投资公司往往只能通过出售股权的方式退出，大大降低了风险投资退出的效率，影响了风险投资的循环。这些负面效果在2003年体现得尤为明显，中国的风险投资机构数量和所管理的资本总额首次出现下滑。

处于调整摸索阶段的中国风险投资发展具有以下两个特点：一是中国风险投资机构的数量和风险投资管理资本总额的增速大大放缓，风险投资机构的数量和风险投资管理的资本总额在2003年首次出现负增长。2001年新增风险投资机构仅74家，2002年仅增加43家，增幅分别为29.7%和13.3%，2003年风险投资机构的数量减少了51家，出现了负增长。风险投资管理资本总额的增幅也大大放缓，2001年为107.3亿元，2002年为69.2亿元，增幅分别为21.0%和11.2%，2003年风险投资管理的资本总额净减少了72亿元，减幅为10.5%。二是兴起阶段和初期发展阶段的积累使得中国风险投资的制度环境得到了改善，代理成本得到大幅降低，在调整摸索阶段中国的风险投资虽然面临一定的困境，但是风险投资的主要投资领域开始转向高新技术领域，投资于初创期的风险资本数量也开始增加。

（四）深入发展阶段（2005年至今）

经历了2002年的低潮和2003年的调整，中国的风险投资在2004年又得到了恢复性的发展。风险投资机构的数量和风险投资管理的资本总额开始重新稳步增长。2007—2010年这四年的时间里风险投资机构数量的增幅一直保持在20%以上，风险投资管理资本总额的增幅更是明显，2007年的增幅甚至达到67.7%。据不完全统计，截至2010年，中国风险投资机构的总数为720家，风险投资管理的资本总额为2 406.6亿元。2005年证监会发布了《关于上市公司股权分置改革试点有关问题的通知》，此后，多层次的资本市场逐渐在中国建立起来，风险投资的退出途径和退出渠道更加灵活多样，中国的风险投资行业步入了深入发展阶段。

二　中国政府发展风险投资的经验

纵观国际经验，政府在介入风险投资中起到了非常重要的作用，中国政府介入风险投资的形式也多种多样，主要分为政府直接投资、设立政府风险投资引导基金、政府财政扶持政策等。

（一）政府直接投资

风险投资导致在实际的风险投资运行中，投资对象主要集中在研发风险和市场风险较低而短期收益较高的项目和产业上，而那些研发风险较高、短期收益不明显的高新技术产业投资相对不足；投资阶段主要集中在企业的成长期和扩张期，投资于种子期和初创期的风险资金不足；投资区域主要集中在经济较为发达、各项配套设施比较完善的地区，在偏远地区、经济不发达地区的投资较少。从长远来看，高新技术产业对于促进技术进步乃至国民经济发展和经济增长具有重要意义，欠发达地区更需要通过风险投资的带动作用实现经济发展，种子期和初创期对于新技术的研发及新产品的开发意义重大。因此，对于短期收益不明显的高新技术产业的风险投资不足、对于欠发达地区的风险投资不足以及对于种子期和初创期的风险投资不足，需要通过政府直接投资来供给风险资金。政府直接投资是指政府作为一个投资主体直接出资创办风险投资公司。政府直接投资可以增加风险投资的资金来源，并将投资对象、投资区域、投资阶段向风险资金供给不足的高新技术产业、经济欠发达地区、种子期和初创期倾斜。

政府直接出资创办风险投资公司可以增加风险资金的供给，可以在一定程度上弥补因风险投资正外部性导致的有效投资不足，有利于新兴企业的发展和实现技术创新，并最终对国家的产业结构升级、国民经济增长和综合国民经济竞争力的提高做出贡献。此外，政府创办风险投资公司的支出可以看作政府财政支出的一部分，会直接影响一国均衡的国民收入水平，并能通过乘数的作用达到促进国民收入增加和就业增长的目的。

（二）设立政府风险投资引导基金

政府直接投资创办风险投资公司虽然能够在一定程度上弥补由外部性引起的风险资金供给不足，但资金毕竟有限，政府作为风险投资的投资主体在实际的风险投资运行过程中也存在诸多问题，而政府风险投资引导基金能发挥政府在弥补外部性方面的功能，相比直接投资，投资效率更高，吸引资金更有效。

所谓政府风险投资引导基金，是指由政府投入一定数量的财政资金作为种子基金来吸引其他类型的社会资金，引导社会资金进入风险投资领域，以股份制的形式共同组成风险投资基金并将其交由专业的风险投资管理公司具体操作的政策性基金(见表4.5)。

表4.5 政府相关创业投资引导基金政策

文件名称	出台时间	出台组织及部门	主要内容
《科技型中小企业创业投资引导基金管理暂行办法》	2007年	财政部、科技部	开展设立科技型中小企业创业投资引导基金，支持引导创业投资机构向初创期科技型中小企业投资
《关于创业投资引导基金规范设立与运作的指导意见》	2008年	国家发改委、财政部、商务部	明确风险投资引导基金的性质、运作方式、管理等内容，规范风险投资引导基金的运作
《关于实施新兴产业创投计划、开展产业技术研究与开发资金参股设立创业投资基金试点工作的通知》	2009年	国家发改委、财政部	扩大产业技术研发资金创业投资试点，推动利用国家产业技术研发资金，参股设立创业投资基金试点工作
《关于豁免国有创业投资机构和国有创业投资引导基金国有股转持义务有关问题的通知》	2010年	财政部	规避相关政策影响，提高国有创业投资机构的积极性，鼓励和引导国有创业投资机构加大对早中期项目的投资

(三)政府财政扶持政策

针对风险投资正外部性引起的市场失灵，政府应该发挥积极的作用，采取适当的财政政策使风险投资的正外部性内部化。政府促进风险投资发展的财政政策支持主要包括政府贷款、政府补贴、政府担保、政府采购等。政府贷款是指政府通过采取贷款优惠的方式对风险投资活动进行金融扶持，风险投资公司和新兴企业均在政府贷款的扶持对象之列。具体的优惠手段包括利率优惠、贷款期限优惠、债务偿还优惠等。从利率的角度来看，政府提供给风险投资公司和新兴企业的贷款利率要低于商业贷款的利率，这种利息差也可以看作政府对风险投资活动的补贴；从贷款期限和债务偿还的角度来看，政府贷款一般是中长期贷款，为风险投资公司和新兴企业的发展及还款提供了一定的时间；从债务偿还的角度来看，当风险投资公司或新兴企业破产时，可以免予还款。不论是哪种具体的手段，政府贷款都可以降低风险投资公司和新兴企业的融资成本，增加其收益，有助于解决因正外部性而导致的风险投资活动不足问题。

政府补贴是指政府向风险投资公司和新兴企业提供的无偿或低息有偿的补贴。政府低息贷款也可视为政府补贴的一种。除此之外，政府还可以使用财政资金为风险投资公司和从事高新技术开发的新兴企业提供补贴，包括研发启动资金补贴、亏损补贴等。政府提供的启动资金补贴与政府引导基金的作用类似，能带动民间风险资金和外资风险资金的投入，增加风险投资公司风险资金的供给并能促进新兴企业研发行为的增加；政府为风险投资公司和新兴企业提供亏损补贴可以降低其从事高新科技投资和研发的风险，同样能够促进风险投资公司风险资金的供给和新兴企业研发行为的增加。

政府担保是指政府对投向风险投资领域的资金提供部分担保。由于新兴企业面临的技术风险和市场风险极大，从传统融资渠道获得资金困难或融资成本过高，政府贷款担保可以降低普通投资者向风险投资领域进行投资的风险，提高风险投资公司和新兴企业获得风险资金的概率并降低融资成本，同样能够增加风险资金的有效供给。

政府采购是指政府通过采购新兴企业的产品，降低风险投资公司的资金增值风险和新兴企业的市场营销风险，提高风险投资公司和新兴企业的预期收益，刺激风险资金的供给和新兴企业的研发行为。风险投资是高投入、高风险的过程，除了技术和研发风险，新兴企业生产出来的产品还面临市场风险。政府采购对象向高新技术企业倾斜，优先购买本国新兴企业提供的产品和劳务，可以为风险投资的发展创造良好的市场需求环境、降低风险投资者的市场风险、提高风险投资的预期收益，有力地促进新兴企业和风险投资业的发展。

第四节　高科技项目投资评估

对潜在的科技投资项目进行估值是风险投资项目甄选的重要工作环节之一。项目评估方法包括绝对价值评估法和相对价值评估法两大类。前者包括现金流折现法、实物期权法等，是成熟市场上的主流估值工具；后者包括市盈率法、市净率法、市销率法、市现率法、市盈利相对盈利增长比率法及企业价值倍数法等，由于该方法简单实用，因此在金融体系相对不成熟的新兴市场上比较流行。[①]

一　绝对价值评估法

（一）现金流折现法

现金流折现法(Discounted Cash Flow, DCF)，是指通过对预期未来现金流进行折现加总得出项目资产现值。该方法基于对企业未来的经济表现和总体经济发展走势的预测，对科技项目的发展时期、行业背景、竞争对手、政策环境、成本控制进行综合考虑，尽可能准确地预测未来现金流和选取合理的贴现率。现金流折现法是对项目价值进行评估时普遍采用的首要工具。根据所采用的不同现金流，该方法又可分为股利贴现估值法、自由现金流贴现估值法和剩余收益贴现估值法三种。

1. 股利贴现估值法

股利贴现估值法(Dividend Discount Model, DDM)，通过计算预期未来每股股利的现值之和得到每股股票的内在价值。公式为：

$$V=\sum_{t=1}^{\infty}\frac{D_t}{(1+r)^t}$$

其中，V 为每股股票的内在价值；t 为第 t 期；D_t 为预期的第 t 期每股股利；r 为期望收益率，即贴现率。

模型适用条件：① 标的项目有发放股利记录且未来股利可预测；② 标的项目股利与项目盈利显著相关；③ 投资者以成为持股比例低于 10％的少数股东为目的对项目进行评估。

① 李杰、杨波：《VC、PE 对投资项目进行估值的方法》，《产权导刊》2009 年第 9 期。

2. 自由现金流贴现估值法

自由现金流贴现估值法(Free Cash Flow，FCF)，通过计算预期未来自由现金流的现值之和得到项目的内在价值。公式为：

$$V=\sum_{t=1}^{T}\frac{\mathrm{FCF}_t}{(1+r)^t}$$

其中，V 为项目的内在价值；T 为未来收益期数，即项目寿命；t 为第 t 期；FCF_t 为预期的第 t 期自由现金流，可使用公司自由现金流(FCFF)和股权自由现金流(FCFE)；r 为现金流的折现率，FCFF 和 FCFE 对应的折现率分别为加权平均资本成本(WACC)和必要股权收益率(Required ROE)。

模型适用条件：① 标的项目无发放股利记录，或标的项目股利与项目盈利不具有显著相关性；② 标的项目有历史自由现金流，未来自由现金流可预测且为正；③ 标的项目自由现金流与项目盈利显著相关；④ 投资者以成为控股人、大股东或取得控制权(高于 30%)为目的对项目进行评估。

3. 剩余收益贴现估值法

剩余收益贴现估值法(Residual Income，RI)，通过加总股权账面价值和预期未来剩余价值的现值之和得到项目的内在价值。公式为：

$$V=B+\sum_{t=1}^{\infty}\frac{\mathrm{RI}_t}{(1+r)^t}$$

$$\mathrm{RI}_t=E_t-(r\times B_{t-1})=B_{t-1}(\mathrm{ROE}_t-r)$$

其中，V 为项目的内在价值；B_t 为第 t 期股权的账面价值；t 为第 t 期；RI_t 为预期的第 t 期剩余价值；r 为必要股权收益率；E_t 为预期的第 t 期净利润；ROE_t 为预期的第 t 期股权收益率。

模型适用条件：① 标的项目无发放股利记录，或标的项目股利与项目盈利不具有显著相关性；② 标的项目在当期或者未来有负的自由现金流；③ 标的项目有清晰透明的财务报表(当期及预测)以及稳定优质的收入(以权责发生制为基础)。[①]

① 崔萌劲：《创业公司估值方法研究》，《当代经济》2014 年第 4 期。

现金流折现法(DCF)是一种较为成熟的估值方法，投资人通常选择3—5年的预测期，因为这个区间的经营状况被认为是可以预见的。[①]

（二）实物期权法

1. 高科技项目的实物期权特征

高新技术项目建立在前沿科学技术的研发、实验和商业化等阶段的基础上，具有巨大的不确定性和不稳定性，存在高投入、高风险和高收益的特征；这种项目具有分阶段投资的特点，需要分期决策，前阶段的投资效果与后阶段的投资决策紧密相关，同时这种动态序列性赋予了投资者一系列随机选择权，大部分高新技术项目的价值实际上就是选择权的价值之和。因此，科技项目具有复合实物期权的特征，可以用复合实物期权估值模型来估计科技项目的价值。

2. 高科技项目的复合实物期权估值模型

(1) 单一实物期权估值模型——Black-Scholes 模型。Black-Scholes 模型是预测潜在资产的未来价值的典范和基石，在单一实物期权估值领域得到广泛应用。Black-Scholes 模型的数学表达式为：

$$C = \mathrm{SN}(d_1) - X\mathrm{e}^{-rT}N(d_2)$$

$$d_1 = [\ln(S/X) + (r + \sigma^2/2)T]/(\sigma\sqrt{T})$$

$$d_2 = d_1 - \sigma\sqrt{T}$$

其中，C 为期权行权时项目的价值；S 为期权标的资产的当前价值，项目投资产生的净现金流贴现；X 为行权价值，即项目的投资额；T 为期权有效期，期权执行日到预期初的时间；r 为无风险利率；σ 为标的资产收益波动率。[②]

(2) 复合实物期权估值模型——Geske 模型。通过对 Black-Scholes 模型的扩展，得到 Geske 模型。它假设一个项目包括三个连续的阶段——初创阶段、开拓阶段和成长阶段(见图 4.1)。

---

① 李杰、杨波：《VC、PE 对投资项目进行估值的方法》，《产权导刊》2009 年第 9 期。

② Black F and Scholes M. The Pricing of Options and Corporate Liabilities. *The Journal of Political Economy*, Vol. 81, No. 3, 1973, pp. 637—654.

图 4.1 Geske 复合实物期权估值模型的三个阶段

在科技项目中，在 t_0 时刻对初创阶段的投资 R_0 形成了一个看涨期权，即是否在 t_1 时刻对开拓阶段进行进一步的投资；若投资者以 R_1 的执行价格执行了第一个期权，则拥有了第二个看涨期权，即是否在 t_2 时刻以 R_2 的执行价格对成长阶段进行再投资。这是一个复合实物期权，前一个期权的执行效果对后一个期权的投资决策有影响。

Geske 模型的数学表达式为：

$$C = F\mathrm{e}^{-rt_2}M(a_1,b_1;\rho) - R_2\mathrm{e}^{-rt_2}M(a_2,b_2;\rho) - R_1\mathrm{e}^{-rt_2}N(a_2)$$

$$a_1 = \left[\ln(F/F_C) + \frac{1}{2}\sigma^2 t_1\right]\Big/(\sigma\sqrt{t_1})$$

$$b_1 = \left[\ln(F/F_2) + \frac{1}{2}\sigma^2 t_2\right]\Big/(\sigma\sqrt{t_2})$$

$$a_2 = a_1 - \sigma\sqrt{t_1};\quad b_2 = b_1 - \sigma\sqrt{t_1};\quad \rho = \sqrt{\frac{t_1}{t_2}}$$

其中，C 为复合期权行权时项目的价值；F 为 t_2 时刻进行投资后产生的现金流入的现值；F_C 为第二个期权的价值，即第一个期权行权时项目的价值；R_1 为 t_1 时刻所需的投资额；R_2 为 t_2 时刻所需的投资额；t_1 为第一个期权的到期时间；t_2 为整个复合期权的到期时间；$M(a_1,b_1;\rho)$为第一个变量小于 a_1，第二个变量小于 b_1，变量间相关系数为 ρ 的标准二维正态分布累计概率函数；$M(a_2,b_2;\rho)$为第一个变量小于 a_2，第二个变量小于 b_2，变量间相关系数为 ρ 的标准二维正态分布累计概率函数；$N(a_2)$为单维正态分布的累计概率函数；r 为无风险利率；σ

为项目不确定性的波动率。[①]

在利用Black-Scholes模型计算 F_C 的基础上根据Geske模型计算整个复合期权的价值,即科技项目估值。投资者可以根据单一实物期权模型判断是否在开拓阶段继续投资,根据整个复合期权的价值决定是否在成长阶段追加投资。

在计算期权标的资产的当前价值时,可以使用经济增加值(Economic Value Added, EVA)的贴现值来代替现金流贴现,使项目估值更接近实际价值。这主要是基于以下两点的考虑:① EVA更准确地描述了企业新创造的价值,剔除了债务资本成本和权益资本成本的影响;② 科技项目本身存在盈利不稳定性、收益不确定性,现金流贴现法容易低估项目价值。[②]

案例

同方科技融资价值评估

由于上市公司的数据比较容易获得,而且更具说服力,所以以在上海证券交易所上市的同方科技股份有限公司为例,验证以上评估方法的可行性和准确性。

同方科技股份有限公司(股票代码:SH600100,以下简称同方科技)是由清华控股有限公司控股的高科技企业,经营范围涉及信息技术、能源与环境、应用核电子技术、生物医药四大产业,于1997年6月12日首次公开募股,并在上海证券交易所上市。同方科技上市后先后进行了两次融资:1999年6月24日向全体股东配股,2000年12月4日增发新股。

---

① Geske R. The Valuation of Compound Options. *Journal of Financial Economics*, Vol. 7, No. 1, 1979, pp. 63—81.

② 兆文军、徐冬冬:《基于复合实物期权的高科技企业价值评估方法》,《大连理工大学学报(社会科学版)》2007年第28期。

同方科技的发展概况如图4.2所示。

图4.2 同方科技的发展概况

同方科技价值评估思路

第一步，识别期权。识别实物期权是构造实物期权应用框架最重要的一步。假设投资者在1997年公司IPO时购买了公司的股票，就拥有了第一个期权，即在1999年公司配股时购买公司股票的权利；假设投资者长期持有公司股票，如投资者执行了第一个期权，即参加了配股，就拥有了第二个期权，即在2000年公司增发时购买股票。这里存在两个期权，且第一个期权导致了第二个期权的产生，可以看作一个复合期权，那么公司的价值就是这个复合实物期权的价值。实际上，投资者只要在公司配股之前的任意时刻($1997\leqslant t\leqslant 1999$)购买了公司的股票就拥有了参与再融资的权利。这里假设投资者在公司IPO时购买公司的股票是为了计算的方便。同时，战略投资者一般以长期持有股权为目的。

第二步，选择期权估值模型。首先，选择适合的实物期权估值模型，利用Black-Scholes模型计算第一个期权交割时公司的价值，再利用Geske模型计算复合实物期权的价值。其次，确定模型的输入变量，需要确定的主要输入变量要素有：期权标的资产的当前价值、标的资产的行权价值(项目的投资额)、期权执行日到预测初期的时间(即成长期权的有效期)、无风险利率、资产收益波动率等。

第三步，用期权估值模型进行价值评估。把输入变量要素代入所选择的期权定价模型中，计算期权的价值。利用Black-Scholes模型计算第一个期权执行时同方科技的价值，再利用Geske模型评估增发后的公司的价值。

第四步，做出决策。投资者可以根据估值的结果决定是否对公司进行追加投资。投资者可以根据 Black-Scholes 模型计算的结果决定是否参加配股，根据 Geske 模型的计算结果决定在参加配股之后是否参加增发。

计算步骤

计算 EVA

经济增加值＝税后净营业利润－资本成本

＝税后净营业利润－加权资本成本×资本总额

计算同方科技 1997—2000 年的 EVA，所用数据来自中国证券市场数据库、上海证券交易所披露的公司年报以及证券之星网站（见表 4.6）。

表 4.6 同方科技 1997—2000 年的 EVA

年度	EVA	税后净营业利润（万元）	资本成本（万元）
1997	822.35	6 734.84	5 912.49
1998	4 004.71	9 962.84	5 958.13
1999	6 409.22	21 446.69	15 037.47
2000	1 006.83	31 140.76	30 133.93

利用 Black-Scholes 模型计算第一个期权的价值

将数据代入 Black-Scholes 模型中得到 1999 年配股时公司的价值为 300 269.66 万元（见表 4.7），每股股票价值为 28.98 元，这个价格高于公司的配股价格（20 元/股），因此股东应该参加公司的配股。

表 4.7 1999 年配股时公司的价值

	Black-Scholes 模型	同方科技配股（1999）	具体数据
C	期权行权时项目的价值	1999 年配股时公司的价值	300 269.66 万元
S	期权标的资产的当前价值，项目投资产生的净现金流贴现	公司 1999 年配股，由公司的 EVA 贴现到 IPO 当年（1997）得到	185 352.83 万元
X	行权价值，即项目的投资额	公司配股融资额	47 500.00 万元
T	期权有效期，即期权执行日到预期初的时间	公司从 IPO 到配股的时间间隔	2 年
r	无风险利率	计算公司价值时采用期初无风险利率及波动率，即采用 1997 年的 3 个月银行存款利率	8.64%
σ	标的资产收益波动率	计算公司价值时采用期初无风险利率及波动率，即采用 1997 年公司股票的波动率	43.62%

利用 Geske 模型计算复合实物期权的价值

将数据代入 Geske 模型中，得到复合期权的价值为 224 674.47 万元(见表 4.8)，即 2000 年增发时公司的价值，每股股票价值为 13.90 元，这个价格远远低于公司增发定价 46 元/股，所以投资者不应该参加增发。

表 4.8　2000 年增发时公司的价值

	Geske 模型	同方科技增发(2000)	具体数据
C	复合期权行权时项目的价值	2000 年增发时公司的价值	224 674.47 万元
F	t_2 时刻进行投资后产生的现金流入的现值	2000 年增发后 EVA 的现值	454 952.62 万元
F_C	第二个期权的价值，即第一个期权行权时项目的价值	第二个期权的价值，等于配股时公司的价值	300 269.66 万元
R_1	t_1 时刻所需的投资额	1999 年公司配股的融资额	47 500.00 万元
R_2	t_2 时刻所需的投资额	2000 年公司增发股票的融资额	92 000.00 万元
t_1	第一个期权到期时间	公司从 IPO 到配股的时间间隔	2 年
t_2	整个复合期权到期时间	公司从 IPO 到增发的时间间隔	3 年
$M(a_1,b_1;\rho)$	第一个变量小于 a_1，第二个变量小于 b_1，变量间相关系数为 ρ 的标准二维正态分布累计概率函数	标准二维正态分布累计概率函数	0.84
$M(a_2,b_2;\rho)$	第一个变量小于 a_2，第二个变量小于 b_2，变量间相关系数为 ρ 的标准二维正态分布累计概率函数	标准二维正态分布累计概率函数	0.64
$N(a_2)$	单维正态分布的累计概率函数	单维正态分布的累计概率函数	43.62%
r	无风险利率	计算公司价值时采用期初无风险利率及波动率，即采用 1997 年 3 个月的银行存款利率	8.64%
σ	项目不确定性的波动率	计算公司价值时采用期初无风险利率及波动率，即采用 1997 年公司股价波动率	43.62%

结果评价

由以上的计算结果可知，1999 年配股时每股股票价值为 28.98 元，这个价格高于公司的配股价格 20 元/股，因此股东可以参加公司的配股。2000 年增发时每股股票价值为 13.90 元，这个价格远远低于公司增发定价 46 元/股，所以投资者不应该参加增发。

从 1997 年到 2003 年公司股价的趋势可以看出，公司的股价从 2001 年开始下跌，2003 年跌至 14.39 元/股，评估结果接近这个价格。可见本案例的评估方法和模型基本上能够合理地预测未来企业的价值及发展趋势，能够引导投资者做出正确的决策。

二　相对价值评估法

相对价值评估法，即市场法，又称乘数方法，该方法以已有可比上市公司或者可比近期交易为比较对象，基于其与标的项目的差异调整定价乘数，代入标的项目的各项基础财务指标（如净利润、账面净资产、销售收入、现金流等）得出项目资产现值。作为新兴市场之一，中国的商业体系和财务体系仍然不成熟，所以在科技项目估值过程中，投资人倾向于采用比较实用简便的相对价值评估法。该方法基于所采用的不同定价乘数可分为市盈率法、市净率法、市销率法、市现率法四种。后来又在市盈率法的基础上衍生出了市盈利相对盈利增长比率法。

（一）市盈率法

市盈率法（P/E），由于计算市盈率的数据获取容易，操作简便，直观地反映了投入和产出的关系，综合性强，因此是国内科技金融项目中使用最为普遍的估值方法。市盈率有两种定义，分别为历史市盈率（Trailing P/E）和预测市盈率（Forward P/E）。

$$\text{Trailing P/E} = \frac{\text{当前市值}}{\text{项目上一财年（或往前 12 个月）的净利润}}$$

$$\text{Forward P/E} = \frac{\text{当前市值}}{\text{项目当前财年（或未来 12 个月）的净利润}}$$

科技金融项目中投资人看重的是项目的发展前景，在此基础上对此项目进行估值，因此，

$$项目价值 = 未来\ 12\ 个月的净利润 \times 预测市盈率$$

预测市盈率以已有可比上市公司或者可比近期交易为比较对象，基于其与标的项目的差异进行调整得到。

市盈率法的公式为：

$$P = E \times \overline{P/E}$$

其中，P 为每股股票的价值，E 为预测的每股净利润，$\overline{P/E}$为可比上市公司或者可比近期交易市盈率(调整后)。

模型适用条件：① 标的项目每股净利润为正且相对稳定，波动存在合理性；② 标的项目每股净利润不存在被管理层操纵的现象。

案例

采用市盈率法对苏宁电器进行价值评估

这里采用相对估值法，即市盈率法对苏宁电器价值进行重新评估。市盈率是证券市场中最为常见的比率，在股票估值中得到广泛的应用，但由于一个国家或者地区股票市场的平均市盈率受到多种因素的影响(如地区经济发展能力和市场利率)，以及中国股票市场还未达到成熟，投机因素仍然存在，因此，必须结合内在价值法对企业所处行业、地位、竞争优势、利润增长点进行详细分析后再对其进行估值。

参照国际可比水平，估值标准为1990—1994年间的Best Buy公司，其间，该公司正值快速扩张期，平均市盈率为21.24倍；1995—1999年公司步入稳定发展和提高阶段，平均市盈率为22.62倍；2000—2004年海外扩张期间，该公司平均市盈率为26.98倍。因此，结合苏宁的实际经营状况，苏宁在扩张期内就具有较强的盈利能力，所以在估值过程中，给予其略高于Best Buy同期的市盈

率水平。A股零售行业股票的平均市盈率为20—40倍，所以假定苏宁电器的市盈率水平为25倍左右，故对应的2009年价格应在20元左右。

（二）市净率法

市净率法(P/B)，由于账面净资产鲜少为负值且数据易得，因此相对于净利润来说比较稳定且不易被操纵，适用性强。但由于账面净资产受到会计准则的影响，如FIFO/LIFO，因此净资产仍然可能被管理层操纵，降低了市净率的可比性。

市净率法的公式为：

$$P = B \times \overline{P/B}$$

其中，P 为每股股票的价值，B 为预测的每股账面净资产，$\overline{P/B}$为可比上市公司或者可比近期交易市净率(调整后)。

模型适用条件：适用净利为正值的企业，但对轻资产和外包型的标的项目不具有实际意义，如固定资产很少的服务型企业和高科技企业。

（三）市销率法

市销率法(P/S)，由于销售收入相对稳定且不易操纵，不会出现负值，因此适用性强。但是由于该方法无法反映标的的成本控制和成本结构，因此市销率与项目的经营和盈利状况并不一定存在显著关系。

市销率法的公式为：

$$P = S \times \overline{P/S}$$

其中，P 为每股股票的价值，S 为预测的每股销售收入，$\overline{P/S}$为可比上市公司或者可比近期交易市销率(调整后)。

模型适用条件：① 标的项目销售收入稳定；② 特别适合净利润波动大的标的项目。

（四）市现率法

市现率法(P/CF)，科技项目多处在发展初期，由于大量进行生产型投资，因此FCFE在较长的时间内都可能为负值，所以采用营运现金流(Operating

Cash Flow，CFO）。

市现率法的公式为：

$$P = \mathrm{CF} \times \overline{P/\mathrm{CF}}$$

其中，P 为每股股票的价值为 CF 为预测的每股现金流为$\overline{P/\mathrm{CF}}$为可比上市公司或者可比近期交易市现率（调整后）。

模型适用条件：标的项目营运现金流为正，且与项目营运和盈利状况显著相关。[①]

（五）市盈利相对盈利增长比率法

PEG 法是在市盈率法的基础上发展起来的，它考虑了项目的动态成长性：如果 PEG>1，则项目被高估；PEG<1，则项目被低估；如果 PEG=1，则评估价值准确反映了预期。

PEG 法的公式为：

$$\mathrm{PEG} = (P/E)/(G \times 100)$$

其中，G 为项目的年盈利增长率。

模型适用条件：① 标的项目成长性可预期；② 对标的业绩预测准确。[②]

三　高科技项目投资评估方法选择

目前普遍采用的科技金融投资项目估值方法是选取一到两种主要的价值评估方法，并以其他方法作为补充，投融资双方科学且灵活地商定企业的合理估值（见表 4.9）。

表 4.9　风险投资针对不同行业项目的估值方法进行选择

不同行业	主要估值方法	补充估值方法
高科技产业（IT、新能源、生物科技等）	P/E	PEG、P/S、DCF
传统产业（制造、房地产等）	DCF、P/E	P/B、P/S、PEG

① 崔萌劲：《创业公司估值方法研究》，《当代经济》2014 年第 4 期。

② 李杰、杨波：《VC、PE 对投资项目进行估值的方法》，《产权导刊》2009 年第 9 期。

高科技企业(如IT、生物科技、新能源等)的价值评估普遍首选市盈率法,并以市盈利相对盈利增长比率、市销率法和现金流折现法作为补充。根据投资项目所处的不同阶段和不同财务状况,评估方法的选择也不同。当项目处于早中期阶段,盈利尚未形成时,市销率法和市净率法能够很好地弥补市盈率法的不足。盈利形成后,相对而言,市盈率法、现金流折旧法和市盈利相对盈利增长比率法估值更加准确。而在中后期发展阶段,盈利基本实现,运营模式逐渐成熟,大多采用市盈率法和现金流折现法。①

当高科技企业处于初创期时,应根据企业的各类特征,将有形资产、无形资产和人力资源有机结合,综合评价,用更全面、更准确、更具前瞻性的评估方法来估算企业价值,这对于初创期的企业是否能够顺利融资意义重大。高新技术企业在初创期的价值是实物资产、无形资产和人力资源的综合体现,特别是无形资产和人力资本,对企业的进一步发展壮大起到重要的作用,对于初创期高科技企业的评估不能仅仅局限于企业财报所记录的实物资产,否则会严重低估企业的价值和发展能力。

当企业步入成长期时,自由现金流折现模型和期权估值模型更适用,因为此时,企业价值主要分为两大部分,一部分为企业已有经营活动带来的获利价值,另一部分为企业未来的带有很大不确定性的投资机会价值,即使用自由现金流折现模型评估企业现有的经营业务价值,再利用期权估值模型确定潜在获利的投资价值,两者相加,得出创业板企业的整体价值。

处于成熟期的企业可直接采用现金流折现或者市盈率法进行估值。此阶段的企业经营模式趋于成熟,市场占有率也较为稳定,企业的主要无形资产为品牌价值,这一价值隐含在收益预测上,因此,直接使用自有现金流折现模型或使用市盈率模型都较为合适。

① 李杰、杨波:《VC、PE对投资项目进行估值的方法》,《产权导刊》2009年第9期。

案例

初创期高新技术企业价值评估的实证分析
——以星海科技股份有限公司为例①

公司背景：

星海科技股份有限公司成立于2006年5月，公司由三位主要投资人出资组建，其中两位为生物医药学博士，利用其掌握的生物制药技术作为无形资产进行投资；另外一位曾任某大型生物制药公司执行董事，具有良好的管理背景。通过半年的初创期发展，公司进入正规化生产阶段，研发过程中出现资金紧张问题，需要融资。

公司2006年年底的财报显示，公司固定资产为382.01万元，自主研发技术和人力资源未入账。公司资产总额为500万元，借入资金为300万元，公司当时正在进行专利技术研发，资金需求量较大，且技术和市场接受度都存在风险，因此，投资分两个阶段进行。第一阶段为小范围试点，时间为一年，投资预计为1 770万元；如果未发生技术问题（成功率约为60%），则期望收益约为2 400万元。如果技术研发出现问题（概率约为40%），则收益折算为900万元。如果技术被检验通过，两年后公司打算加大投资，投资约为10 620万元，通过可行性分析，发现市场接受度为60%：若被市场接受，第三年收益预估为16 500万元；否则收益为6 000万元。同时，技术的有效期约为十年，该专利产品价值变化率加大，现行业年平均标准差为6%左右。

估值分析：

公司目前净现值为200万元，而融资缺口约为2 500万元，很难获得投资者的信任。以2006年10年期的国债利率6%为基本折现率，对公司价值评估分

① 颜莉、黄卫来：《初创期高新技术企业价值评估研究》，《研究与发展管理》2007年第19期。

为三个步骤：

(1) 公司固定资产价值。公司在创立初期，基本不存在减值，因此固定资产价值与账面资产价值基本一致，为 382.01 万元。

(2) 专利技术价值采用 Geske 的复合期权模型进行测算。在本案例中，只有技术可行、项目获利，才能全面展开后续研究。因此，前期投入 1 770 万元可被认为是期权价格，当技术和市场反应都良好时，期权被执行。

(3) 这一期权被认为是复合期权，执行时间 $T_2=2$ 年，执行价格 $I_2=-10\,620$ 万元：

$$I_1=-270\text{ 万元},\quad \tau_1=1,\quad \tau_2=2,\quad r=0.06,\quad \sigma_v=0.35$$

由已有信息可以得出，$T_1=1$，但是由于技术发展和市场竞争的影响，建议第二期权的执行放在两年之后，可以得出：

$$h=0.864,\quad k=-0.813,\quad \rho=0.65$$

由以上信息，可以得出期权价格：

$$C=7\,118.1\times 0.3703-10\,620\times e^{-0.06\times 2}\times 0.2049-270\times e^{-0.06\times 1}\times 0.8061$$
$$=500.04(\text{元})$$

计算核心人员的人力资本。采用 AHP 层次分析方法得到人力资本各因素权重(见表 4.10)，由此得到企业核心人员能力指标权重，从而确定评估因素集合。随后，通过 10 位人力资本专家对该企业核心技术人员的各项指标进行评级判断(见表 4.11)，得到评定结果，则 $E=X\times R=(0.323\quad 0.265\quad 0.278\quad 0.100\quad 0.876)$。同时，让 10 位专家为企业打分，其中 5 位认为企业非常好，2 位认为较好，2 位认为一般，1 位认为较差，得出 $B=(0.5,0.2,0.2,0.1,0)$。最后，确定企业家人力资本调整系数，即企业家的综合素质评价值：

$$V=\frac{\sum_{j=1}^{5}E_J B_j}{\sum_{j=1}^{5}E_J}=0.276/1.033=0.267$$

表 4.10　星海公司总因素权重集合

评估指标		研发能力 A	经营能力 B	公司发展能力 C	总排序
科研能力	A1	0.524			0.064976
专业从业经历	A2	0.234			0.029016
创新能力	A3	0.242			0.030008
决策能力	B1		0.315		0.137025
市场开拓能力	B2		0.264		0.11484
风险回避能力	B3		0.421		0.183135
销售毛利率	C1			0.462	0.203742
销售增长率	C2			0.234	0.103194
净资产收益率	C3			0.304	0.134064
综合权重		0.124	0.435	0.441	

表 4.11　对各指标进行评级判断

指标	非常好	较好	一般	较差	非常差
科研能力 A1	5	3	2	0	0
专业从业经历 A2	6	2	1	3	0
创新能力 A3	3	4	1	1	1
决策能力 B1	4	2	1	1	4
市场开拓能力 B2	0	2	3	4	4
风险回避能力 B3	2	3	3	1	1
销售毛利率 C1	2	3	5	0	0
销售增长率 C2	5	2	2	1	0
净资产收益率 C3	6	3	1	0	0

已知社会平均贡献率为 40%，带入得到企业员工核心创造价值：

$$P = v \times \beta \times S = 0.267 \times 0.4 \times 5\,000 = 534(\text{万元})$$

核心员工工资为 40 万元/半年，折算到企业价值评估日为 C=430.42 万元，得出企业核心人力资源价值为 430.42+534=964.42(万元)。

由此可以得到星海企业的总价值为：

$$V = \text{AV} + \text{TV} + \text{HV} = 382.01 + 500.04 + 964.42 = 1\,846.47(\text{万元})$$

第五节　天使投资及风险投资案例分析

一　伯乐遇马风险投资案例分析[①]

风险投资/私募股权市场等传统基金已经比较成熟，导致了盈利空间的压缩。国内天使投资大规模兴起于2010年，伯乐遇马天使投资有限公司在这一股风潮中兴起，自2010年起开始专注于早期的项目投资。伯乐遇马天使投资有限公司（以下简称伯乐遇马）起源于中意合资杰艾人力资源有限公司，总部位于宁波，目前专注于现代服务业，投资重点是人力资源服务的上下游产业。

公司关注现代服务业的主要原因是现代服务业相对于技术性强的研究领域，资金回流快，分红快，作为轻资产，资金退出较为便利。从本质上来说，伯乐遇马是一家平台式的天使投资机构，致力于建立以互联网为工具的OTO（Online to Offline）业务，是一种商业模式的创新。线上与线下相结合，线下引流线上。通过天使基金领投、众筹平台跟投达到筹资目的。甚至可以通过众筹筹集领头基金。投资额度小于1 000万元，一般在100万元、500万元左右。

伯乐遇马的投资业务主要包括天使投资、伯乐合投和投后服务三大板块。天使投资是一大主要板块，公司于2009年开始筹备天使基金，2012年基金正式成立，首批启动资金为公司自有资本5 000万元，直投现代服务业。目前，伯乐遇马每年能收到1 000多个项目，公司共进行两轮筛选，每次筛选过后，仅10%的候选项目能够通过，最后实地调查项目仅为候选项目总数的2%—3%。公司迄今共投资22个位于宁波的项目，已有项目开始盈利，包括新图海创（海外游学项目）和合众值得（保险平台，车辆售后服务）。以2013年的人力资源产业链创业案例为例，伯乐遇马投入30余万元，占30%的股份。项目运行半年之后，于2014年通过利润分红实现资金回流。目前已经有7家收回投资。对于获利

① 根据笔者2014年12月17日于伯乐遇马天使投资有限公司的调研报告整理。

方式，如果公司为原始股，伯乐遇马则与投资人进行50%∶50%的投资，作为联合创始人；如果是溢价股，伯乐遇马则领投10%—20%，其余通过互联网众筹平台和每月的路演组成有限合伙公司，即所谓的动态小基金。

伯乐开图和伯乐沃元是其两大传统基金，其中，伯乐开图募资1亿元，已获得投资5000万元，目前发展得较为成熟；伯乐沃元注册资本3000万元，仍在发展之中。伯乐合投属于互联网众筹平台，由于涉及非法集资、非特定人群不得宣传等法律问题，2014年才开始运营。在22个位于宁波的项目中，9个已经上线，3个已经融资完成。流程为创业者提交商业计划书，伯乐遇马每月筹备路演，为投资人和创业者的资本人才对接提供有效渠道。伯乐遇马作为领投人，能够获得额外的股份，如10%+5%。作为领投人，伯乐遇马须统筹跟投人的意见，作为代表监管创业企业。作为一家依托于人力资源公司发展而来的投资公司，投后服务是伯乐遇马的特色服务，主要包括四个方面：战略层（战略模式、盈利模式、经营模式），为创业企业提供建议和资源；人力（提供人力资源管理架构、人员招聘、人员培训、法律培训等，服务对象包括员工内部和企业家）；财务（提供财务管理服务）；综合模块（开办初期的手续、项目申报等）。其理念是初创企业只需拎包入住，即带着自己的核心业务开展经营。目的是帮助初创企业入轨，以期成功后分红。同时，伯乐遇马作为专业投资机构对创业企业进行监督，定期发送财务报表数据，使投资者更放心，更容易吸引资金。此外，通过事业合伙人计划促进投资者、创业者之间的交流，为他们提供资源和意见，他们之间的业务交叉可以促成其相互之间的合作和学习、分享和提升。

初创企业对人才的需求非常强烈。伯乐遇马的创业理念就是要将人才与资本有机结合起来。为企业提供下列服务：① 组织架构、绩效提升、人才引进；② 会计审计（收购浙江天元会计师事务所宁波分公司）、税务筹划（收购税务咨询公司）、IT技术服务（广告策划公司）。由于伯乐遇马依托于杰艾平台，提供了优质的服务和资源，起到了孵化乃至加速企业发展的作用，因此创业者愿意平价或者微溢价出让股权。

与国外众筹平台Kickstarter、Angelist和国内天使汇、大家投等线上交易平台相比，伯乐遇马不仅是一家平台型企业，更是关注线下，做天使投资的OTO募资平台。它在各地设立分公司，提供扁平化服务，由宁波总部进行统筹。目前，宁波市的20多个项目的营业额在100万—800万元不等。相对于国外众筹关注艺术等独到的创意，国内投资则更加注重盈利。伯乐遇马没有地域歧视，关注实际项目。国内投资项目的特点与领导者的思维方式有很大的关系，伯乐遇马比较看重创业者的人品和诚信状况。由于天使投资在项目的早期阶段，因此背景调查非常重要，伯乐遇马依托杰艾人力资源有限公司在中国的强大实力，对于企业背景的调查很有经验，主要了解的内容包括：① 创始人（诚信状况、有无不良作风、素质等）；② 商业模式；③ 团队。

伯乐遇马自2014年下半年起开始进行模式调整，通过逐步完善，形成了正式的运营模式和商业模式。目前，伯乐遇马在台州、温州、绍兴、杭州、北京、上海、深圳等地拓展业务，形成连锁发展的风险控制，面向"创二代"，帮助企业实现转型。与当地企业开展合作，利用当地企业家的资源和人脉设立分公司，同时带动互联网众筹平台的扩张，实现线上与线下共同发展。其口号是"扶持初创企业，共营伟大事业"，目标是成为中国最大的天使投资公司（评价标准是基金的大小和成功案例的多少）。

二　美国经典案例分析：Facebook的风险投资之旅①

创建于2004年2月的Facebook，最初是靠Paypal联合创始人彼特·泰尔资助的50万美元创办的。随着公司的发展，起先的投资远远不能支撑Facebook的快速前进，融资也就成为不得不考虑的事情。可是几年前，对于当时只有20岁的创始人马克·扎克伯格（Mark Zuckerberg）而言，由于Facebook羽翼未丰且仍处于创业阶段，在如何选择风险投资并获得资金方面，其所面临的压力不言而喻。

2005年2月，4家大型科技公司、12家风险投资公司和《华盛顿邮报》都曾

① http://vcpe.baike.com/article-108622.html，2016年6月14日。

向 Facebook 抛出橄榄枝。随后，维亚康姆首席执行官迈克尔·沃尔夫也与扎克伯格举行了会谈。不过扎克伯格拒绝了上述所有公司的邀约，最终选择了位于帕洛阿尔托的阿克塞尔合伙风险投资公司（Accel Partners）。而这家公司最初的千万美元的风险投资，也获得了百亿美元的回报。

Facebook 的招股说明书显示，除了公司管理层和员工外，有 6 家机构和个人投资者的持股比例超过 5%。排名第一的是 Accel Partners（阿克塞尔合伙公司），共持有 2.01 亿 B 类普通股，持股比例达到 11.4%。Accel Partners 是一家风险投资公司，成立于 1983 年。从 2002 年开始，该风险投资公司曾陷入困境。[①]互联网泡沫最严重的时期，该公司 Accel Partners VIII 基金的规模达到 16 亿美元，但随后的失败意味着 Accel 的资金已经超出它能合理投资的范围。这是风险投资公司当时普遍面临的问题，很多公司都向投资者表示，它们不会调用承诺资本的 40%或 50%。Accel 希望保存已经受托的 16 亿美元，将这些资金分散到 Fund VIII 以及全新的 Fund IX 这两只基金中。如此一来，Accel 将能够锁定其 30%的附带收益结构，并显著延长其投资跑道。不过，Accel 的投资者们认为自己上当受骗了。他们拒绝了这项提议，最终，Accel 不得不将基金规模削减至大约 7.7 亿美元（通过两次削减）。随后的两年，Accel 一蹶不振，不断亏损。在目睹 Accel 的悲惨境地及其少得可怜的回报后，许多有限合伙人决定与其分道扬镳。哈佛大学、麻省理工学院和普林斯顿大学决定不再向 Accel Partners IX 投资，后者最终仅仅筹集到 4.4 亿美元。事实证明，这些学校所犯的错误堪称代价惨重。因为 Accel Partners IX 目前持有大约 1.495 亿股 Facebook 的股票。它对 Facebook 的投资始于 2005 年，投资金额仅为 1 220 万美元。7 年之后，这 1 000 多万美元投资增长到 100 亿美元。美国风险投资协会称，Accel Partners 投资 Facebook 将获得的潜在回报相当于红杉资本和 Kleiner Perkins 2004 年投资谷歌所获回报总额的 2 倍。[②]

---

① http://www.fortunechina.com/column/c/2012-05/15/content_99501.htm，2016 年 1 月 28 日。

② http://tech.sina.com.cn/i/2012-05-12/00467096725.shtml，2015 年 9 月 5 日。

Facebook最初的理想融资对象是《华盛顿邮报》，许多风险投资公司虽然一直在接触Facebook，但扎克伯格并不想接受风险投资的注资。因为他不想按照一整套硅谷公司的模式来操作：接受风险投资的注资，试着使公司上市，或是飞快地把公司卖掉，按照加速的时间标准引入专业管理模式。《华盛顿邮报》与这些科技公司完全不同。《华盛顿邮报》长期专注于新闻业，而且对“华盛顿邮报”这个品牌及其拥有的公信力极为专注。就在此时，扎克伯格开始认真考虑进行新一轮融资，并且期望《华盛顿邮报》能够注资，与“华尔街之父”本杰明·格雷厄姆成为合作伙伴。但是，就在Facebook正式打算寻求融资的风声传出时，硅谷中很多风险投资公司的胃口马上被吊了起来。打听消息的人铺天盖地地涌来，Facebook的电话响个不停。不过到2005年3月底，Facebook与《华盛顿邮报》的商谈仍在继续进行，并没有受到太多其他投资公司诱惑的干扰，只是维亚康姆公司突如其来地加入投资者竞选的行列，并表示有兴趣以大约7 500万美元买下整个公司，希望把Facebook与全球音乐电视网合并。这让人觉得出乎意料。不过这一序曲证明Facebook所吸引到的“狂蜂浪蝶”实在太多。如果扎克伯格接受了那个竞价，就相当于一年挣了3 500万美元。但他不为所动，不愿意卖掉Facebook。

不管怎么说，这样一个竞价掀起的波澜过了好一阵才平息。不过此时，Facebook的创始人兼总裁肖因·帕克却故意使《华盛顿邮报》方面了解到维亚康姆的竞价。在几轮讨价还价过后，2005年3月底，这家报业公司寄给了Facebook一张条款说明书，上面的交易条件十分优厚。它将注资600万美元以换取公司10%的股份，这样一来，Facebook的市值将达到6 000万美元。以风险投资的行话来说：就是“事前5 400万美元”——意思是，注资前，其价值为5 400万美元。帕克很是兴奋，这比他期望中的更好。但帕克和扎克伯格并不着急。无论如何，他们都认为还是有必要与《华盛顿邮报》再次讨价还价。《华盛顿邮报》的谈判代表们想在董事会中占有一席，但扎克伯格和帕克却只愿意把这个席位留给格雷厄姆，其他人则免谈。不过格雷厄姆觉得自己当时正全心全意投入报社事务中，可能顾及不到Facebook的事务，反而会影响公司的发展。于是扎克伯格在电话中与他把事情讨论清楚，并几乎达成了一项协议，这其中并不包括董事会的席位。但就在扎克伯格和帕克准备坐飞机去华盛顿签署协议前几天，《华盛顿邮报》一个高层谈判代表的父亲去世了，这件事就被搁置了。

而这恰恰给了 Accel 最好的机会。在此前的 10 年里，尽管它曾经做过大量极为成功的投资，但最近并没有什么大的建树。20 世纪 90 年代，随着 Accel 对电子通信和软件方面一些企业的大规模投资（例如 Uunet、Macromedia、RealNetworks 和 Veritas 等），公司获利颇丰，名号也渐渐打响。此时，互联网行业机遇再现，但与硅谷中几乎所有其他主要风险投资公司一样，Accel 还没有在一个重要的消费者网络上赚到大钱。要想在短时间内取得丰厚收益的机会十分渺茫，而赚取巨额回报的预期看起来也不太可能。在 Accel 的合伙人中，正抽资准备退出的包括公司最有名望的投资方——哈佛大学捐赠基金。Accel 最知名的合伙人吉姆·布莱耶十分担心这个显赫一时的公司的前景，因此他和他的职员们都在寻求有革命性意义的投资项目，从而复兴 Accel 的名望和公信力。凯文·埃法西是 Accel 的一名资深合伙人，布莱耶委托他办的事，是出去找新创立的、拥有极大发展潜力的公司。那段时间，埃法西对社交网络领域很感兴趣，并和公司的同事讨论过这一领域的公司，而在 2004 年 12 月，一个实习员工也向埃法西介绍过 Facebook。

社交网络的名声一度不佳。众所周知，这一类网站通常都含有色情内容，会员们粗野且无秩序。但当埃法西登录 Facebook 时，这个网站给他留下了深刻印象。他解释说："从本质上看，Facebook 不是娱乐网站，其背景十分清晰，就在你的大学里，方便实用。并且大学生对营销者来说是一个宝贵的群落。人们一生中关键性的购买习惯都是在这个阶段成形的：第一张信用卡、第一个银行账户，甚至第一辆车。但你在读大学时，营销方没有办法接触到你，而 Facebook 似乎拥有一个可以接触到学生的方式。"

因此，埃法西继续仔细了解了 Facebook 惊人的发展速度。当他听说 Facebook 正在筹集资金时，就非要与 Facebook 的经营者们会面不可。起初曾尝试用各种方法联系 Facebook 的相关人员，但都未能如愿。不只是由于当时硅谷中有谣传称 Accel 已经失去了好运气，更是因为那段时间，扎克伯格的注意力都集中在了潜在的投资方《华盛顿邮报》上。

不过埃法西不是个轻易放弃的人。2005 年 4 月 1 日，埃法西最终决定自己主动去 Facebook 的办公室。埃法西要采取什么办法来使 Facebook 接受 Accel 的注资呢？他决定迅速向 Facebook 递交一份交易计划书。埃法西草拟了交易计划书的条款，对 Facebook 的投资估价与《华盛顿邮报》做出的一样，但注资稍多。他当晚就把计划书发给了 Facebook。出这样的高价有一定的风险，但他想用价格打动 Facebook。那天深夜，帕克回了一封电子邮件给他，感谢他的厚爱，并表示将按原计划与《华盛顿邮报》合作。实际上，Accel 对 Facebook 如此感兴趣，使帕克感到兴奋，这使得他可以试探其他仍在竞争队伍中的风险投资公司，顺利的话，也许 Facebook 根本不用和《华盛顿邮报》进行交易。第二天早晨，他与德丰杰公司（世界知名风险投资公司）的蒂姆·德瑞普商谈，蒂姆表示愿意出与 Accel 一样的条件。帕克在开完会几分钟后就把这个情况告诉了埃法西。埃法西暗示说他也许能够出更高的价格，并随口说了几个数目。最终，交易计划书的条款说明上显示的是投资前 8 700 万美元的估价，投资额为 1 270 万美元，这将使得 Facebook 注资后的市值达到 1 亿美元。帕克不得不有些惊讶地表示这值得考虑。至此，Accel 基本上为 Facebook 同样的股份提出了两倍于《华盛顿邮报》的报价。

但要做出决定仍不轻松。原因之一是，虽然未签署任何文件，但扎克伯格曾经在较低的价格上与格雷厄姆达成了一个买卖协议，再加上格雷厄姆对公司绝对信赖，他容许扎克伯格和帕克放手去做很多事情；相反，如果 Accel 注资进来，该公司将会插手很多事务，这意味着 Facebook 会少一些自由度，但它的加盟也可能会带来硅谷的人才和关系网。不过，帕克并不认为一定要与《华盛顿邮报》这个非风险投资的投资方进行交易，而他们之中最有经验的马特·科勒也强烈建议应该尽量筹集资金。天平由此向 Accel 倾斜。同时，蒂姆·德瑞普和其他风险投资公司都不愿跟风 Accel 报出的天价。所以当时的形势就是在《华盛顿邮报》和 Accel 中二选一。

因此，在慎重地考虑与沟通之后，扎克伯格选择了 Accel，因为这笔钱可以预防 Facebook 出现赤字或被迫向外借款。不过，他希望进入 Facebook 董事会的人是布莱耶，而非埃法西，因为他并不是资深合伙人，也缺乏经验，从来没有当过董事。此外，帕克进一步巩固了公司结构，保证扎克伯格控制两个董事会席位，而他占据另一个。这意味着就算布莱耶和泰尔都加入了董事会，扎克伯格和他两人仍将控制五个董事会席位中的三席，占表决的多数席位。这一套复杂的安排，把他们的股票所有权和董事会席位联系起来，扎克伯格就不太可能失去对公司的控制。布莱耶决定接受这些条件，但要求作为交易的一部分，他拿自有资金再向 Facebook 投资 100 万美元。对于投资之前 Facebook 8 700 万美元的估价，布莱耶毫不掩饰地表示："我当时知道这竞价太高，但有时，达成一个交易需要付出这种代价。"最终，Facebook 拥有了大量资金，并可以建造出一些实质性的东西。不久之后，服务器搭建串联完成，真正的成长由此逐渐起步。

第六节　中国风险投资发展现状及建议

中国创业风险投资行业正处于稳步发展阶段，与西方国家成熟的经营模式相比，还存在一定的差距，但不可否认的是，创业风险投资在中国资本结构中已经占据了非常重要的地位。作为一种新型的创新创业投融资机制，创业风险投资的功能并不仅仅是为创新企业提供资金，它还在项目孵化、成果转化、市场开拓、企业管理等方面发挥着至关重要的作用。2012 年以来，受国内和国际宏观经济环境的影响，资本市场略显低迷，行业的快速扩张带来的隐患逐步凸显，行业发展开始减缓，投资阶段开始前移。中国风险投资行业进入了理性发展的扩张期，风险投资在资金募集、资本退出等方面都出现了不同幅度的增长。

一 中国风险投资的发展现状

(一) 资本来源结构以非上市公司为主，机构数量和资本总量增长速度放缓

中国创业风险投资资本分为外资和内资两大类，其中外资包括境内和境外两个部分。境内外资是指通过已在中国内地注册并运作的外商独资(含港、澳、台)和合资合作企业取得的创业风险投资资本，境外资金是指境外机构获得的创业风险投资资本。内资部分包括：政府资金、国有独资公司资金、非上市公司资金、上市公司资金、金融机构资金及自然人和其他出资。2015 年，中国风险投资的资本来源结构仍以非上市公司为主体，政府与国有独资投资机构合计占比有所下降。截至 2015 年年底，中国创业风险投资基金个数达到 1 550 家，增幅达 33.8%，其中，当年新成立基金 383 家(见表 4.12、图 4.3)。

表 4.12 中国创业风险投资基金总量、增量(2006—2015)

年份	2006	2007	2008	2009	2010	2011	2012	2013	2014	2015
风险投资基金	312	331	410	495	720	860	942	1 095	1 167	1 550
管理资本总额(亿万元)	664	1 113	1 456	1 605	2 407	3 198	3 313	3 574	5 232	6 524
新增资本(亿万元)	32	449	343	149	802	791	115	261	1 658	1 292

资料来源：《中国风险投资发展报告 2015》、私募通数据库。

(二) 投资阶段前移，高新技术产业受青睐

2011 年以前，风险资本投资的发展伴随着大量的短期逐利效应。2012 年开始，中国创业风险投资产业经历了行业洗牌，投资行为逐步向理性回归，投资重心不断前移，对初创期项目的投资金额和投资项目不断增加。截至 2015 年年初，初创期(种子期、起步期)项目占比升至 57.3%，占比远高于 2011 年的 39.4%。

2014 年，中国创业风险投资主要投资行业集中在高新技术产业，如 IT 软件类、网络产业、通信设备和新材料工业等。结合历年的投资数据来看，现阶段的

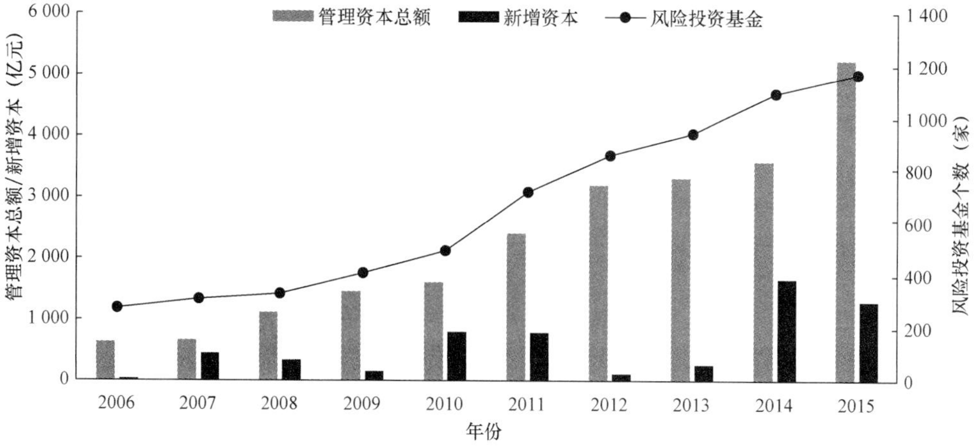

图 4.3 中国创业风险投资企业(基金)总量、增量(2006—2015)

资料来源:《中国风险投资发展报告 2015》、私募通数据库。

投资重点已由过去的传统制造业、挖掘采集业逐步向高新技术产业,如 IT 互联网、生物科技、新能源、新材料等发展。2014 年,网络服务、IT 等信息服务业的投资数量占比居首位,约为 25%;其次是通信和其他电子制造业,占比约为 15%;再次是新能源和环保业,占比约为 13%。按投资金融划分,通信和其他电子制造业占比最高,约为 21%。由于投资热点的轮动效应,金融行业和娱乐业等投资波动较大。

(三)地区集聚效应明显

从整体情况来看,中国的创业风险机构一般分布在经济较为发达的东部地区,如广东、上海、北京等,截至 2014 年年底,这些地区的投资机构数量占全国总量的 57.5%。从历史统计数据来看,风险投资的集聚效应非常明显,以江苏、浙江为例,这两个地区的风险投资数量占比从 2002 年的 18.2%提高到 2014 年的 48.4%。

从资本结构来看,中西部地区的风险投资来源主要以国有资本为主,河北、山西、内蒙古、甘肃、黑龙江等地区的创业风险投资中政府和国有独资的资金占比始终超过 50%。而经济较发达地区,如北京、江苏、浙江等地,由于市场化程度较高,资金的募集一般通过企业完成。

二 推动中国风险投资发展的建议

中国应借鉴国外发展经验，拓宽风险资本的有效来源，发挥国有资本的引导作用，完善税收优惠鼓励政策，强化风险投资的人才培养机制，同时为风险投资的退出提供保障。在微观层面，积极促进风险投资的高效率运作；在宏观层面，努力实现风险投资的有效需求和供给。

1. 拓宽风险投资资金的来源渠道

一般来说，发展风险资本的动力可分为政府启动型和民间发动型，而民间发动是根本方向。中国的风险投资能否真正发展壮大，取决于中国风险投资的民间发动机制是否形成；也就是说，中国只有大力推动民营资本参与风险投资，使其成为风险投资的主体，才能促使中国风险投资事业的蓬勃发展。积极引导民营资本进入创业风险投资机构需要推动有限合伙形式的创业风险投资机构，引导和规范创业风险投资机构采取众筹模式募集资金，支持和鼓励创业风险投资机构及其股东或合伙人发行债券，进一步扩大资本来源。除此之外，还应不断培育投资人队伍，在中小企业发展专项资金中增设天使引导基金。

2. 充分发挥国有创业投资机构和引导基金的导向与激励作用

按照公共财政原则，制定有针对性的国有创业投资机构和政府性创业投资引导基金绩效考核办法，确保国有创业投资和引导基金所引导的创业投资机构主要投向科技型、创新型企业的早期阶段（如新能源、环保、生物技术、互联网信息技术、医疗设备等高新技术产业），逐步推进国有创业投资混合所有制改革，建立经营者的激励约束机制。[①]

3. 完善相关税收优惠鼓励政策

目前遵循的创业风险投资企业的税收标准是依据 2007 年发布的《关于促进创业投资企业发展有关税收政策的通知》制定的，创业风险投资税收优惠主

---

① 促进科技和金融结合试点工作部际协调指导小组秘书处：《中国科技金融发展报告 2012》，经济管理出版社 2013 年版。

要是按投资额的70%抵扣应纳税所得额，同时要求投资期限超过两年且必须投资于中小高新技术企业。虽然其优惠力度基本与国际同类政策持平，但基于高新技术产业对税收的敏感性，重税负会挫伤风险投资者从事高新技术的热情；同时，该政策没有针对个人投资者的优惠条款，个人投资者仍需按20%的税率缴纳投资所得税。如果被投企业应纳所得税仍在抵扣中，个人投资者却还需要承担一定的税负，就可能会打击个人投资者的积极性。因此，可以借鉴发达国家的经验，如美国州政府给予天使投资税收优惠的做法：允许天使投资机构和个人向符合条件的早期项目投资抵免其应纳税所得额；同时，加强对天使投资机构和个人的备案登记及动态管理，加强服务跟踪。①

4. 加快风险投资专业管理人才的吸收和培养

风险投资作为一个特殊的投资领域，不仅需要有高强度的投资，更需要高水平的管理，它对人才的素质要求很高。现阶段的风险投资人才主要有五种来源：原来的金融从业人员、从事风险投资研究的学者、政府委派人士、职业经理人以及“海归”人士，大部分是某一领域的专家，他们不乏复杂的金融技巧、敏锐的理性思维、完善的协调网络、丰富的策划经验或者全面的管理技能，但从整体上来说缺乏成功的“大赛经验”与久经沙场的胆识，缺乏独对风险、逆流而上的缜密、勇武与自信。总之，中国的风险投资家们大都偏向某一特殊领域，既懂技术又懂管理、既懂市场又懂金融的复合型风险投资管理人才十分缺乏。因此，中国现阶段最重要的是培养和引进一大批高素质的风险投资家，他们必须具备驾驭风险的能力，善于测评风险、管理风险，按市场规律把金融家、投资家、企业家、技术发明家结合在一起。

5. 强化风险资金退出机制建设

风险投资过程就是风险资金流动与增值的过程，流动与增值也是风险资金的生命力所在。② 退出阶段在整个风险投资的运行中至关重要，有效合理的退

---

① 吴翌琳、谷彬：《科技金融服务体系的协同发展模式研究——中关村科技金融改革发展的经验与启示》，《中国科技论坛》2013年第8期。

② 王允平、张蓓：《谈谈风险投资退出机制的选择》，《财会通讯》2000年第11期。

出机制能够为风险资本提供持续的流动性，促进风险资本的有效循环。因此，建立完善的资金市场和股权转让市场，完善通畅的风险投资退出机制，对风险投资公司收回投资、实现资金增值具有重要意义。风险投资最主要的退出渠道有两种：一是争取股票上市，二是被企业收购和兼并。中国当前风险投资退出的主要方式仍是并购和回购，而不是更为有效的资本市场公开发行上市。

结合中国目前风险投资的具体实践，政府可以从以下方面进行考虑：① 大力发展风险企业产权交易市场。在区域性产权交易市场基础上，建立全国技术产权交易机构联盟，同时开展线上和线下综合服务，促进技术产权资本化；在清理整顿的基础上，将区域性股权市场纳入多层次资本市场体系，推进以科技成果交易、中小微企业股权流转为核心的场外市场建设；建立场外市场与创业风险投资机构的良性互动机制，为创业风险投资提供多元化的退出渠道。② 规范并购市场，完善第三方产权评级机构和地方性产权交易市场，鼓励风险投资企业通过转让股份退出市场。③ 建立有效的风险投资企业清算破产程序。中国目前还有很大一部分风险投资资金带有政府投资的性质，很多新兴企业内部产权关系不明确，产权问题、债务问题等制约了企业的清算行为，建议政府在现有规定的基础上，完善风险投资企业清算条件。④ 积极利用海外创业板市场。国内主板市场对上市企业的规模与盈利要求较高，但如果以海外创业板市场为纽带，实现国际资本与国内优质企业资源的嫁接，则不仅能够有效解决企业的融资问题，而且国外创业板市场给国内风险企业带来的经营理念、治理机制、管理模式和国际声誉等方面的收益必将远远高于其融资收益。①

① 辜胜阻、曾庆福：《我国风险投资制约因素及其战略对策》，《中国软科学》2003年第11期。

第五章　科技信贷：久旱逢甘露，雪中急送炭

科技型企业，特别是科技型中小企业，在创造就业、促进经济增长方面发挥着越来越重要的作用。中国的崛起离不开科技创新企业的发展，但科技型中小企业的经营发展却面临越来越多的困难，融资问题非常突出。银行通常是大中型企业进行间接融资的主要途径，但随着金融环境的多样化和复杂化，银行正不断探索，积极参与化解科技型中小企业融资难的问题。为促进科技型中小企业的发展，银行积极开发针对科技型中小企业的金融产品，结合科技型中小企业还贷能力不足、信息不对称、担保机构不够、贷款成本高等特性，专门成立了科技支行或中小企业信贷部、科技企业信贷部，从业务管理、机构设计、审批流程开始与一般贷款业务区分开来，并设立独立的科技企业客户认定标准、评审系统，从专业上树立科技信贷品牌。近年来，中国也开始了科技银行的探索，由于监管体制的限制，目前科技银行主要以科技支行或分行的形式出现，首批的两家科技支行于 2009 年在成都设立。

科技支行在缓解当地科技型企业融资难的问题上发挥了积极的作用。以汉口银行为例，2009 年 9 月，汉口银行凭借自身独立法人的灵活优势，发挥其为联想控股战略股东的优势，在行业同质化竞争的背景下差异化发展金融服务，重视创新实践，开始探索商业银行的转型，成立了汉口银行光谷支行。2010 年 12 月，组建成立全国第一家科技金融服务中心，通过搭建“1＋N”的服务架构，以科技金融服务中心为前台机构，银行、政府、风险投资、担保、保险、中介服务

为支持合作机构，共同组成科技金融服务中心的服务架构。2012 年，汉口银行成立了以总行党委成员为主要委员的科技金融创新委员会，并同时成立总行一级部室——科技金融创新部，相继设立重庆、宜昌、襄阳、黄石等分中心。此时，该行的组织架构已由单一化转向体系化，协同效应渐现。在运行过程中，银行积极与多方合作。借助省市科技部门、知识产权部门的政策支持与专业指导，创新性地探索科技信贷产品、业务模式以及风险控制手段。通过与中央财经大学合作设立创新研究基地，建成“产学研资政”一体制，提高金融理论成果的转化效率。强化与风险投资私募股权投资机构合作，创新性地开展投贷联动合作，借助风险投资的专业优势，提供企业股权、债权相结合的融资方式，引资、引智相配套的综合性服务。该行深入挖掘科技型中小企业的潜在需求，根据企业所处的不同生命周期，细化业务，分别建立了“初创期”“成长期”“成熟期”项目库，提供差异化服务。“投融通”就是一个典型产品，为不同成长阶段的企业提供基础性和嵌入式融资，包含各种融资方式（专利权抵押贷款、信用贷款、科技担保贷款、固定资产抵押贷款、债务工具贷款、“三板通”等）以解决企业融资难的问题。

科技支行在一定程度上缓解了科技型中小企业融资难的问题，但由于科技管理体制、商业模式、政府支持力度、当地金融生态环境的不同，各家支行在实际开展科技贷款业务方面也存在很大差异。本章首先介绍了国内外科技信贷的模式，随后介绍了科技信贷在国内的发展情况，然后比较了国内外科技银行的特征，最后结合具体案例，为科技银行科技信贷的发展提供了一些建议。

第一节 科技信贷的创新发展

科技信贷主要是针对科技型企业，是高新技术企业重要的债务融资工具。科技型中小企业日益成为提高一国整体经济实力和推动技术创新的主要力量，但是由于科技型中小企业的高风险性和不确定性以及“轻资产”的特点，其很难获得传统融资体系下运行的商业银行提供的融资。因此，科技信贷以及专门为科技型中小企业服务的专业性和职能性的科技银行应运而生，弥补了现有商业银行贷款体系的缺陷，对有效解决科技型中小企业的科技贷款问题具有十分重要的意义，缓解了科技型中小企业的融资困难问题，促进了科技型中小企业的发展。科技信贷的基本定义有广义和狭义之分。[①] 狭义的科技信贷是指高新技术企业获得的贷款；广义的科技信贷除了包括高新技术企业获得的贷款外，还包括科研院所、科技中介机构等事业单位获得的贷款，以及非高新技术企业获得的用于技术改造、设备更新的专项贷款。本章仅对狭义的科技贷款，即高新技术企业科技贷款进行讨论。

一　国外科技信贷的发展模式

在具体实践方面，由于各个国家的科技和金融发展的成熟度不同，对科技金融的认识和实践自然不同。美国的创新历史悠久，是世界上第一个鼓励技术型经济发展模式的国家，创新是美国强国立国的基本法则，其他发达国家和部分新兴市场国家在支持科技信贷方面的做法中也有许多我国可以借鉴的成功经验。

（一）美国科技信贷的经验

1. 美国知识产权质押融资模式

1953 年，美国颁布了《小企业法》[②]，确定了小企业的法律地位和国家对小企业的基本政策及管理措施，成为支持小企业的基本法。此外，美国还颁布了《机会均等法》《联邦政府采购法》《小企业投资法》《小企业经济政策法》《小企业创新发展法》《小企业投资奖励法》《扩大小企业出口法》《小企业贷款增加法》《小企业项目改进法》及《小企业投资中心技术改进法》等，将技术创新和解决就业确立为小企业的两大功能，不断优化小企业的外部环境。2010 年 9 月，美国国会通过了《小企业就业法案》，对小企业实施了高达 140 亿美元的减税、信贷

---

① 赵越春：《我国科技贷款现状与对策研究》，《产业与科技论坛》2011 年第 20 期。

② http://us.mofcom.gov.cn/article/ztdy/201312/20131200416095.shtml，2015 年 10 月 9 日。

和其他刺激措施，以促进经济的增长和就业的增加。在美国，中小企业管理机构主要由三个部门组成：一是白宫小企业会议（White House Small Business Conference）；二是参众两院设立的小企业委员会（Small Business Committee，SBC）；三是联邦政府小企业管理局（SBA），主要为中小企业贷款提供担保，帮助中小企业获得企业补贴，提供管理和咨询培训服务以及提供政府采购合同。

2. 政府担保模式——美国的 SBA

SBA 并不直接向贷款者发放贷款，而是作为中介者的角色，向放贷者提供担保，帮助贷款者获得贷款。根据一定的担保比率，当贷款者不能如期履行还款义务时，由政府补偿放贷者的损失。SBA 获得政府补贴需要满足严格的条件，并保证获得的补贴用于合适的用途。政府补贴又可划分为联邦政府、州政府或地方政府的补贴。目前，联邦政府补贴主要针对从事科技研究和开发的企业，而州政府或地方政府补贴则更多地考虑本地的实际状况和企业的发展需要，例如部分州提供能源技术补贴以及旅游开发补贴等。

SBA 提供咨询与管理培训服务，在美国各州至少设有一间办公室，负责向当地的中小企业提供咨询服务。SBA 通过设在全国的经理服务公司和 960 个中小企业服务点，以自愿和合同的方式为中小企业服务，从创业准备、计划拟定、公司成立、行政管理、商业理财等多方面提供咨询。

在政府采购方面的扶持政策上，美国法律规定，联邦政府采购合同份额的 23%必须给予小企业，并要求大企业将获得的政府采购合同份额的 20%转包给小企业。SBA 还积极推动政府机构和大企业在二级合同中向中小企业订货，为中小企业从联邦政府的采购计划中争得合理份额的货物和服务合同。对退伍及伤残老兵经营的中小企业还有特殊优待，1999 年颁布的《退伍老兵中小企业发展法》规定，每年政府采购总额的 3%以上应该和这类中小企业签订。其具体申请流程如图 5.1 所示[①]：首先由企业向金融机构提出 SBA 申请，金融机构向

---

① 左玉茹：《知识产权质押融资热的冷思考——基于我国中小企业融资模式与美国 SBA 模式比较研究》，《电子知识产权》2010 年第 11 期。

SBA 提出 SBA 担保要求，而企业所有人需要向 SBA 提供抵押物，包括知识产权。虽然 SBA 不会因为一项贷款缺少抵押物就不批准，但是这可以成为其拒绝申请的理由。在 SBA 同意担保的情况下，金融机构向企业提供贷款，其贷款利息由金融机构和企业商榷决定，SBA 仅设置银行可收取的利率最高值。根据抵押物的所有权年限和企业的贷款额度，贷款年限一般是 5—20 年。

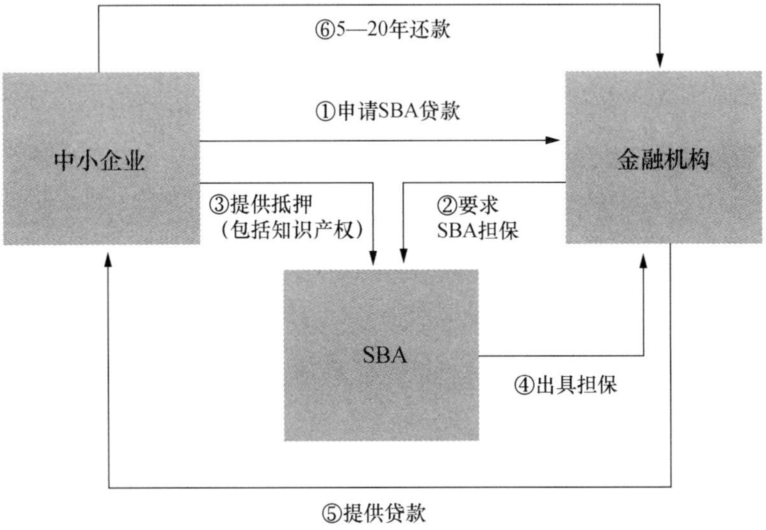

图 5.1　申请流程

（二）日本信用保证协会

1953 年日本《信用保证协会法》的颁布，明确了信用保证协会在实际操作中的法律地位，该协会主要面向中小企业提供公共信用保证，属于不以营利为目的的政策性金融机构。日本的中小企业信用保证公库的形成为中小企业向金融机构贷款提供了信用保证，实现了保证与再担保相结合的信用保证体系。日本 1952 年成立了 52 家地方信用保证协会，承担中小企业融资的信用担保。[①] 为了提高地方信用保证协会的偿付能力，日本政府出资设立中小企业信用保险公库。

① 文海兴、许晓征：《日本信用保证业发展的经验》，《中国金融》2011 年第 8 期。

中小企业信用保险的基本程序(见图 5.2)为[①]:中小企业向信用保证协会申请信用担保,信用保证协会对企业的资信进行尽职调查,对符合条件的企业进行担保,银行向企业发放贷款。如果被担保的中小企业不能按时向银行偿还贷款,信用保证协会在调查确认后向银行代位补偿,自动取代银行的债权人地位,取得代位求偿权。信用保证协会并不是一味地追讨债务,其会利用自身的资源和优势同企业经营者一起制订经营管理计划,尽力帮助企业走出困境,尽量避免坏账的产生。如果发现企业确实无法继续经营、无力偿还债务,那么由连带保证人偿还,如果连带保证人也不能全部偿还,信用保证协会可通过法院拍卖质押的知识产权。同时,日本的企业信用保险公库可以为信用保证协会提供担保保险,当信用保证协会为中小企业担保时,信用保证协会可以为该笔担保购买保险,向保险公库交纳一定的保险费,当出现实际代偿后,保证协会可以向保险公库申领部分保险金。信用保证协会在接受中小企业者的信用保证委托时收取的相应报酬,用于弥补损失、日常经费等必要的经费开支。

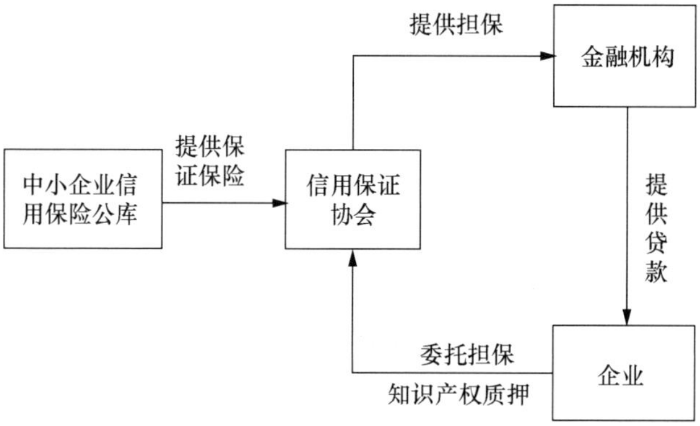

图 5.2　中小企业信用保险的基本程序

(三)韩国科技信贷的模式

韩国知识产权质押融资运作体系基本上是由政府完全主导的,韩国政府出资成立各种融资机构,包括国家银行、投资基金、技术保证基金等,为知识产权

① 梁飞:《科技型中小企业知识产权质押融资模式研究》,硕士学位论文,北京邮电大学,2013 年。

质押融资提供服务和资金来源。韩国模式（见图 5.3）可以描述为：中小企业首先到技术估价中心（韩国信用保证基金会下设的机构）申请知识产权价值的评估，技术估价中心为企业出具技术担保价值评估证书，企业和银行签订质押协议，银行根据评估的结果确定发放贷款的金额。韩国利用政府的公信力和专业机构的服务为知识产权估值，政府以指令方式为中小企业提供资金支持，在短时间内产生了很好的效果。同时，韩国政府也积极引导民营资本参与到知识产权质押融资业务中来，韩国中小企业振兴公团就是其中之一，通过引入民间资本，扩大支持知识产权战略发展的资金池，引导知识产权质押融资逐步向市场化发展。

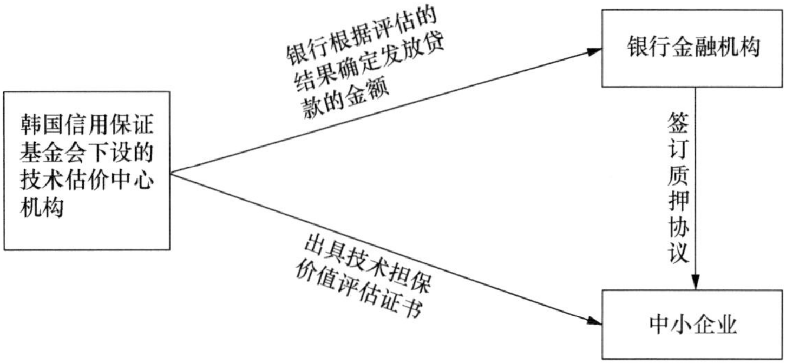

图 5.3　韩国科技信贷的模式

二　我国科技信贷的实践

（一）科技信贷的历史发展回顾[①]

我国的科技贷款从 1980 年开始萌芽，已经走过了三十多年的历程，综合考虑科技贷款的发展规模和一些典型的代表性事件，可以将科技信贷的发展历程归类为五个阶段：萌芽阶段（1980 年至 1984 年 7 月），初步发展阶段（1984 年 8 月至 1989 年），高速发展及风险累积阶段（1990 年至 1997 年），调整阶段（1998

① 朱鸿鸣、赵昌文、付剑峰：《中国科技贷款三十年：演进规律与政策建议》，《中国科技论坛》2012 年第 7 期。

年至2005年)和再发展阶段(2006年至今)。在此期间,科技信贷对我国高科技企业、高新技术产业的发展都起到了巨大的推动和助力作用,在贷款规模和风险控制上都取得了很大的发展。

(1) 萌芽阶段:1980年至1984年7月。我国的科技贷款始于1980年,浙江、湖南、湖北先后开展了在科技委托贷款和科技开发贷款方面的实践,探索出了科技贷款的浙江模式、湘潭模式和襄樊模式。1980年7月,浙江省进行了我国科技贷款的第一次探索,在该模式中,银行是委贷银行,只负责贷款的发放、监督使用和回收,审批职能由科委履行。信贷资金则来源于两部分财政资金:一部分是科技系统的有偿科研经费;另一部分是财政系统的有偿科研基金,由地方财政的机动费中划出一部分。科技贷款浙江模式的创新性在于首次将银行及银行机制(还本付息)引入科研经费的配置过程中,一定程度上发挥了贷款的约束机制。

(2) 初步发展阶段:1984年8月至1989年。在初步发展阶段,科技贷款由地方性的探索发展为全国性的推行,工商银行成为"科技银行",提供了大部分的科技贷款,科技贷款规模不断扩大,科技贷款品种不断丰富,新型科技贷款主体也不断涌现。科技贷款在初步发展阶段之初只有三个贷款类别:技术开发、电子计算机技术开发和科研贷款。在该阶段末,科技贷款类别增加至七类,新增了"军转民"技术开发贷款(1985年)、"星火"计划技术开发贷款(1986年)、"火炬"计划技术开发贷款(1988年)和科技成果推广贷款四个科技贷款类别。科技贷款供给主体多元化。在专业银行方面,除工商银行之外,其他专业银行如农业银行、中国银行和建设银行也开展了一些科技贷款业务。在其他金融机构方面,科技信用社、科技创业投资公司、科技信托投资公司也成为科技贷款的重要主体。

(3) 高速发展及风险累积阶段:1990年至1997年。1990年至1997年是科技贷款高速发展但风险也急剧积累的阶段。一方面,得益于中国人民银行从1990年开始在国家信贷综合计划中增设科技开发贷款项目(主要用于支持国家级科技开发计划和地方各级科技计划的成果转化),以及由此所引致的各专业银行及股份制银行大规模开办科技开发贷款，科技贷款的规模大幅度增加。另一方面，科技贷款的高速发展也伴随着大量风险的累积。尽管缺乏关于全国层面的科技贷款质量的数据，我们仍能从一些省级层面的数据中窥见端倪。科技贷款风险的急剧累积削弱了银行发放科技贷款的意愿，破坏了科技贷款可持续发展的能力。一旦国家金融政策重心有所变化，科技贷款便将会受到很大的影响，这也正是下一阶段科技贷款遇到的情况。

(4) 调整阶段：1998 年至 2005 年。经历了 1990 年至 1997 年科技贷款风险的大量累积之后，科技贷款也进入调整阶段。该阶段的前期，科技贷款的发展受到很大的影响，科技开发贷款项目也被取消。该阶段除了在科技贷款规模和发展态势方面有所调整外，“调整”还体现在科技贷款机制的调整、科技贷款内涵的调整和科技贷款供给主体的调整三方面。在科技贷款机制的转换方面，银行风险约束机制不断完善，科技部门对科技贷款决策的影响力大幅度削弱。在科技贷款关注点的调整方面，主要关注点逐渐调整为科技型中小企业，科技贷款的内涵发生了很大的调整，更多地指针对科技型中小企业的贷款。在科技贷款供给主体的调整方面，商业银行的支持力度减弱，政策性银行（主要是国家开发银行）的支持力度增强。

再发展阶段：2006 年至今。2005 年年末和 2006 年年初先后发布的《国家中长期科学和技术发展规划纲要（2006—2020 年）》和《国务院关于实施〈国家中长期科学和技术发展规划纲要（2006—2020 年）〉若干配套政策的通知》开启了科技金融的快速发展期，科技贷款也进入再发展阶段。该阶段科技贷款的发展呈现五大特征：一是开发性金融的大力介入。二是科技支行模式在全国的探索。三是科技小额贷款公司在江苏的试点。四是知识产权质押贷款的大力推广。除知识产权质押贷款外，科技贷款产品/模式创新还包括投贷联动贷款、高新区“统借统还”贷款、科技型中小企业小额贷款保证保险，等等。五是基于互动的科技贷款创新不断涌现，如投贷联动、银保互动等。

（二）科技信贷在我国的实践

目前我国的科技贷款主要来自以下三种渠道[①②]：

（1）商业银行。商业银行是我国科技贷款的主要资金来源，按照规模和股权结构的不同，有国有商业银行、股份制商业银行、城市商业银行、农村银行、农村合作社和外资银行等。实践证明，不同类型的商业银行在运作过程中有不同的优势。国有商业银行的资金量大，城市商业银行和股份制银行类的中小金融机构灵活性强，外资银行因国外金融系统更为成熟、理论经验完备而在风险控制方面具有优势。

（2）政策性银行。遵从国家产业政策，政策性银行向对应企业及科研单位发放贷款。1994 年，我国组建了国家开发银行、农业发展银行、中国进出口银行三家政策性银行，直属国务院领导。政策性银行为支持对应部门而成立，设立目的一是为国家重点建设融通资金，二是集中当时分散管理的国家投资基金，建立投资贷款审查制度，赋予国家开发银行一定的投资贷款决策权。发展到现在，国家开发银行主要为科技型中小企业、科技开发项目发放贷款；农业发展银行可为农业科技企业提供服务；中国进出口银行可为外向型科技企业提供贷款支持。2009 年，我国在北京、上海、成都、杭州成立了科技银行。截至 2010 年年底，已在全国建立了 9 家科技支行或分行。这一科技金融的创新，为中小企业提供了更便利、更直接的帮助。

（3）民间金融。民间金融科技贷款是企业从民间机构获得的贷款。由于民间机构广泛存在，因此在中小型企业融资困难的当下，民间金融为中小型科技企业融资发挥了不小的作用，是科技贷款的重要来源。

资产质量较好的大中型企业[③]有通过金融市场直接融资的能力，而处于成长期的科技型中小企业由于缺少抵押品，更倾向于依靠金融中介融资，考虑到

① 赵越春：《我国科技贷款现状与对策研究》，《产业与科技论坛》2012 年第 20 期。

② 朱田顺：《科技信贷的理论与实践》，《中国金融》1990 年第 9 期。

③ 顾焕章、汪泉、吴建军：《信贷资金支持科技型企业的路径分析与江苏实践》，《金融研究》2013 年第 6 期。

该类企业往往前期市场前景不明，金融机构对相关专利信息不对称，投资风险较大，故在我国银行信贷资产占主导的金融体系下，更应该深刻钻研如何让银行信贷服务好中小型科技企业。商业银行等有信贷资金的金融机构在运作中都会充分考虑到安全性、流动性和效益性。这意味着信贷资金所承受的所有风险都会有相匹配的收益回报，金融机构所持有的现金性资产和到期回收贷款要满足客户的存取业务，贷款期限结构对应客户存款结构，贷款的利息收入需要填平所有日常经营开销、风险拨备。这些前提条件与孵化期、初创期甚至成长期的轻资产、高风险的科技型中小企业存在冲突。因为在企业科技成果向商品转化的周期中，若是因为信息约束或发生突变因素干扰，不能完成生命周期的阶段转换，贷款将可能无法收回本息。所以，在实践中，国内银行在做信贷业务的同时也会与担保机构合作分享收益，分担风险。

目前信贷的运行方式为：

(1) 设立科技信贷专营机构。机构设在科技园内或其附近，更多的接触机会尽可能地解决了金融机构与企业的信息不对称问题，而且规模经济规范了运作，也让机构有了生存的动力。迄今为止，专营机构包含商业银行科技支行、科技信贷事业部及科技小额贷款公司。值得提倡的是，机构并不以利润作为单一的考核指标，而是在服务过程中，允许一定范围内的盈亏浮动，尽可能地提高信贷风险容忍度，在风险控制范围内，增大业务弹性、扩展服务内容，切实满足企业个性化的融资需求。

(2) 开发适应性的科技信贷产品。在保证风险与收益相匹配的情况下，向科技型中小企业提供更多的融资选择，拓展融资方式。目前已有的信贷产品如内部收益率计息贷款，以一个较长的时间段(例如8年)为基础，考核贷款在这个时段的平均收益，实质上是将企业的付息支出延迟到成熟且盈利后。又如科技项目贷款，企业发展到一定阶段得到主管部门的认可后，会得到项目资金的支持，同时金融机构可以借助科技主管部门的立项扶持，提高对科技型企业的识别能力，据以发放贷款给予支持。再如企业履约保证保险贷款，将科技信贷与科技保险相结合，通过引入保险公司的保险机制解决科技型企业普遍面临的轻资产、担保难的问题。科技型企业在与保险公司达成保险协议后,可在保险期限内,根据自身的用款需求随时向金融机构申请贷款。此外还有可转股贷款,当对科技型企业的贷款到期时,如果企业确实没有还本付息的能力,可以将尚未归还的贷款本息按事前约定的价格计算方式转为对企业的股权投资,以期在企业生产经营好转时再把股权转让出去。从科技型企业的特性看,尽管在孵化期、初创期缺乏还本付息的能力,但一旦实现关键技术突破,就可能快速成长并实现较高的收益,从而也能够为股权投资者带来一定的回报。

(3) 知识产权质押融资。根据《民法通则》的定义,知识产权是基于创造性智力成果和工商业标记依法产生的权利的统称,主要包括专利权、商标权和著作权。而知识产权质押融资是指企业或个人以其所有的知识产权(无形资产)作为质押物,从银行获取贷款的一种信贷产品。对于处于初创期、成长期、扩张期的科技型中小企业来说,知识产权质押融资是解决融资困难的有效途径之一。[①] 但是由于知识产权质押融资具有高风险性,因此目前我国大多数商业银行对这一创新业务的开展依然处于探索阶段,持谨慎的态度。其中的原因,主要是考虑到知识产权本身的价值衡量存在一定的风险和难度,该风险包括法律风险、评估理论风险、经营风险、处置风险。[②] 此外,考虑到知识产权的评估和监管成本相比有形资产较高,再加上知识产权自身价值的波动性较大,相比有形资产质押融资,银行对知识产权质押融资的接受度相对较小。在实际操作中,目前国内外知识产权质押融资基本都形成了一些固定的模式,但是考虑到实际的可操作性和地区差异,融资模式仍存在一定的差异。何为最优的知识产权质押融资模式依然被学者争相探讨,至今没有统一的结论。

---

① 赵昌文、陈春发、唐英凯:《科技金融》,科学出版社 2009 年版,第 563 页。

② 钱坤、沈厚才、黄忠全:《知识产权质押融资的研究现状及发展趋势》,《科技与经济》2013 年第 26 期。

三　我国知识产权质押融资模式

（一）市场推动型——北京模式

市场推动模式指企业知识产权质押贷款按照市场流程进行，中间不涉及政府的行政干预。目前，比较典型的市场推动型知识产权质押融资模式是北京模式。北京模式引入评估机构和律师事务所两个中介机构。知识产权质押融资首先需要通过评估机构的专业价值评估，再根据律师事务所出具的法律意见书，金融机构才会放贷给科技型中小企业。两个中介机构在操作流程中还具有无限连带责任，一旦企业出现无法偿还的情况，中介机构就需要承担责任。但是评估机构和律师事务所两个中介机构可以通过保险公司对每笔贷款进行责任保险的投保，其赔付比率为 90%，保费由律师事务所承担。①

北京模式中评估中介机构和律师事务所承担着业务的核心部分，比较典型的是经纬律师事务所。该律师事务所依赖自身的资产实力对企业贷款提供隐性担保。北京模式不但降低了一般知识产权质押融资中存在的评估担保费用较高的问题，还降低了银行的信贷风险。此外，评估机构和律师事务所在保险公司的投保再次放大了它们的信用赔偿能力。但是，北京模式也存在一定的局限性，例如，考虑到律师事务所资产实力的局限性，融资业务只能服务一部分中小企业。此外，政府为了鼓励此项业务，出台了一系列的配套政策，并拿出专项资金对参与此项业务的各机构进行补贴，政府补贴模式的流程（见图 5.4）可以描述为：金融机构筛选与其合作的评估机构和律师事务所，共同对申请贷款企业进行贷前的评估和调查工作，评估机构对其出具的评估结果负责并承担评估值过高的风险，律师事务所对企业知识产权的法律状况进行尽职调查并承担该项知识产权质押期内出现法律问题所带来的损失风险，形成贷前调查报告。银行要求担保公司提供全额担保，担保公司根据评估机构和律师事务所的贷前调

---

① 郭戎、付剑峰、张明喜、薛薇等：《中国的科技投资——科技金融与科技财税初探》，经济管理出版社 2012 年版，第 174 页。

查报告及企业的信用决定是否提供担保。一旦出现不良贷款,银行要求担保公司先行代偿,担保公司再连同评估机构、律师事务所一起通过技术交易所对作为质押物的知识产权进行处置变现,收回部分损失。

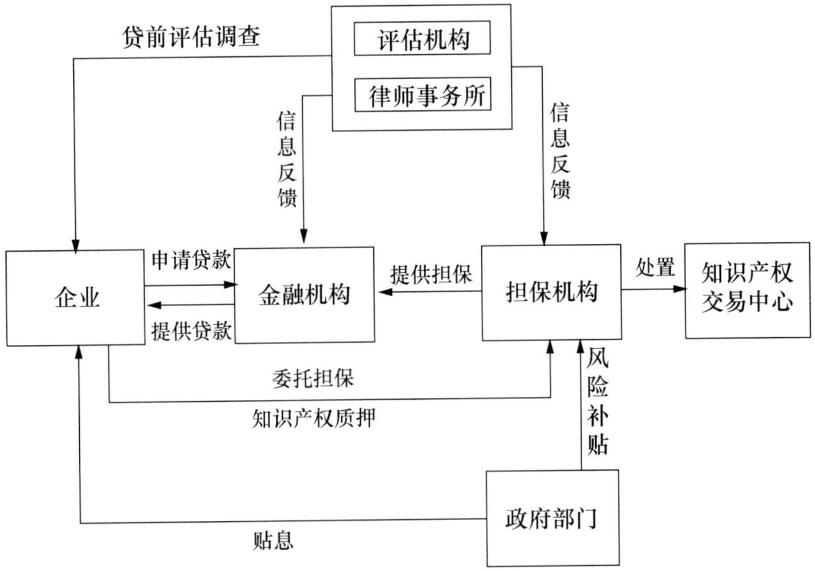

图 5.4　政府补贴模式的流程

（二）政府承担风险模式——成都模式

政府承担风险模式的主要特点是政府委托专门的机构并批准专项资金为金融机构发放知识产权质押贷款提供担保,政府与金融机构共同承担贷款人违约的风险(见图 5.5)。成都市政府每年从科技经费中划拨专项资金给成都科技局所属的成都科技生产力服务中心,用于对成都市金融机构发放知识产权质押贷款提供担保支持。成都科技生产力服务中心是为成都市科技型中小企业服务的专业化平台,包括企业孵化、创业投资、科技成果转化、知识产权融资等功能,在项目筛选和评估上积累了丰富的经验。成都科技生产力服务中心依托其政府背景、资源整合能力和专业能力具体实施知识产权质押融资的担保工作。2008 年成都市科技局与成都银行签订了质押担保融资的合作协议框架,在此框架的基础上,具体负责落实的单位成都科技生产力服务中心和成都银行体育场路支行共同出台了《知识产权质押担保融资合作实施办法》。随后，成都市科技局通过成都科技生产力服务中心设立4 000万元知识产权质押融资专项担保基金，成都科技生产力服务中心从成都银行获得3倍即1.2亿元的贷款授信额度，成都银行和成都科技生产力服务中心按照1∶9的比例承担贷款风险。由于成都科技生产力服务中心承担了绝大部分风险，因此对企业的审核也比较严格，对审查符合条件的企业向成都银行的短期贷款提供担保，企业以自有知识产权质押给成都科技生产力服务中心进行反担保，成都科技生产力服务中心一般还要求企业经营者承担连带担保责任，银行为符合条件的企业提供贷款。为控制风险，担保额度一般不超过企业用于反担保所质押的知识产权评估价值的40%，贷款期限不超过1年，贷款金额最初不超过100万元，目前已提高至500万元。

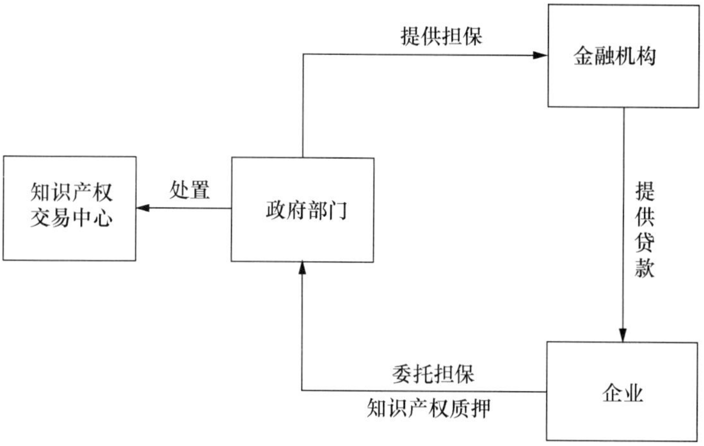

图5.5　政府承担风险模式的流程

但这一模式也存在明显的局限性：首先，政府的政策资金是有限的，专项担保资金规模一般较小，只有少部分企业能从中受益，限制了知识产权质押贷款规模的发展。其次，知识产权的特性决定了知识产权质押融资的高风险性，政府承担了贷款人违约风险的90%，而其收取的费用可能不超过担保额的3%，风险和收益明显不对等，长期下去政府的资金池很容易出现亏空。且政府毕竟不是专业的知识产权服务机构，对于知识产权价值的认识和判断很容易出现偏差，风险把控能力较弱。最后，政府承担风险模式其实还是政府变相主导项目融资这一市场行为，很容易变成政府了解哪家企业或跟哪家企业熟就给哪家企业提供担保，同样容易滋生腐败。

（三）政府推动型——内江和湘潭模式

政府推动型模式主要是指政府采用行政命令或者创造环境，向金融机构推介优秀的科技企业，企业通过知识产权质押贷款获得资金（见图 5.6）。例如，湖南在出台《湘潭市专利权质押贷款管理办法》和召开政府金融支持科技创新发展工作会议后，2005 年有 3 家企业获得知识产权质押贷款 1 600 万元，次年又有 3 家企业获得 1 650 万元的相应贷款。湖南成为在知识产权质押贷款方面位于全国前列的省份。[1] 而内江模式的起因是鑫泰公司到期不能如期偿还贷款，内江政府为维持该公司的发展，要求中区信用联社为该公司办理借新还旧贷款。鑫泰公司以 5 个实用新型专利、1 个外观专利进行质押，贷款 150 万元。但是，这笔贷款最终成了坏账，未能达到预期效果。[2]

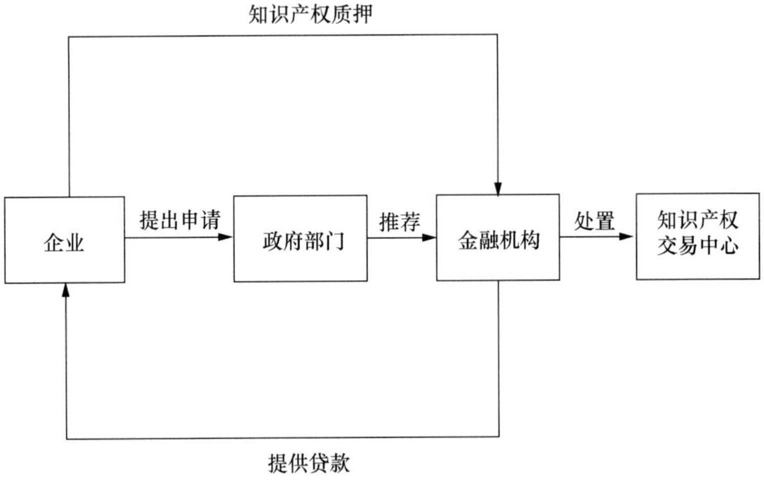

图 5.6　政府推动型模式的流程

① 李希以、蒋琇：《政府支持下的知识产权质押贷款模式及其特征分析》，《科技与法律》2009 年第 81 期。

② 郭戎、付剑峰、张明喜、薛薇等：《中国的科技投资——科技金融与科技财税初探》，经济管理出版社 2012 年版，第 174 页。

不过该模式的知识产权质押由于缺乏市场主导因素，在贷款过程中缺少专业的知识产权评估，因此金融机构对贷款风险的控制存在缺失，需要承担较大的质押物处置风险。同时，依赖行政手段的方法，容易滋生腐败和出现政策引导失误。在实际操作过程中，政府的引导方式需要完善，不能仅仅依赖政策的鼓励和少量财政资金的担保。

第二节　科技银行

科技银行即所谓的风险银行，指的是专为风险比较高的创新型、科技型中小企业提供金融服务的银行机构。科技银行与传统银行最大的区别在于，传统银行主要是根据安全性、流动性和效益性三个原则向一些经济状况良好的企业发放贷款，而这三个原则并不适用于科技银行的投资对象——创新型高科技企业。因为高科技企业在初期存在盈利模式模糊、盈利状况不佳和无法提供实质性的抵押贷款等问题，它所包含的经济风险非常高，按照传统的三个原则无法向这些企业提供融资服务，所以科技银行需要建立新的融资标准和新的风险控制机制。

一　国外科技银行模式——硅谷银行

硅谷银行（Silicon Valley Bank，SVB）成立于1983年，1988年在纳斯达克上市，1990年开始将业务向硅谷以外的美国其他地区扩展，现分支机构遍布中国、印度、英国和以色列。截至2016年年底，硅谷银行的总资产为440亿美元，投资贷款承诺总额为150亿美元，其进出口银行业务在美国位居第一。该银行致力于为科技型企业提供金融支持，其业务具有多样化的特点，除了常规的存款和放贷业务，还包括对科技企业的风险投资和私募股权，以及私人银行业务。在美国，约一半的风险投资科技和生物科学企业与硅谷银行都有业务往来，其客户群体包括各个时期的科技型企业。

硅谷银行在实际操作中具有如下特点：

第一,具有明确的市场定位。硅谷明确的目标客户群是被同行金融机构认为放贷风险较大,但是具有创新能力的快速发展的中小型科技企业。硅谷银行在进行科技型企业客户群选择时,有意识地支持技术和生物科学领域的企业。此举有效地提高了银行对于特定行业科技型中小企业的认知水平和服务质量。通过长期服务于特定行业的科技型企业,硅谷银行可以确切掌握这些科技型企业的特点和市场价值,进而有效地降低银行与企业之间的信息不对称。

第二,与风险投资机构紧密合作。硅谷银行提供金融服务的企业必须是获得风险投资支持的企业,同时还需要和客户签订以专利技术、知识产权作为质押物的协议。在风险投资支持的企业中,硅谷银行把重点放在了技术类和生物科学两个领域,并长期支持专业化发展。硅谷银行为这批企业的成长、扩展和成熟提供全程的金融服务。也就是说,其实硅谷银行的准入门槛是建立在风险投资机构的基础上的,这种做法不但降低了前期对企业的评估成本,还提高了客户群的质量。此外,相比传统商业银行吸收公众存款的做法,硅谷银行主要吸收风险投资者的存款。此类群体的存款大多为利率较低的活期账户,拥有较低的资金成本。相反,硅谷银行在放贷给企业时的利率较高。这种存贷之间的利率差使硅谷银行获得了较高的收益。

二　我国科技银行的发展探索

数年来,国内学术界对科技银行的研究较多地集中在“硅谷模式”的分析上,然而数年的实践表明,硅谷模式难以复制,国内科技支行发展存在障碍。国内金融机构的部分业务与硅谷银行的业务类似,但还是没有出现一个完全接近硅谷银行的金融机构。广义上,为科技型中小企业提供信贷服务的专业机构都可以被定义为“科技银行”。二者的两项基本业务都是吸收存款、发放贷款,相比而言,不同之处在于吸储对象和规模不同,以及其导致的资金成本不同和杠杆差异。非银行机构向银行的融资可以被理解为“定向吸储”。科技银行在中国化的道路上走出了两条路:科技支行、科技小额贷款公司。科技支行又被称为科技信贷专营机构,是狭义的科技银行中国化,开始于 2009 年 11 月(全国首批两家设立在成都高新区：成都银行科技支行、建设银行科技支行)，首家合资科技银行浦发硅谷银行成立于2011年。

在复制硅谷模式的道路上也走得并不顺畅。科技支行不具备法人实体资格，规模和人力资源有限，难以根据企业特征和周期细化经营，不能将期权作为收益模式，这些限制恰恰又是硅谷模式成功的内在因素。加之我国分业经营的体制下，银行不能自主完成利率浮动，使得科技支行享受不到企业的高回报；政策支持有限，风险补偿措施不完善，没有金融中介机构合作分担风险，致使部分科技支行功能丧失。因此，科技支行发展得比较艰难，几年来成效有限。

科技小额贷款公司是探索中国化科技银行道路的另一种尝试。在各个省份的实践中，江苏模式较为突出。江苏模式的科技小额贷款公司是面向高新技术产业开发区内的企业经营小额贷款和创业投资业务的公司，2010年10月开始实践(苏州市融达科技小额贷款有限公司)。对比科技支行，科技小额贷款公司能更好地复制国外科技银行的成功模式。因为位于高新技术集中地带的小额贷款公司只服务于科技型中小企业，按企业所处周期及特点细分业务，可采用“利息＋期权”或是“利息＋股权＋期权”模式盈利并开发权益估值技术，且大部分企业的主要发起人都是创业投资机构，便利了机构间的合作。这些都是学习国外科技银行重要成功经验的成果。因此，在该模式实践的最初半年时间内，仅江苏省就有7家科技小额贷款公司成功设立，数十家处在招标设立期。

目前，国内主要有三种科技银行运营模式：国有模式，股份制银行模式，商业银行支行模式。国有模式是指科技银行在股份和组织结构上与国有商业银行相似，全国设立一家专门的科技银行，实行总行、分行制；股份制银行模式指设立地方性科技银行，以股份制银行模式运营；商业银行支行模式是指在现有的商业银行内部选取试点银行，设立科技支行。自2009年成都首先设立两家科技支行以来，全国其他地区包括杭州、武汉、深圳等地纷纷效仿设立科技支行。

案例

杭州银行科技支行——深耕科技,文创金融

杭州银行科技支行是国内设立较早的科技支行之一,创立于2009年,其服务客户主要涉及电子信息、新能源、节能环保、医药、文化创意、传统行业技术改造六大行业近二十个子行业,基本覆盖了杭州市重点发展的战略性新兴产业。截至2010年11月,杭州银行科技支行的存款余额达14.12亿元,贷款余额达11.12亿元,累计发放贷款额达18.62亿元,信贷客户216家,其中科技型中小企业200家,贷款800余笔,平均单户贷款额500万元,不良贷款比率基本为零。

杭州银行科技支行在操作中具有单独的客户准入机制、单独的信贷审批机制、单独的风险容忍政策、单独的拨备政策和单独的业务协同政策。也就是说,银行引入单独的信贷打分表,成立科技支行专家咨询委员会,实施联合信贷评审,为客户准入打分;采取“风险管理前移”政策,以达到“在一个机构内完成一定风险下的决策”;拥有较高的不良贷款风险容忍度(3%);将财政的风险补助资金、对科技型中小企业的期权股权收益全部纳入“科技型中小企业专项拨备”项下,具有独立的拨备政策;科技支行与杭州银行下属支行之间具有业务协同政策。五个单独政策的出台大大提高了银行的自主性和金融业务创新的可能性,一定程度上降低了科技型企业融资的难度,为企业贷款提供了快捷的渠道。

杭州银行科技支行推出知识产权质押贷款、银保联动、投贷联动、基金宝等创新产品与模式。科技支行的知识产权质押贷款中引入了专业的评估机构来降低贷款风险,并利用杭州银行在北京设立的网点办理知识产权质押登记,降低了企业的融资成本。银保联动贷款模式是一种基于银行与担保机构互动的期权贷款模式。这种模式使银行通过对企业成长性收益的获取来弥补贷款风险。具体来说,在银保联动模式中,银行对企业提供贷款的同时,担保公司取得

企业的认股权(期权)，银行与担保机构约定期权收益各自的分配比例。投贷联动贷款是一种基于银行与风险投资或私募股权互动基础上的贷款模式。在该贷款模式中，银行向企业提供贷款，风险投资或私募股权提供担保。投贷联动贷款模式在一定程度上可以实现申贷企业、放贷银行和股权投资机构三方共赢：申贷企业在不出卖股权及企业经营控制权的情况下获得了融资；科技支行降低了贷款的风险，并有利于开拓成长性客户；风险投资或私募股权既减少了股权受稀释的威胁，又增加了以较低廉的价格获取企业股权的可能性。基金宝即政策性拨款预担保贷款。获得政府各级部门政策性拨款的科技企业，都能申请"政策性拨款预担保"，审批通过后，能提前拿到拨款资金的70%。该笔贷款由杭州高科技担保有限公司提供担保，不需要任何实物抵押。基金宝贷款期限不超过一年，企业除了归还本金，只需承担1%的担保费率和银行基准贷款利率。

在现有的科技支行中，杭州银行科技支行运行得比较成功，究其原因，主要有如下四点：

(1) 结合政府与市场环境。政府提供的贴息政策、存款支持政策、财政补偿政策、专家组的组建优惠政策等降低了银行开展科技贷款的成本和风险。市场化的运作机制保证了银行对可行性贷款项目的选择效率，使得资金的使用达到高效高利。

(2) 多方金融机构互动改善了收益结构。上文曾指出一般科技支行在风险分担上的缺陷，以及风险收益不对称的弊病，杭州银行科技支行积极与担保、投资及政府等相关金融主体合作并创新，不仅降低了投资风险和成本，还改善了风险收益结构，增加了收益，规模化、市场化了科技型中小企业的贷款业务。

(3) 持续创新，优化服务。基金宝、投贷联动贷款、银保联动贷款等产品都是杭州银行科技支行经创新而来的产品，由此我们可以看出该支行在根据不同企业的贷款能力提升自己的服务能力方面的努力。

(4) 良好的科技金融生态环境。杭州高新区集中的企业资源和杭州活跃的金融创新环境、相对完善的担保系统及信用环境都是促成杭州银行科技支行良好发展的重要条件。

第三节 科技信贷与科技银行案例分析

一 硅谷银行发展案例

硅谷银行主要服务于科技型企业，成功帮助过Facebook、Twitter等明星企业。目前仅在硅谷，就有70%的高科技企业与该行保持业务往来。2000年，该银行持有718家高科技企业的股权，一旦上市将会带来丰厚的商业利润。硅谷银行本身带有强烈的融产业与资本市场运作于一体的“硅谷色彩”。在美国，半数以上的科技型创业企业都获得过硅谷银行的贷款。在那些高科技创业企业眼中，硅谷银行的地位仅次于天使投资，因为在它们最缺短期现金流的时候，硅谷银行是它们最先想到的“救命稻草”。

(一) 硅谷银行的贷款方式

目前，硅谷银行对创新型高科技企业的贷款方式主要有两种，分别是直接投资方式和间接投资方式。[①] 直接投资方式可以细分为债权直接投资和直接股权投资两种模式。

(1) 债权直接投资是直接向处于创业初期的高科技成长型企业提供贷款服务。硅谷银行在进行贷款服务时主要有三个特点：第一，其贷款业务对象大部分为获得过风险投资的企业，之所以如此，主要原因在于获得过风险投资的企业由于经过风险投资机构的融资审查，风险相对较低。在美国，过半获得风险投资的企业都获得过硅谷银行的贷款；第二，由于其贷款对象是高风险的创新型高科技产业，作为风险的代价，其贷款利率比一般的贷款利率要高2%—5%，

① http://capital.cyzone.cn/article/208221/，2015年11月25日。

具体的贷款利率要根据其所贷款对象的风险而定；第三，其贷款业务一般发生在创新型企业的发展初期，企业一旦从成长期进入成熟期，硅谷银行便会从企业中退出，再选择其他的贷款服务对象。目前硅谷银行的退出机制主要有两种：对于公开上市的公司，在上市后将其股权抛售；对于没有上市的公司，从其融资或盈利中获得补偿后退出。

(2) 直接股权投资是硅谷银行采用入股的形式直接投资于创新型高科技企业。与其贷款业务一样，硅谷银行股权投资的对象也都是获得过风险投资的创新型企业，其股权投资一般与风险投资机构的风险投资资金同时入股。

（二）间接投资方式

间接投资方式主要是硅谷银行将资金投给风险投资机构，再通过风险投资机构对创新型高科技企业进行投资，其间，硅谷银行和被投资企业不发生直接联系。硅谷银行可以通过风险基金对外投资的一个主要原因在于，硅谷银行和风险投资基金之间存在特殊的合作关系，硅谷银行目前是两百多家风险投资机构的股东或合伙人。同时，其商业贷款业务对象除了创新型高科技企业外，另一个主要客户群体就是各类风险投资机构。由于和风险投资基金关系密切，大量的风险投资基金会将其募集而来的风险投资资金存放在硅谷银行中，而大量的硅谷银行初期贷款过的创新型企业在其业务模式成熟、实现稳定盈利之后，也会由于前期的合作关系将企业的资金存放在该银行中，这就形成了一个良性循环，风险投资基金和创新型企业所存放的资金也构成了其贷款资金的主要来源。硅谷银行模式的优点在于，既能给急需资金的创业企业提供信贷支持，又能借助风险投资机构的选择，降低银行的贷款风险。此外，一旦创业企业发展壮大，硅谷银行便可轻松获取大量的客户资源。

（三）硅谷银行的风险控制机制

硅谷银行为科技企业提供贷款服务的同时，其本身也获得了丰厚的回报。自 1993 年以来，硅谷银行的平均资产回报率是 17.5%，而同时期美国银行的平均回报率为 12.5%左右。这使得它在 10 年后，一跃成为全美新兴科技企业市场中最有地位的商业银行之一，在美国银行家公布的“全国最大的 100 家中型银行企业名次表”中，硅谷银行凭借其回报率及每股收入的高增长率，荣登1998—2000年3年综合评估的第一把交椅。2010年，硅谷银行[①]的净利息收入为4.18亿美元，每股盈利达2.24美元，贷款增长9.74亿美元，增长速度达21.4%，不良贷款率也仅为0.71%。

硅谷银行虽然支持初期阶段高风险的高科技企业，其所面临的风险相比于传统银行更高，但是它却很好地控制了信贷风险，2000—2009年硅谷银行的年平均坏账率只有0.6%，而20年来，其每年的坏账损失率还不到1%。目前硅谷银行的风险控制机制主要有以下几点[②]：

第一，硅谷银行通过风险投资机构筛选贷款对象。正如之前所提到的，硅谷银行的主要贷款对象是接受过风险投资的企业，风险机构在进行风险投资前都会对其投资对象做深入调查，由于硅谷银行目前是200多家风险投资机构的股东或合伙人，因此，硅谷银行和风险投资机构特殊的合作关系，使得它可以通过风险投资机构的调查对所贷款的对象有一个清晰的了解，从而降低由于高科技创新型企业创业初期的盈利模式模糊所带来的风险，可以说只贷款给受到风险投资机构投资的企业是硅谷银行风险控制的一个硬性指标。

第二，硅谷银行对于不同风险级别的企业进行贷款金额限定。发展规模较小的创新型企业，一般在获得风险投资后可从硅谷银行那里获得200万美元左右的短期贷款；一些规模相对较大的企业，在资金流出现困难时可从硅谷银行那里获得500万美元左右的贷款支持。

第三，在硅谷银行的贷款业务中，支持高科技企业的业务占据了大部分，其投资领域主要集中在高科技、生命科学、风险投资及高端葡萄酒四大行业，绝不涉足自己并不熟悉的领域，如利润丰厚但最容易产生坏账的房地产市场。此外，硅谷银行也减少了对复杂金融衍生品的使用，不依赖抵押品的交换盈利。这样既考虑了回报率，也充分考虑了投资组合。据统计，2010年，在硅谷银行发

---

① 李希义、邓天佐：《硅谷银行支持高科技企业发展的成功模式及其原因探秘》，《中国科技产业》2011年第10期。

② http://capital.cyzone.cn/article/208221/，2015年11月25日。

放的贷款组合中，有55%支持的是软件、硬件和生物科学领域的科技企业。

第四，利用硅谷银行和SVB分析对企业的资金利用和管理状况进行监控，由于硅谷银行所贷款的企业必须将资金存放在硅谷银行中，所以硅谷银行可以有效地对其所投资企业的资金流向和资金利用情况进行监督，同时利用SVB分析对其投资的企业的管理进行监控，为企业的管理提供咨询服务。

总而言之，硅谷银行致力于帮助创新型企业发展壮大。国内金融机构在部分业务上与硅谷银行类似，但还没有出现完全接近硅谷银行的模式。硅谷银行的客户是风险投资客户介绍的中小型企业，在美国，约有50%拥有风险投资注资的企业是硅谷银行的客户；硅谷银行同时也贷款给风险投资公司。硅谷模式如果能在中国"落地生根"，将会产生巨大的影响。我们认为一些在美国成功的核心因素是能够适用于中国的，但是需要注意以下几点①：第一，中国应该努力加强大学在创新方面发挥的重要作用，开展更多的管理开发项目；第二，中国应该加强对知识产权的保护，这对于技术企业来说相当重要，同时还应鼓励国外对国内创新部门的投资；第三，中国应该建立方便投资退出的体制，目前已有的IPO、MBO及并购等机制还需要进行更多改革；第四，应该持续支持中小企业，为其提供贷款担保，让其可以从银行那里获得贷款；此外，其他方面的支持力度也要加大，比如税收的激励机制以及最佳做法的培训，以及网络、营销、管理等更多方面的培训等。

目前，硅谷银行积极走向中国市场，2012年8月15日，中国第一家专注于服务科技创新产业的合资银行——浦发硅谷银行在上海成立。上海浦东发展银行股份有限公司、美国硅谷银行有限公司分别持有50%的股权。这是自2007年以来第一家获得批准的合资银行，是中国第一家拥有独立法人地位的科技银行。② 合资银行实现了上海的优势金融资源与来自境外新的金融服务模式的对接，引入硅谷银行的业务模式旨在向中国的科技创新产业注入金融动力。

① 石洋：《看硅谷银行如何支持高新企业发展》，《国际融资》2010年第1期。

② http://finance.sina.com.cn/roll/20120816/043912863408.shtml，2016年1月29日。

在新组建的合资银行中，浦发银行与硅谷银行在资源、市场、人才等方面将发挥互补优势，既要有国际化经验，也要能植根中国市场，以最快的速度和最有效的模式向中国的创新产业、金融产业提供服务。浦发硅谷银行将围绕其独特的业务模式打造核心竞争力，比如注重企业未来价值的创新型资产价值评估模式，为科技创新企业尤其是初创阶段的企业提供关键性的资金支持等。美国高科技企业之所以能在当前居于遥遥领先的地位，离不开其配套的金融体系的支持。中国高科技企业成长过程中最大的困扰就是资本缺乏，对于解决高科技创新型企业的资本饥渴问题，硅谷银行的模式毫无疑问是个极好的范例，但是在种种条件的限制下，中国的科技银行还有很长的路要走。

二　杭州银行宁波科技支行：科技型小微企业成长的助推器

杭州银行成立于 1996 年 9 月 26 日，现已发展成为一家初具规模、资产质量良好、盈利能力较强、综合实力跻身全国城市商业银行前列的具有良好投资价值的股份制商业银行。杭州银行作为一家特色鲜明的城市商业银行，一直以来明确地将中小企业尤其是中小型科技企业金融服务确定为全行的战略重点。

由贝达药业研发的凯美纳新药①是我国第一个化学合成小分子靶向抗癌药，被国家列为“十一五重要新药创制”科技重大专项的支持项目。然而，像贝达药业这样的高科技企业，由于研发阶段投入大、时间长，经常会面临融资难的问题。贝达药业就是在新药进入临床实验三期的关键时刻遇到了资金等问题。杭州银行了解情况后，主动走访该企业，不仅给予其 2 000 万元的授信用于产品研发，还将其列入该银行“起飞计划”的培养对象，为其提供一揽子金融服务方案。贝达药业的成功，仅仅是杭州银行探索科技金融发展的一个例子。

中关村支行是杭州银行北京分行的科技金融专营支行。该支行针对许多“新三板”企业成长性较好但缺乏抵押物难以融资的情况，推出“新三板”专属金

① http://www.financialnews.com.cn/dfjr/jyjl/201207/t20120703_10919.html，2016 年 2 月 3 日。

融服务方案，对创业投资机构即将或已经进入的成长型科技企业，通过银行、创业投资机构、企业三方签订协议，运用“股权质押＋自然人担保”的复合型担保方式共同解决科技型中小企业融资难、担保难问题。截至2012年，中关村支行已经完成对32户“新三板”企业的授信，“新三板”市场成为该支行培育优质客户的重要渠道。

这些都是杭州银行创新科技金融服务的“试验田”。近年来，杭州银行把科技金融作为转变发展方式、优化客户结构和产业结构的战略之举，以设立科技金融服务中心或专业服务支行等方式，使科技金融业务成为小微企业发展的助推器。

宁波是国家首批创新型试点城市，高新技术产业聚集、科技综合实力和自主创新能力强。科技型小微企业是最有活力和最具经济发展潜力的群体，技术、人才和市场是科技型小微企业赖以生存与发展的关键，但是由于科技型小微企业技术开发的风险性、市场开拓的不确定性以及资产和抵押物不足等特点，融资难成为制约其发展的瓶颈。促进科技型小微企业的成长、破解科技型小微企业创新创业中的融资难题，以及帮助它们突破发展瓶颈已经成为宁波科技局的工作重点。近年来，宁波市科技局把发展科技金融作为促进科技创新、推动经济转型的重要工作内容，积极搭建“资本”与“知本”的长效对接平台，加快推进“技术＋人才＋资本”的有机结合，让数量众多的科技型小微企业成长起来。[①] 培育和发展科技银行，是宁波市科技局与金融机构合作、针对科技型小微企业融资难采取的一项举措。

2012年1月8日，杭州银行宁波科技支行与宁波市鄞州区人民政府签订战略合作协议——《金融支持科技型中小企业战略合作协议》，正式落户国家优秀科技进步示范区——宁波鄞州区，成为当地首家专门为科技型企业提供融资等服务的银行。根据该行与鄞州区人民政府签订的协议，双方将充分发挥各自的职能和资源优势，重点在客户推介、金融服务、融资平台建设、支持战略新兴产

① http://www.most.gov.cn/dfkj/zj/zxdt/201406/t20140604_113527.htm，2015年12月31日。

业发展、信息化合作等领域加强合作，并积极推进地方中小企业主管部门与杭州银行分支机构建立密切的合作关系。合作双方将以科技型中小企业为重点，在努力缓解中小科技型企业融资难问题的同时，引导企业转变发展方式，加快结构调整。据杭州银行宁波科技支行负责人介绍，该行在与中小企业之间的银企关系上，不是简单地将自身定位于"资金的提供者"，而是致力于与科技型中小企业建立长期的战略合作伙伴关系。杭州银行宁波科技支行自成立以来，紧紧围绕宁波市政府和鄞州区政府的各项经济发展举措，积极利用自身信贷及服务优势，在科技金融服务上紧扣"创新"主旨，与宁波市、鄞州区科技局、科技园区和金融同业紧密合作，为科技创新型中小企业提供专业、便捷、高效的金融服务，为宁波市、鄞州区的科技创新和产业结构转型升级做出应有的贡献。配合宁波的经济转型升级，将地区新材料、新技术成果产业化作为自身的努力方向，针对科技型中小微企业的成长特性，打破银行传统的融资模式，进行金融创新，努力走出一条科技金融创新之路。

杭州银行宁波科技支行的目标客户来源是由鄞州区科技局等相关部门提供需要贷款的中小微型科技企业名单，然后再经银行方面进行筛选，符合要求的企业最多能贷400万—600万元。对科技型企业的业务考察标准，该支行将集中在团队结构与能力、产品市场前景及认同度、核心技术竞争力与前景、企业成长阶段融资匹配度，以及担保条件等多方面。该支行坚持"专业、专注、专营、创新"的服务宗旨，在科技型中小企业的初创期、成长期和成熟期，提供不同的金融产品搭配，探索多方合作机制。科技金融这一创新的融资模式，取得了非常好的社会效益，引起了政府和社会各界的关注。这一做法就如杭州银行宁波科技支行行长郑宣东所说："传统银行信贷是看过去和现在，科技型企业的信贷要加一项，就是看未来。"①不过，要实现批量放贷，一套新的评价体系必不可少。该支行总结了一套"两头兼顾"的标准：除了考虑传统贷款业务的"硬信息"，还要考虑非财务信息和软信息，例如企业的技术、产品、营销模式和竞争对手等。

① http://news.cnnb.com.cn/system/2013/01/08/007589591.shtml，2016年4月7日。

这些却并非是银行的强项。不过，它们请来了智囊团。贷款审查会上，专家把相关企业所属的行业是否符合国家产业政策的引导方向，技术、工艺流程等的成熟程度及在行业中的地位一一列出；创业投资则要帮助银行判断企业未来的成长性。在杭州银行宁波科技支行，两者的打分占到贷款审批权重的50%。据了解，杭州银行宁波科技支行已成为鄞州区众多中小科技型企业的成长伙伴，其信贷客户涉及电子信息、高新能源、节能环保、医药、文化创意等行业和传统行业的技术改造，基本覆盖了鄞州区重点发展的高新技术行业。

杭州银行宁波科技支行2012年累计为鄞州区100余家科技型中小企业授信5.7亿元，累计发放贷款4.07亿元。如今，该支行已经成为鄞州区产业结构转型升级的助推器。浙江泰来环保科技有限公司作为一家国家高新技术企业，主要致力于固体废弃物的安全处理技术和污水处理系统的研发、维护等。公司总裁鲍海明为“国家千人计划”的专家之一。该公司虽然拥有好的技术，但是资金一直是个问题。2012年1月，杭州银行宁波科技支行给该公司综合授信1 000万元，而且为信用贷款，有效解决了该公司的燃眉之急。目前该公司已拥有订单1.5亿元，预计新的生产场地建成投产后，年销售将达到3亿元，前景十分广阔。同时，2012年11月，位于姜山镇的宁波天荣氟塑科技有限公司在新厂房投入使用之际，收到杭州银行宁波科技支行的授信1 400万元。[①] 该支行力争通过三五年的时间，使5%—8%的客户能通过上市或资本并购等在资本市场上获得收益。

杭州银行宁波科技支行专注服务于科技型中小微企业。该支行成立了科技金融专营机构和专业团队，以“融资＋服务”为发展核心，根据中小科技型企业的发展特点和核心需求，建立了专业的产品服务体系、组织团队构架、渠道营销模式、风险控制措施、配套激励政策，并搭建了专业、高效、扁平的信贷业务流程，创新推出了如“风险池基金贷款”“选择权业务”“银投联贷”“专利权质押贷”“合同能源管理专项风险池”“文化产业专项风险池”等。它们根据企业不同发

---

① http://bank.cngold.org/c/2012-12-05/c1460044.html，2016年5月9日。

展阶段的特点，推出生命周期服务法，即“甘露计划”“起飞计划”和“卓越计划”，服务对象分别为研发结束产业化初期企业（含部分处于研发后期的企业）、产品已获得市场认可具备高成长性的企业和拟上市高新技术企业，其目标是协助企业实现产业化，使之做大做强。该支行通过政府、园区、担保、资本等多渠道增强自身的覆盖和服务能力，突出银政、银园、银投和银保等“1＋N”的服务渠道建设①：

第一就是银政合作。鄞州区政府给予该支行系列政策扶持，同时拿出1 000万元财政资金作为风险保证金，与该支行合作成立“风险池基金贷款”项目。鄞州区科技局成立科技金融专项资金，用于科技支行的贷款利息补贴、担保公司的担保费补助、研发贷款的利息补助等。如果出现信贷损失，在风险池基金额度内，由三方按基金约定出资（含匹配风险）的比例进行分担。鄞州区科技局成立科技金融专项资金，用于科技支行的利息补贴、担保公司的担保费补助、研发贷款的利息补助等。① 科技支行的利息补贴：500万元以下的企业按基准利率，政府补贴科技银行利息总额的20％；② 研发贷款的利息补助：500万元以上的企业证明贷款用于购买研发设备，在基准利率的基础上再打8折，由5.6％降至5.35％，使利率低于成本，鼓励创新。支行行长郑宣东说：“有了政府的大力支持，客户贷款都能享受基准利率，这是其他银行难以做到的，真正解决了企业融资难、融资贵的问题。而且30％左右的客户都是信用贷款。”

第二就是银镇、银园合作，通过与区内各镇乡（街道）、园区的合作，积极挖掘一大批科技型小微企业进行信贷资金扶持。目前该支行已经到姜山、云龙等10个乡镇召开银企洽谈会。通过“进镇入企”活动，走访了区内200余家企业，以支持实体经济的发展。同时，该支行与创业孵化器管理部门合作，对科技型小微企业提供有针对性的融资服务。

第三就是银投合作，通过打造股权投资服务平台和设计创新的债权融资产品等多种手段，形成直接融资与间接融资相匹配的金融服务体系。该支行开业

---

① http://bank.cngold.org/c/2012-12-05/c1460044.html，2016年5月9日。

10 个月就已经与浙江赛伯乐投资有限公司等 10 余家国内知名创业投资机构建立起紧密合作的关系，积极引导各类机构到鄞州区设立基金和投资区内企业。而在该支行授信的企业客户中，已有 3 家企业获得风险投资资金 6 650 万元。另外，该支行借助总行、分行的力量，积极引进摩根士丹利华鑫证券有限责任公司等券商、类金融机构到区内拓展业务，构建全方位的科技金融服务平台。

第四就是银保合作，该支行与宁波滨海信用担保有限公司等 6 家专业担保公司开展合作，在 2012 年累计授信 3.8 亿元。此外，2012 年年末，该支行又协助鄞州区科技局引进浙江中新力合股份有限公司在区内设立科技金融服务公司，拟共同发起设立科技型中小企业集合债权基金、科技腾飞引导母基金、专利交易运作平台等。

第四节　大力发展科技信贷

一　推动科技信贷快速发展

科技型中小企业由于自身特性和融资环境等方面的限制，想要顺利获得银行方面的贷款，还存在一定的困难。科技型企业要顺利获得科技信贷，需要企业、金融机构和政府的共同努力。

首先，关注科技型中小企业的内在因素，提高自身素质，提升信誉度以及市场认可度，为科技贷款铺路。科技型企业相对传统制造业而言，更注重技术方面的发展，而在可抵押资产和抵抗风险的能力上有所欠缺。而且，市场经验发现，这类企业往往组织结构简单，管理不够规范，财务体系不够健全。这些弱点都使得科技型中小企业相对于一般的工商企业更难获得贷款。因此，科技型中小企业应加大企业经营管理力度以及加强绩效考核制度，完善财务制度，做到财务透明、数据真实可信，经营合法规范，恪守信用，提高自身资信水平，树立良好的信用形象。[1]

其次，银行应该拓宽服务渠道，构建专营机构，如科技银行。一方面，中小型商业银行在发放贷款时，因为其自身的专业性不够，在对风险的控制方面存在技术欠缺；银行与企业间还存在信息不对称的问题，往往加剧了科技型企业贷款难的状况。另一方面，我国大多数商业银行更倾向于与国有企业合作。考虑到各种限制因素，银行对于中小型科技型企业比较谨慎，贷款条件和要求都比较苛刻，资金成本也比较高。这样的高门槛对于一些具有良好发展前景，但缺乏抵押资产或信用状况较差的企业而言，申请贷款显得尤为艰难。专营机构应围绕中小型科技企业的特点，制定合适的信贷服务和管理体制，以适应中小型科技企业特殊的资产结构和盈利能力。目前国内正积极探索科技银行的发展模式及服务渠道，加大信贷支持力度。逐渐兴起的科技支行，即服务于中小企业的专业经营机构，为该类企业提供了日益丰富的有针对性的新型金融服务。各行业企业在不同的发展时期有不同的特点，因此它们的融资需求和特点也不尽相同。银行只有挖掘客户特点，利用不同的金融工具，根据客户的需求来提供服务，才能事半功倍。

再次，改善金融环境，弥补科技金融生态环境的不足，建立健全企业信用系统和信用担保机构。第一，我国的企业信用体系并不完善，工商、税务、房产等行业部门与担保机构并没有便捷一体的沟通系统，导致信息不能高效流通，使得银行等金融机构很难掌握企业的实际财务能力和信用状况。第二，信用担保体系尚待完善，即使近年来中小企业信用担保机构有所发展，填补了银行和企业之间的信息空缺，为企业融资提供了一些帮助，但观其机构数量、资金规模、业务量，都远远不足以满足市场需求，能起到的作用有限。第三，不同领域、不同地区获取贷款的难易程度也有所不同。在科技金融环境较好的区域内高新技术企业融资相对容易。建议在解决问题的同时，不仅要重视新规则的制定、

---

① 马新、刘子俊、嵇祎、欧开乾：《商业银行科技金融发展与创新研究——以中国建设银行江苏省分行为例》，《金融纵横》2013年第4期。

新产品的开发，还需对相应的配套环境加以重视。例如，若是加强社会征信系统，就可以缓解信息不对称的问题，降低商业银行信息搜集的成本。或者针对知识产权质押贷款，若相关配套体系构建完善，评估机构专业权威，审查入围严格把关，知识产权交易市场健康、构建完整，商业银行就会有良好的退出环境，将会有效地促进投资。

最后，创新中小型科技企业的金融业务模式，创新金融工具。中国目前缺乏权威的第三方机构对企业的技术水平、核心价值进行认证评估。尽管知识产权抵押贷款是其中较为成功的一项，但是就整个市场情况来讲，第三方无形资产评估体系仍然很不完善；信息不对称导致银行逆向选择。作为银行，接触的中小型企业数量多、种类广、技术高，市场披露信息少，难以辨别。因此，相比于单个企业，银行获得的信息较少。企业和银行之间的信息不对称在银行选择投资企业时导致了逆向选择，加大了投资风险，使得银行投资更加谨慎。银行可以利用政府信息优势，掌握企业更多更新的信息，降低信息不对称；银行可与保险公司合作，开发有针对性的保险产品，为贷款提供保证，降低银行承担的风险；银行可与风险投资公司合作①，例如可参照“中关村模式”、上海“投贷联盟”、苏州“银投联贷”等。对于银行，风险投资的股权资金进入和信息、管理经验的注入增强了企业的综合实力，降低了信贷风险。借助风险投资机构的优势，银行也减轻了其交易费用和监督成本。对于风险投资，银行的加入为其减轻了资金压力，腾出的资金可以用在更多的企业项目上；同时，增大了企业的财务杠杆，只要收益高于贷款资金成本，都会增加企业价值，提高风险投资的投资回报率。对于企业，不仅解决了资金短缺的问题，还在管理、信息、声誉上都产生了积极效应。

二　大力发展科技银行

以技术和创新为特色的高新技术企业对我国的经济发展起到重大的作用。

① 人民银行泰州市中心支行课题组、贾拓：《科技贷款与风险投资结合模式的动态博弈研究》，《金融纵横》2012年第12期。

由于高新技术企业在初期具有的高风险性和盈利模式模糊等特点，其融资相对比较困难，科技信贷的出现对扶助技术创新型企业顺利渡过难关发挥了积极作用。不同于传统银行，科技银行需要建立新的融资标准和新的风险控制机制。基于目前科技银行的现状[①]，以下几点需要完善：

首先，应注重环境与制度的构建及完善。环境与制度考虑的是项目长远的发展，在客观环境上为项目铺就更好的成长条件，有利于它们更好地发展。具体内容包括：① 健全风险投资法律法规，通过法律明文规定相关金融运作法规，如投资、退出、破产清算、风险投资主体、对象、运行退出机制、基金募集方式、组织形态等。② 统一科技型企业的范畴、标准。目前对科技型企业的划分比较模糊，认定标准不统一，更没有细分行业、规模、企业所处的成长阶段，就连对企业的表述都未统一。因此，应尽快根据企业所属行业、专利产品市场占有率、研发人员比例、企业成长性指标等条件，参照统计局“国标”分类，完善科技银行发展考核体系和尽职免责制度。③ 完善产权制度，建立 OTC、回购、并购等统一的产权交易市场，在资产评估、资产转让和交易等方面充分发挥功能，提高无形资产融资比例。继续推进中小企业板、创业板等资本市场建设，拓宽风险投资退出渠道，并为中小企业提供上市融资便利。④ 逐步放开养老基金、保险公司等机构投资者进入私募股权投资市场，拓宽其资金来源，优化产权结构。

其次，应合理定位银行，甚至建立法人级银行级别的科技银行，以促进科技信贷的发展。虽然科技银行的数量没有非常快速地蹿升，但是每年都保持着增长态势。在科技银行队伍发展壮大的过程中，保证质量、稳健发展是关键。因此，在试点选址的时候，最好选择政策扶持覆盖、科技企业聚集、金融市场较发达的地方。试点银行应该有符合科技银行身份的运营特点，选择经营理念先进、在信贷服务方面有创新意识、各项经营指标较高的银行。设立科技银行的专项考核机制，定位于重点行业及企业的重点阶段。引导科技银行重视高科技

---

① 人民银行泰州市中心支行课题组、贾拓：《科技贷款与风险投资结合模式的动态博弈研究》，《金融纵横》2012 年第 12 期。

行业初创期和成长期的企业，以与其存在之初的目的相吻合，体现其设定的意义，明确其与普通商业银行的区别。目前，科技银行仍以支行性质为主，并没有以一级行的形式存在，这使得科技银行在职能、资源（包括权力、信息等）、工作环境、运作方式等方面均受到限制，建议设立一级支行级别的科技银行，在各方面赋予其更大的权力，充分支持科技信贷的发展。

最后，应注意调整科技银行的股权结构，加强人才队伍的建设。政府的资金应该起引流的作用，通过财政资金的杠杆作用更高效地利用资金，促进市场经济的发展、繁荣。政府可以放宽民间资金市场准入标准，引导、规范民间资金参股设立科技银行。科技银行最好扁平化其内部组织结构，降低与企业间的信息不对称。科技银行的发展时间相对较短，业务也有一定的特殊性。建立一支由科技和金融复合型、高素质专业人才组成的队伍是对科技银行发展的强大人才支持和智力保障。

第六章　科技保险：未雨先绸缪，风险共分担

中小型创业企业正日益成为科技创新领域最富有活力和效率的生力军，企业面临的政策环境是决定其持续创新能力的关键之一。中小型创业企业自身存在财务能力薄弱、融资渠道有限的问题，一旦遭遇风险，很容易陷入财务困境甚至破产的境地。除了必要的内部风险控制之外，外部保险机制成为降低科技企业创新风险的重要手段之一。科技保险指的是通过商业性或政策性的保险手段，对科技创新一系列活动中产生或涉及的可保风险进行管理。从广义角度来看，所有跟科技型企业相关的保险产品都可被泛称为科技保险；从狭义角度来看，科技保险是指关于科技活动方面一揽子具体保险产品的统称，包括企业研发、生产过程中由内部因素和外部因素造成的人身伤害、财产损失、民事赔偿等风险。然而，科技创新过程面临多样化的风险，有些风险涉及高深的专业技术内容，有些风险对应特殊的行业企业背景，一般的保险公司不具备相应的能力开发有针对性的保险产品或者设计、营销的成本过高，在市场发展初期盈利不足以弥补成本，因此商业保险公司缺乏激励进行科技保险的市场经营。

为了促进科技保险市场的建立和发展，以及让更多的科技企业和研发人员享受科技保险保驾护航的服务功能，2007 年 7 月，科技部和保监会与北京市等“五市一区”分别签署了《科技保险创新试点合作备忘录》，正式启动了我国科技保险工作的试点。各试点地区以“政府引导、商业化运作”为指导方针，制定具体的优惠政策，积极推动科技型企业了解并使用科技保险。2007 年 7 月 22 日，

华泰财产保险股份有限公司同北京用友软件工程股份有限公司签署了第一份科技保险保单，用友同时成为我国第一家获得科技保险的企业。同年8月，刚刚投保了科技保险的苏州华能仪控有限公司的一台数控车床出现加工零件故障，通过科技保险快速理赔通道获得理赔，成为全国首家出险获赔、直接受益的科技企业。这两个事件标志着中国科技保险市场的实质性运营开始了。

经过近九年的发展，科技保险的市场规模不断扩大，参与主体、产品种类逐渐增加，支持政策趋于稳定。然而，科技保险的市场效率和政策效果仍与国家自主创新战略存在一定的差距，对中小型科技企业的资金融通和风险管理的支持效果仍不显著。因此，整理和提炼科技保险的国际经验并结合科技保险实施情况的具体案例，归纳出符合中国国情的科技保险险种体系，进一步提出推动科技保险工作发展的意见和建议具有强烈的现实意义。

第一节　科技保险的理论研究

一　科技风险的内涵

科技风险理论最早是由德国学者乌尔希里·贝克于1986年提出的。国内学者谢科范和倪曙光（1995）对科技风险的概念进行了比较规范的界定：科技风险是指在科技研发、成果转化和高新技术产业化过程中，由于外部环境的不确定性、项目本身的复杂性，以及科研开发能力的有限性而导致科研开发项目失败、中止，达不到预期的技术经济指标的可能性。[①]

由于科技活动本身的不确定性，复杂科技保险的产生是伴随着20世纪四五十年代风险投资的产生应运而生的。风险投资是很多高科技企业和新兴企业得以快速发展的源泉，它有力地促进了西方国家高新技术产业的发展。与此同时，科技保险作为分散（或转移）企业技术开发风险的一种方式也随之产生。

① 谢科范、倪曙光：《科技风险与科技保险》，《科学管理研究》1995年第13期。

科技保险最初限于技术贸易环节的信誉与合同保险，以及与技术开发活动有关联的常规保险（如财产保险等），然后逐步发展到研究开发项目保险。

科技保险在中国的发展已经有十多年了，但一直进展较慢并局限在较小的范围内。随着中国经济实力的上升、科技企业的增多，对资金的需求随之增多，对保险的需求也扩大了。而且，随着创新活动的增多、创新成果的日益突出，科技企业越来越希望有针对性的保险出现，从而为它们的研发、技术交易、产业化提供全方位的保障。同时，中国保险业的发展，也在更大范围、更大领域内为国民经济和社会发展服务提供了可能，这些都为科技保险的发展奠定了社会基础。

二　科技保险的理论探索

虽然从20世纪四五十年代起科技保险就作为应对科技风险的管理工具率先在欧美等发达国家开始使用，但在理论方面，国外至今没有对科技保险给出完整明确的定义，形成一套完整的科技保险理论。

（一）国外科技保险的研究

国外并没有对“科技保险”的定义做出明确规定，但研究发现，科技保险对于科技企业的创新能力有正向影响，一定程度上提升了其创新能力，为高技术产品的成功研发提供了有力保障。Reyes（1996）采用皮尔逊相关分析法研究了1985—1994年美国高技术企业专利获准数、研发设备投保金额、产品质量投保金额之间的关系。结果发现，研发设备投保金额、产品质量投保金额对专利获准数有正向影响。[①] Tether（1998）将企业高技术产品种类、关键研发人员医疗健康保险额分别作为被解释变量与解释变量，依据1990—1997年以色列139家科技企业的数据，分析了科技保险中人身保险的作用，研究发现被解释变量与解释变量同方向变动，投保人身保险的企业研发人员稳定，更容易开发出新产

① Reyes J A. CGI Insurance Coverage for Patent Infringement. *BUJ Sci. & Tech. L.*, Vol. 2, 1996, p. 247.

品。此外，有研究发现科技保险能够提高科技企业的盈利能力。[①]

Stueber(1991)采用案例分析法，研究了科技保险中财产保险给奔驰公司带来的潜在盈利优势，通过对该公司员工和高层管理者进行访谈发现，投保财产保险能够在实验设备损坏时及时得到赔付，保证了实验的连续性，提升了新技术成功的概率，最终提高了企业的盈利能力。[②] Tiller 和 Bedigian(2001)对微软公司开展问卷调查，将高技术软件盈利额作为被解释变量，研发责任保险额、销售责任保险额作为解释变量，运用多元回归进行研究发现，研发责任保险额对高技术软件盈利额有显著的正向影响，销售责任保险额对高技术软件盈利额的影响较为显著。[③]

（二）国内科技保险的理论研究

20 世纪 90 年代是国内研究科技保险的第一轮热潮，目前，国内对于科技保险的研究主要集中在对概念的澄清和理论的探讨上。谢科范等(1994，1995)是研究科技保险最早的一批学者，他们认为科技保险是随着风险投资的兴起逐渐发展起来的。[④⑤] 刘如海等(2007)将科技保险定义为为了规避开发活动中因诸多不确定的外部影响导致科研开发项目失败、中止、达不到预期的风险而设置的保险。[⑥] 辜毅(2007)认为科技保险是对科技创新过程中遭遇风险所造成的损失承担赔偿责任的新型保险品种，它对促进企业高新技术创新、掌握核心技术、提高核心竞争力作用巨大。[⑦] 邵学清等(2007，2009)将科技保险定义为为了规避研发、成果转化、产品推广过程中由于内部能力的局限和外部的不确定因素，

---

① Tether B S. Small and Large Firms: Sources of Unequal Innovations? *Research Policy*, Vol. 27, No. 7, 1998, pp. 725—745.

② Stueber T J. Insurance Coverage for Patent Infringement. *Wm. Mitchell L. Rev.*, Vol. 17, 1991, p. 1055.

③ Tiller S E & Bedigian B. Intellectual Property and Technological Insurance Coverage. *Maryland Bar Journal*, Vol. 34, No. 6, 2001, pp. 34—39.

④ 谢科范、倪曙光：《科技风险与科技保险》，《科学管理研究》1995 年第 13 期。

⑤ 谢科范：《科技保险面面观》，《中国保险》1994 年第 10 期。

⑥ 刘如海、张宏坤：《我国科技保险发展问题研究》，《苏南科技开发》2007 年第 10 期。

⑦ 辜毅：《我国科技保险发展问题探讨》，《上海保险》2007 年第 2 期。

导致科技活动失败的风险而设置的保险。[①][②] 吕文栋、赵杨和彭彬(2007)进一步将科技保险与一般的人身财产保险区分开来,将其定义为一种具有集成性、弱可保性、正外部性以及严重的信息不对称性的保险。[③]

从科技保险的模式和体系构建来看,任伟和胡安周(1997)提出了科技保险的三个步骤:第一步,开发相对稳定、风险小的保险产品,如技术转让保险、新产品质量信誉保险、新产品中试保险、新产品投产阶段保险和农业技术推广保险等;第二步,扩展到研究与开发活动的全过程,开发风险相对较高的保险业务,如企业技术改造综合保险、企业技术引进保险、技术开发项目全过程或阶段保险、科技贷款保险、科技人员保险、风险企业或高科技企业总体保险、农业科技集团承包保险和企业技术开发承包保险等;第三步,建立以风险投资为主、结合其他方式的科技保险体系。[④] 就科技保险体系的构建而言,很多学者都认为应当丰富科技保险产品体系,如张缨(2002)、王和(2008)及李树利(2009)在对可保技术创新风险类型进行分析的基础之上,提出科技保险体系是一大类防范技术创新(科技活动)风险的经济制度,具体包括科学技术开发保险、技术成果交易保险、科技成果推广保险、新产品质量保险和责任保险、专利费代交等。[⑤][⑥][⑦]

2006 年中国保监会和科技部联合下发的《关于加强和改善对高新技术企业保险服务有关问题的通知》掀起了科技保险研究新的热潮。近几年,实务研究是学界和业界的主流,对现有科技保险产品的市场需求和对新的险种的开发等的研究占据了很大比例[⑧],已有研究逐渐延伸至科技保险补贴政策及险种设计等问题。在 CNKI 数据库中以“科技保险”为关键词进行搜索,发现 2006—2015 年间,国内收录“科技保险”的文献数量呈增长趋势,即关于“科技保险”的学术

---

① 邵学清、刘志春:《政策性科技保险的框架设计》,《中国科技投资》2007 年第 11 期。
② 邵学清:《对科技保险试点的经验总结与展望》,《中国科技论坛》2009 年第 4 期。
③ 吕文栋、赵杨、彭彬:《科技保险相关问题探析》,《保险研究》2008 年第 2 期。
④ 任伟、胡安周:《我国应大力发展科技保险》,《金融理论与实践》1997 年第 1 期。
⑤ 张缨:《科技创新保险体系的构建》,《甘肃科技》2002 年第 18 期。
⑥ 王和:《创新是发展科技保险的必由之路》,《中国保险》2008 年第 6 期。
⑦ 李树利:《推动科技保险向纵深发展问题探究》,《上海保险》2009 年第 7 期。
⑧ 胡晓宁、李清、陈秉正:《科技保险问题研究》,《保险研究》2009 年第 8 期。

关注度整体上呈上升趋势(见图 6.1)。刘骅(2010)在其博士学位论文中运用科技精算的数理模型对财产、人身和责任三类险种进行了分析与计算，并利用结构方程模型、灰色关联理论和武汉市科技保险工作的具体案例，探讨了科技保险对区域创新能力的影响。[①] 隋建冬(2014)通过采用数据包络分析(DEA)方法对我国首批科技保险试点地区的实施效果进行分析，结果表明科技保险实施绩效相对较好的试点地区是北京、武汉、重庆和苏州，而实施绩效相对较差的试点地区是天津和深圳。[②] 葛竞言和王喜(2015)对浙江省开展科技保险试点工作的情况进行了测算，发现科技保险试点的主要问题在于试点范围小且时间短、政府补助力度和方式有待改进等。[③]

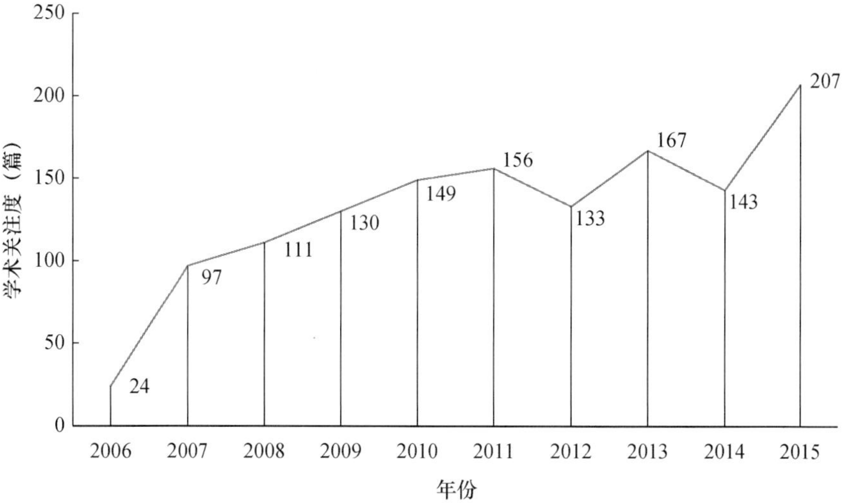

图 6.1　CNKI 中“科技保险”的学术关注度

注：学术关注度用 CNKI 中的发文量(篇)衡量。

资料来源：CNKI 数据库。

① 刘骅：《科技保险的理论与实证研究》，博士学位论文，武汉理工大学，2010 年。

② 隋建冬：《首批科技保险试点城市实施效果评价》，硕士学位论文，中国海洋大学，2014 年。

③ 葛竞言、王喜：《科技保险试点中存在的问题和对策分析》，《现代商业》2015 年第 7 期。

第二节 科技保险的实践

一 国外科技保险实践

国外科技保险始于20世纪50年代,至今仍没有完整的理论,也没有系统化的科技保险分类,但在实践上的经验十分丰富。美国通过商业保险手段帮助企业转移技术创新活动中产生的风险主要有两种方式:第一种是提供单独险种以规避科技创新中产生的特定风险,如转移侵权风险的知识产权保险,转移责任风险的过失与疏忽保险,规避互联网信息安全的网络保险等;第二种是保险公司针对特定行业、特定企业提供的定制型、组合式保险方案,如为IT、生物工程等高新技术产业提供的一揽子保险解决方案。发达国家和经济体有大量的高科技企业,其科研创新普遍较强,因此面临更多的科技风险;并且其保险业发展得更为成熟,积累了很多实践经验,对我国科技保险的发展具有借鉴意义。

1. 知识产权/专利保险

在发达国家,企业竞争激烈,科技创新日新月异。专利、知识产权是企业的命脉。因此,知识产权/专利保险险种应用普遍、发展迅速且规范化。知识产权/专利保险主要包括两种类型:

(1) 知识产权侵权责任保险,主要是专利侵权责任保险。这属于第三方保险,主要赔偿被保险人侵犯他人知识产权时的法律辩护费用以及被判承担赔偿责任时支付的损害金。

(2) 知识产权财产保险,主要是专利保护保险。这属于第一方保险,主要支付被保险人由于其知识产权被侵权时的法律诉讼费用。在国外,向大型企业提起诉讼需要一定的资金实力与时间,此项保险尤其保证了中小型科技企业对自身专利权的维护。

2. 过失与疏忽保险

过失与疏忽保险也可称作职业责任保险,是以专业技术人员在从事职业技术活动时因过失或疏忽导致合同对方或他人人身伤害或财产损失的经济赔偿责任为承保风险的责任保险。职业责任多为技术性较强的工作导致的责任事故。这种风险更多地存在于生产复杂产品的高新技术企业，如生产电子产品软硬件的企业中。国外有许多专业保险公司承保这一险种，美国邱博保险公司就有这一业务。

3．网络保险

网络为科技发展提供更多机会和便利的同时也附加了一定的风险。网络保险的承保范围主要包括：病毒攻击、拒绝服务、网站内容责任、网站责任、著作权、侵权、商标权侵权、黑客入侵等。在国外，越来越多的保险公司推出网络保险这一险种，参保企业数量增长迅速。网络保险是目前保险领域发展最快的险种。在网络安全隐患下，中小科技企业由于缺乏对网络风险的防范机制及应对实力，对网络保险的需求非常大。

4．融资租赁保险

融资租赁是指由出租人根据承租人对租赁物件的特定要求和对供货人的选择，出资向供货人购买租赁物件，并出租给承租人使用，承租人则分期向出租人支付现金。在租赁期内，租赁物件的所有权属于出租人所有，承租人拥有租赁物件的使用权。融资租赁保险是针对在融资租赁过程中出租人面临的风险而设立的保险。例如，美国的“海外私人投资公司”、日本的“融资租赁保险方案”都是以承租人的信用风险、国别风险等为标的的保险产品。

5．产品责任保险

产品责任保险指承保生产者或销售者因产品缺陷引起的依法承担的赔偿责任的保险。基本责任为：在保险有效期内，保险公司在保险规定的赔偿限额内赔偿被保险人生产、销售、分配或修理的产品发生事故，造成用户、消费者或其他任何人的人身伤害（包括疾病、伤残、死亡）或财产损失，依法应由被保险人承担的责任；被保险人为产品事故所支付的诉讼、抗辩费用，以及其他保险公司事先同意支付的费用，保险公司予以赔偿。这是发展得比较成熟的保险业务，美国丘博保险公司就提供产品责任保险。

6. 环境责任保险

环境责任保险又称“绿色保险”，在每个国家的具体名称不同。一般来说，是指以被保人因污染环境而应当承担的环境赔偿或治理责任为标的责任的保险。环境责任保险由公众责任保险发展而来。目前的环境责任保险主要分为两类：环境损害责任保险和自有场地治理责任保险。①

7. 组合式保险解决方案

组合式保险解决方案是国外保险业面向某些特殊行业如电子信息行业和生命科学行业的保险产品。相对于单一险种保险产品的单一险种免赔额和赔偿限额，组合式保险解决方案提供了整个保险期间多个险种保险责任的累计免赔额和赔偿限额，提高了企业的风险成本使用效率。②

二　国际保险机构的具体险种

（一）美国国际集团

美国国际集团是世界保险和金融服务的领导者，也是全球首屈一指的国际性保险服务机构，业务遍及 130 多个国家及地区，其成员公司通过世界保险业最为庞大的财产保险及人寿保险服务网络，为各商业机构和个人客户提供服务。美国国际集团在 20 世纪 60 年代开始为非传统风险提供有条件的保障、注重免赔额等，在过去几十年中，其新险种业务不断——因特网身份被窃险、劫机险、海上油田保险就颇具新意，并领先同行推出黑客保险业务。此外，还成立了技术保险部门，专门研究如何为技术企业服务。2008 年，受到金融危机的影响，美国国际集团股价降低，市值快速蒸发，面临危险局面。就在此时，美联储宣布向美国国际集团注资，正式接管这家全球最大的保险商。

（二）美国丘博保险公司

美国丘博保险公司针对相关科技行业提出相应的解决方案。

---

① 赵昌文、陈春发、唐英凯：《科技金融》，科学出版社 2009 年版，第 624 页。

② 胡晓宁、李清、陈秉正：《科技保险问题研究》，《保险研究》2009 年第 8 期。

1. 生命科学解决方案

美国丘博保险公司针对生命科学类企业提供了一个完整的风险解决方案，该方案运用财产保险和第三者责任保险相结合的保险产品组合方式，帮助企业在面临金融风险或诉讼风险时提供损失保底。具体险种包括财产和营业收入保险、一般责任保险、失误与过错保险。

2. 海洋产业解决方案

针对施工人员、承包人设备及安装、国内运输、租赁财产和分期付款销售、海上责任、运货卡车法律责任、海洋货物运输等方面提出综合的解决方案。

3. 信息与网络技术解决方案

信息与网络技术企业发展的关键是创新。美国丘博保险公司对该行业的风险主要提供以下商业保险：财产与意外损失，包括恶意病毒攻击造成的损失和新产品不能按时投入市场造成的收入损失；过失责任保险；名誉损害保险，包括版权、商标侵犯、诽谤等。

4. 能源工业解决方案

主要针对包括采矿、石油、电力等能源资源类行业提供一揽子保险解决方案。

5. 圣保罗旅行者集团

圣保罗旅行者集团的技术保险采用为行业提供专门保险的形式提供技术保险，而非单一的产品。它的技术保险专门针对通信（为通信设备制造商提供对相关设备的保险）、信息技术（IT 产品、应用、软件服务等方面的保险）和电器制造领域（计算机、电器元件及计算机周边类、工业电气设备类及测量设备类）的科技企业。[①]

（三）技术保险协会

该组织成立于 2001 年，是由一些美国的保险、会计公司等组成的非营利组织，专为那些技术领域的企业提供风险管理、风险规避方面的服务。对技术类

① 李志斌：《我国科技保险的发展及国际经验借鉴》，《北京城市学院学报》2012 年第 2 期。

企业提供的保险主要是过失与疏忽保险、为高科技企业设立的全方位货物运输保险，以及针对企业中的个人的董事和高管责任保险、雇员责任保险和信托责任保险等。该组织利用协会的性质很好地联合了保险公司、会计公司等，为技术型企业提供了很好的风险管理指导以及风险规避方式。这一形式非常值得我国保险业借鉴。

（四）德国安联集团

德国安联集团是欧洲最大的保险公司，同时作为国际主要的工业保险承保人之一，其在世界各地拥有一批高素质的工程师。这些专家不仅为客户提供专业咨询，还可根据客户的不同需求为他们设计特殊保险保障。设在慕尼黑近郊的安联技术中心为世界保险企业唯一的专业研究机构，专门从事工业事故的研究预防和机动车安全性的改良。[①]

三　国内科技保险实践

（一）我国科技保险市场的发展阶段

我国科技保险业自 2007 年试点至今不到十年时间，已有的经验也不成熟。近年来，我国出台了一系列政策规章。2005 年，我国发布了《国家中长期科学和技术发展规划纲要（2006—2020 年）》，对未来的科学技术的发展、创新提出了新的任务和要求。保险业积极响应政府纲要，以自身的实际行动来支持国家政策的实施。从 2006 年 6 月开始，我国相继出台了《国务院关于保险业改革发展的若干意见》以及《关于加强和改善对高新技术企业保险服务有关问题的通知》（保监发〔2006〕129 号）、《关于进一步支持出口信用保险为高新技术企业提供服务的通知》（财金〔2006〕129 号）等相关政策文件。《关于加强和改善对高新技术企业保险服务有关问题的通知》规定，企业的保费支出纳入企业技术开发费用，享受国家规定的税收优惠政策，为科技创新提供风险保障。2010 年 3 月，科技部和保监会发布了《关于进一步做好科技保险有关工作的通知》，明确了科技保

① 赵昌文、陈春发、唐英凯：《科技金融》，科学出版社 2009 年版，第 625 页。

险进一步深化发展的方向。这就为科技保险的实施创造了政策基础。

其发展历程大致可分为三个阶段：

1. 准备酝酿阶段(1994—2006年)

学术界自1994年提出科技保险的概念以后，对科技保险展开了不断深化的理论研究，并提出了相关的政策建议，但科技保险并未受到企业的重视及政策的支持。

在这一阶段，我国宏观经济持续快速增长，加入世界贸易组织后面临新的国际竞争与挑战，对产业结构的调整和转型升级迫在眉睫。国务院于2006年2月发布了《国家中长期科学和技术发展规划纲要(2006—2020年)》，提出实施促进创新创业的金融政策，尤其对科技型中小企业，"鼓励保险公司加大产品和服务创新力度，为科技创新提供全面的风险保障"。2006年6月，国务院出台了《关于保险业改革发展的若干意见》，明确提出"发展高科技保险，为自主创新提供风险保障"。为贯彻实施以上文件的有关规定，2006年年底，中国保监会和科技部联合下发了《关于加强和改善对高新技术企业保险服务有关问题的通知》，提出实施科技保险试点工作的原则性指导方案。

2. 市场形成阶段(2007—2009年)

2007年7月20日，科技部和保监会与北京、天津、重庆、深圳、武汉、苏州高新区6个试点城市(区)签署了《科技保险试点备忘录》，科技保险创新试点工作正式启动。2008年8月，成都、上海、沈阳、无锡以及西安国家高新区、合肥国家高新区获批成为第二批科技保险创新试点城市(区)，至此试点城市(区)达到12个，涉及的高新技术企业数以十万计。

险种及承保机构也逐步增加。第一批险种包括由中国出口信用保险公司经营的政策性出口信用保险，以及由华泰财产保险股份有限公司试点经营的高新技术企业产品研发责任保险、关键研发设备保险、营业中断保险、高管人员和关键研发人员团体健康保险以及意外保险五个险种。以高科技企业需求为基础，2008年2月增加了九个新险种，包括高新技术企业财产保险、高新技术企业产品责任保险、高新技术企业产品质量保证保险、高新技术企业小额贷款保证保险、高新技术企业环境污染责任保险、高新技术企业专利保险、高新技术企业项目投资损失保险、高新技术企业董事会监事会高级管理人员职业责任保险、高新技术企业雇主责任保险。同时，中国人民财产保险股份有限公司和中国平安人寿保险股份有限公司被批准在科技保险城市(区)试点经营科技保险业务。

2007 年，全国科技保险保费收入合计 15.87 亿元，保额超过 685 亿元，累计赔付金额达 11.75 亿元，参保高新技术企业逾 1 100 家。[①] 经过 2007—2009 年的发展，我国科技保险市场已经基本形成，保险产品日渐丰富，承保范围逐步扩大，投保企业快速增加，科技保险对高新技术企业研发、生产和经营的补偿及支持功能开始显现。

3. 市场深化阶段(2010 年至今)

2010 年 3 月，科技部和保监会发布了《关于进一步做好科技保险有关工作的通知》，明确了科技保险进一步深化发展的方向，投保地区不再局限于 12 个试点城市(区)，受保范围扩大到科技企业，承保机构也将进一步放开。该通知推出了多项具体的政策措施，鼓励保险公司、保险经纪服务公司、科技中介大力开发新险种，在科技型中小企业自主创业、融资、企业并购以及战略性新兴产业供应链等方面提供保险支持，不断拓宽保险服务领域。

(二) 科技保险国内试点情况

科技保险与一般商业保险不同，它是一种“准公共品”，在国内外都是一个新生事物。没有政府的推动和引导，保险公司与科技企业很难对接，形成市场关系。在科技保险推行的初期，政府是主导者，必须从法律、行政、财政政策等多方面着手，为科技保险的长期发展打下良好的基础。

2007 年 7 月，“科技保险试点城市备忘录签署仪式”在北京举行，随后，北京、天津、重庆、武汉、深圳和苏州高新区等首批“五市一区”立即展开相关工作，表 6.1 对首批科技保险的试点情况做了总结。

① 胡晓宁、李清、陈秉正：《科技保险问题研究》，《保险研究》2009 年第 8 期。

表 6.1　“五市一区”科技保险试点基本情况

试点地区	投保企业数量(家)	投保保费(万元)	保险金额(亿元)	赔付数量(笔)	赔付数目(万元)	财政补贴比率	补贴情况(万元)
北京	27	3 125.57	14.92	0	0	0.5	—
天津	6	186.83	1.40	0	0	—	已着手补贴
重庆	8	52.30	2.44	2	5.98	0.6	31.36
深圳	31	8 123.08	82.62	0	0	0.5	61.10 (128.70 待发)
武汉	21	317.88	6.25	0	0	—	134(待发)
苏州高新区	9	219.70	50.00	1	0.38	0.3(信保) 0.5(其他)	31.24
合计	102	12 025.36	157.63	3	6.36	—	386.40

注：数据截至 2008 年 1 月 1 日，美元按 1 美元＝7 元人民币换算。

资料来源：郭戎、付剑锋、张明喜、薛薇等，《中国的科技投资——科技金融与科技财税初探》，经理管理出版社 2013 年版，第 240—241 页。

2010 年年初，保监会、科技部联合下发了《关于进一步做好科技保险有关工作的通知》，这标志着科技保险由试点走向常规，开始在全国范围内推广。同年 12 月，科技部联合一行三会（中国人民银行、保监会、证监会、银监会）发布《促进科技和金融相结合试点实施方案》，突出了科技与金融全面渗透融合的主张，为科技保险在全国范围内快速发展奠定了良好的基础。与此同时，怎样解决试点中暴露出的问题，采取怎样的推广方式和政策模式可以更快速有效地促进科技保险的推广显得尤为重要。本书以首批科技保险试点城市中的直辖市北京、天津、重庆和创新重地苏州高新区，以及第二批科技试点城市中的直辖市上海和民营经济极为发达的浙江省为例，总结其科技保险相关政策的实施情况与效果，希望为加快推动科技保险深化发展提供一定参考。

1. 北京市科技保险发展现状

作为第一批试点城市，北京市科技保险发展最快，参保企业最多。北京市自 2007 年到 2010 年年底，共有参保企业 427 家（次），险种从最初的三种增加为十几种，包括高新技术企业财产保险、高管及核心研发人员团体意外保险、高新技术企业产品责任保险、高新技术企业关键研发设备保险、高新技术企业产品质量保证保险、高新技术企业出口信用保险、高管及核心研发人员团体健康保险、高新技术企业产品研发责任保险、高新技术企业雇主责任保险、高新技术企业董事会及监事会高级管理人员职业责任保险、高新技术企业小额贷款保证保险、高新技术企业营业中断险、高新技术企业环境污染责任保险、高新技术企业专利保险等，保费总收入 5 886 万元，保额 520 亿元，保费支出 5 900 万元/月。截至 2010 年年底，政府相关保费补贴支出约 3 100 万元，金额达到企业保费支出的 50%以上。

赵杨和吕文栋(2011)针对北京市高新技术企业风险管理状况的调查研究表明：首先，从科技保险作用的认知程度分析，1 000 多家被调研企业中有 35%认为科技保险的作用十分重要，61%认为其作用有限，4%认为其完全没有作用；其次，从科技保险的宣传效果来看，在科技保险试点三年后，22%的高新技术企业仍未听说过科技保险，71%的企业虽然听说过科技保险但未购买过，仅有 7%的企业购买过科技保险；再次，从科技保险产品的销售情况看，目前已开发的科技保险险种在北京均有销售，其中企业财产保险、高管及核心研发人员团体意外保险和产品责任保险销售得最多，而营业中断保险、环境污染责任保险以及专利保险等销售量非常小；最后，约有一半被调研企业表示一旦财政补贴取消，就将终止购买科技保险，这表明科技保险在很大程度上具有财政补贴依赖性。[①]

2. 天津市科技保险实践情况

天津市 2008 年第一批共有 15 家企业投保了 19 份保险合同，保费合计 432.6 万元，其中出口信用保险保费 175.6 万元。科委完成科技保险保费补贴 240 万元，其中，投保出口信用保险公司“短期出口信用保险”的 6 份，获得补贴 111.4 万元；投保人保公司“高新技术企业财产保险”的 4 份，获得补贴 83.3 万元；投保人保公司“高新技术企业产品责任保险”的 4 份，获得补贴 32.2 万元。

---

① 赵杨、吕文栋：《科技保险试点三年来的现状、问题和对策——基于北京、上海、天津、重庆四个直辖市的调查分析》，《科学决策》2011 年第 12 期。

另有投保“高新技术企业关键研发设备保险”等险种的保单5份，合计获得补贴13.1万元。

2008年第二批共有40家企业投保62份保险合同，保费合计1 084.4万元，其中出口信用保险保费528.1万元。科委完成保费补贴200万元，其中，投保人保公司“高新技术企业财产保险”的36份，获得补贴103万元；投保出口信用保险公司“短期出口信用保险”的10份，获得补贴68.07万元；投保人保公司“高新技术企业产品责任保险”的6份，获得补贴18.51万元。[①]

3. 重庆市科技保险实践情况

从开展科技保险试点至2010年7月，在科技保险领域，重庆市共有九大科技保险险种成功实现销售，共有参保企业106家，累计购买保险产品149份，保额达188.417亿元，保费1 225.12万元，累计赔付超过4 569万元。科委完成财政补贴392.91万元，其中出口信用保险保费补贴135.95万元，占比最高，为34.60%；高管及关键研发人员团体意外保险保费补贴以88.34万元次之。[②]

4. 苏州高新区科技保险实践情况

苏州高新区是第一批科技保险试点城市（区）。苏州地区国家高新技术企业、民营科技企业的数量已居江苏省首位，专利申请量更是位列全国第一，政府对科技保险支持本地创新型企业的发展十分重视，出台了一系列相关鼓励政策。[③]

2006年12月，苏州高新区被批准为全国首批科技保险试点地区之一，中信保、华泰财险、平安寿险、人保财险先后被准入试点经营科技保险业务。2010年，交通银行苏州支行成立科技支行，采用“政府＋银行＋保险＋担保＋创投”的综合化融资模式。政府通过“有形之手”的引导，支持和推动科技保险及企业

① 赵杨、吕文栋：《科技保险试点三年来的现状、问题和对策——基于北京、上海、天津、重庆四个直辖市的调查分析》，《科学决策》2011年第12期。

② 同上。

③ 姚海明、徐林南：《科技保险支持创新型企业发展的机制研究——以苏州市为例》，《中国保险》2014年第6期。

的科技创新活动，包括对不同险种给予科技保险保费补贴，并圈定“高科技企业大名单”，建立首期1亿元资金的“风险池”。科技保险被纳入商业化运行轨道之后，商业保险公司按照市场逻辑开发设计高新产业新险种。2011年2月成立的苏州萃智新技术开发公司主要从事高分子材料和纳米技术工程塑料研发，公司成立前期出现资金短缺问题，无法正常运转，苏州人保财险为其承保的贷款保证保险发挥了作用，使其顺利从银行获得300万元贷款。该公司2012年的营业收入达到约3 000万元。

截至2011年1月，苏州高新区共有参保企业45家(次)，缴纳保费1 884万元，实现保额208亿元，其间，5家中小型高新技术企业出险9次，累计赔付366万元。同时，政府向企业发放保费补贴204.3万元。从保险险种来看，涵盖了高新技术企业财产保险、关键研发设备保险、高管人员和关键研发人员团体意外保险、雇主责任保险以及出口信用保险等。

5. 上海市科技保险实践情况

上海市科技保险试点推出得较晚，且险种只有科技型中小企业信贷履约保证保险；在其他试点地区发展得较好的高新技术企业财产保险、高管及核心研发人员团体健康/意外保险等并未得到推行。但由于其产品创新性强，开创了国内“银行＋保险公司”联合参与贷款产品的先例，满足了广大高新技术企业对于资金融通和风险控制的迫切需要，该业务自试点以来得到了快速发展。

在2010年12月2日“科技型中小企业贷款履约保证保险”启动当天，10家企业通过了银行贷款审批，获得贷款2 380万元，最低的一笔50万元，最高的一笔500万元。10家企业中，2家为中组部“千人计划”引进人才所创企业，2家为上海市“小巨人”培育企业，其余6家为上海市高新技术企业。其中，第一次获得银行贷款的企业有3家。

6. 浙江省科技保险实践情况

相对而言，浙江省科技保险试点推出得较晚。浙江省科技厅2012年发出通知，根据中国保监会、科技部《关于进一步做好科技保险有关工作的通知》要求，为了贯彻落实科技部等部门《关于促进科技和金融结合加快实施自主创新战略的若干意见》和浙江省政府《关于进一步促进科技与金融结合若干意见》，经浙江保监局同意，浙江省科技厅、中国人保财险浙江省分公司、中国平安财险浙江省分公司联合在全省高新技术企业中开展科技保险试点工作，分散科技企业风险，促进科技研发、成果转化以及产业化。

（1）浙江省试点科技保险包括以下几个险种：

财产保险类。主要包括财产保险、关键研发设备保险、营业中断保险等。试点对象：浙江省国家级和省级创新型试点示范企业、高新技术企业。

责任、保证、信用保险类。主要包括小额贷款保证保险、产品责任保险、雇主责任保险、董事会监事会高级管理人员职业责任保险、产品研发责任保险、环境污染责任保险、产品质量保证保险、国内贸易信用保险。试点对象：浙江省国家级和省级创新型试点示范企业、高新技术企业。

意外、健康保险类。主要包括企业高管人员和关键研发人员团体意外伤害保险、企业高管人员和关键研发人员团体健康保险。试点对象：浙江省国家级和省级创新型试点示范企业、高新技术企业的关键技术成果主要完成人，重大研发项目负责人，或对主导产品、核心技术进行重大创新、改进的主要技术人员。

（2）浙江省科技试点工作包括以下三个阶段：

2012 年 3—6 月，省、市、县各级科技主管部门与试点保险公司向科技企业宣传推广保险产品及政策，对接保险公司和企业，加强企业对科技保险作用的认识。

2012 年 6—12 月，试点保险公司根据科技企业和人员的具体需求，经由科技保险绿色通道和专业团队，积极制订促进科技创新的便捷高效的保险方案，搜集风险数据，确定合理的保险费率，同时企业可以选择向试点保险公司投保。

2013 年 1—3 月，政府根据试点期间汇总的企业对科技保险产品的需求和投保情况，对显著促进科技成果转化和科技企业融资的科技保险产品，按实缴保费的一定比例对企业给予财政补助。①

---

① 金科：《浙江省在科技企业中开展科技保险试点工作》，《今日科技》2012 年第 2 期。

浙江省试点的险种即国家第一批、第二批试点城市推出的险种，针对企业为浙江省国家和省级创新型示范企业、高新技术企业。而浙江省却有上万家科技型中小微企业，显然浙江省科技保险覆盖面仍较为狭窄。浙江省在2014年年初正式启动了科技型中小企业专项贷款保证保险，以"政府＋保险＋银行"的风险共担模式，拓宽科技型中小企业的融资渠道。这一模式在2012年年底开展的科技型中小企业小额贷款保证保险试点中取得了良好的效果。

案例

湖北鼎龙化学股份有限公司的科技保险发展之路①

湖北鼎龙化学股份有限公司（以下简称鼎龙股份）位于武汉经济技术开发区，成立于2000年，是全球著名的化学品新材料供应商、国家高新技术企业、国家创新型企业、中国打印复印耗材行业第一家上市公司。公司上市后，通过资本手段实现了产业链上下游的整合，控股了南通龙翔化工有限公司、珠海名图科技股份有限公司和珠海科力莱科技有限公司，实现了产业链在长三角及珠三角的布局。目前，鼎龙股份已发展成为全球电荷调节剂产能最大的制造商、国内产能规模最大的彩色化学碳粉制造商、中国最大的成品彩色再生硒鼓制造商、中国最大的永固紫颜料制造商。

作为一家高新技术企业，鼎龙股份与一般企业相比，除了要承担经营风险外，还要承担科技风险。科技风险在时序上由技术研发、产品生产、市场推广三个阶段构成。在技术研发阶段，鼎龙股份面临的风险主要包括研发设备损毁、人员健康或意外和研发中断或产生研发意外。在产品生产阶段，公司主要面临的风险为产品质量、环境污染和生产事故。在市场推广阶段，公司主要面临的风险包括出口信用风险、产品责任和专利侵权。

---

① 刘骅：《科技保险的理论与实证研究》，博士学位论文，武汉理工大学，2010年。

通过对鼎龙股份三个阶段科技风险的分析可知，鼎龙股份属于高风险高收益类企业，技术优势明显，高技术特性使得产品收益较高，但同时需要投入大量资金到技术研发过程中，以维持技术领先的地位，从而形成一个技术和资金的循环。由于科技风险巨大，一旦某阶段发生风险事件，公司就很可能面临困境，因此，提高风险意识、采取有效手段应对风险成为其重点工作之一。

对待风险，通常采用风险回避、风险分散、风险均摊、风险转移四种方法。结合公司实际情况，风险转移是鼎龙股份较优的风险处理手段，而保险制度是风险转移中一项较为重要且易于操作的方法。鼎龙股份应为其重要的资源投保，将部分风险转移给保险公司。一般情况下，保险公司不倾向于接受高科技、高风险企业的投保，或承保时会大幅提高保险费率，这不仅增加了企业的投保成本，也大大降低了企业投保的积极性。科技保险此时就显示出了巨大的优势：① 高新企业投保科技保险能够获得高比例的财政补贴，且保费纳入企业技术开发费用，享受国家优惠政策；② 科技保险条款更具有专业性，也更适用于高新产业。

考虑到以上情况，鼎龙股份于2007年8月31日与华泰财产保险股份有限公司湖北分公司签下了高新技术关键研发设备物质损失保险的首单，投保金额730.708万元，保费为32 881.86元，保险期限为一年。由于此次投保是该险种在武汉的首单，因此，财政给予全额补贴。两批试点险种推出后，鼎龙股份继续向人保财险投保高新技术企业财产（一切）险，投保项目包括存货、固定资产、在建工程三项，总保险金额为4 173.1924万元，总保险费为50 056元，保险期限为1年。双方签订合同后，武汉市科技局根据相关规定补贴鼎龙股份60%的保费。

2009年7月10日，鼎龙股份的一台日本进口仪器在搬运过程中不慎损坏。报修后，维修师声明仪器受到剧烈撞击导致损坏，所需维修费用为18 974.35元。由于该仪器属于一切险承保标的，因此事故发生后，公司立即联系人保财险，并顺利拿到理赔金额。由于武汉市科技保险快速理赔通道的到位服务，该案理赔时间还不到30天，真正实现了科技保险服务于高新技术企业的承诺。

鼎龙股份提高自身的科技风险意识，受益于科技保险，成功转移了部分科技风险，改变了过去面对科技风险束手无策、步步被动的局面。事实证明，科技保险确实起到了服务高新技术企业，促进其研发，提高其科技创新能力的作用。但从鼎龙股份的案例来看，还存在一些尚需解决的问题：

首先，科技保险尚未真正实现商业化运营，政策导向性比较强，吸引高新技术企业投保的重要原因是高额财政补贴，而不是保险的实际保障效果，一旦取消科技保险的财政补贴，很难保证像鼎龙股份这样的高新技术企业还会继续投保。

其次，从鼎龙股份投保的情况看，投保险种偏少，而高科技企业在技术研发、产品生产和市场推广阶段存在的科技风险因素较多，还需要进一步扩大险种范围，以满足其转移科技风险的要求。

最后，鼎龙股份在参保科技保险的过程中，地位较被动，缺乏对科技保险的反馈和建议，这是一个较为普遍的现象。造成这一现象的原因有两个：一是企业对科技保险的专业知识了解不全面，难以提出有效的建议；二是企业虽然是科技保险参与主体之一，但是在科技保险体系中的地位较低，话语权较少。因此，高新技术企业应加强与保险公司及政府部门的沟通，及时反馈科技保险运营过程中存在的问题。

第三节　加快推广科技保险

随着我国在建设创新型国家战略上的不断深入，政府越来越重视对高科技相关产业的扶持以及对新技术研发保险的支持。为分散和减弱科技型企业在进行新产品、新技术研发过程中和实际经营操作管理时面临的高风险，国家于2007年开始科技保险试点和推广工作，并于2010年发布《关于进一步做好科技保险相关工作的通知》，标志着科技保险制度的正式推出。虽然我国的科技保险制度已经得到初步发展并取得了一定的成效，但仍存在一些矛盾和问题，应该从以下方面着手，推动科技保险的进一步发展。

一　加大科技保险宣传和推广力度

科技保险作为一个新生事物，目前大多数高新技术企业对它的了解还不够深入。鉴于此，建议通过各种渠道加大宣传力度，运用典型成功案例，大力宣传科技保险的社会功能、发展形势和优惠政策，提高科技企业的投保积极性。在当前科技保险的起步阶段，渐进有序地选取更多的创新活动比较活跃、具有一定经济基础的地区进行科技保险试点。在选取试点地区时，要做到东、中、西部兼顾，不可厚此薄彼。当条件成熟时，可以将科技保险推广至全国范围，使其惠及全国。

此外，不应把科技保险作为一个独立的工作来开展，而应把它作为科技金融的重要组成部分，在科技与金融相结合的过程中，调动政府、科技、保险和金融等各个方面的力量，通过系统地组织，有效地推动科技保险的发展，发挥科技保险为科技创新保驾护航的作用。在政府对科技保险进行大力宣传并给予种种优惠政策的基础上，高新技术企业应该与时俱进，摒弃传统的风险自担思想，奉行全面风险管理理念；认识到科技保险是一种事前风险融资手段，对企业发展具有保障作用，把科技保险和企业的日常运营有机结合起来；克服资金等方面的困难，结合自身需求投保合适的险种，积极参与科技保险，主动防范风险。

应积极建立并完善科技保险信息交流平台。目前，科技保险占整个市场的份额较小，关于科技保险的相关专业知识和具体的产品信息并没有专门的平台，信息呈现碎片化状态。因而，建立线上科技保险的平台网站，及时发布相关信息，对相关信息资源进行整合十分必要。从保险公司的角度来说，网站提高了其对市场动向的把握能力，帮助其及时调整策略，充分发挥网络和信息的重要作用；从高新技术企业的角度，网站提供了了解科技保险的平台，企业可以根据自身需要寻找适合的保险公司和保险产品，“量身定制”地投保科技保险。

二　创新科技保险产品

首先，保险公司要明确科技保险的发展思路，认识到科技保险的特殊性，对科技保险产品进行创新。保险公司在设计科技保险产品时应紧扣科技创新这一核心内容，在借鉴国外保险公司成功经验的基础上，调查潜在客户需求，针对高新技术企业的科技研发、成果转化、市场应用等不同过程，开发独创性的科技保险产品投放市场，完善险种设置；对科技保险进行合理的精算定价，在出险后及时向企业赔付；设计一些多险种、多年期的组合，为不同行业、企业定制保险；增强核心竞争力，为高新技术企业提供优质高效的服务，吸引高新技术企业投保。科技保险新险种的研发成本较高但可复制性强，这往往使保险机构不愿创新。为鼓励保险机构分析研究企业实际需求和积极创新科技保险险种，建议也给予保险机构一定的补助。同时，鼓励保险机构培养从事科技保险的专业人才，提高从业人员的素质。

其次，将来可能会出现投保科技保险的企业放松对风险的警惕，一味投入高风险、高收益项目的现象。为了防止这种情况的发生，可以对科技保险的承保模式进行创新，尝试在保险公司和高新技术企业间建立一种长期合作的战略联盟关系，使之成为利益共同体，共同协作，避免信息不对称和道德风险等问题，一起致力于企业科技创新活动的成功进行，分享成功红利。

最后，在未来我国科技保险市场发展成熟、规模壮大之时，保险公司在承接了大量科技保险业务后，会积聚大量的承保风险。为了避免突如其来的巨额赔付对保险公司带来的冲击，保险公司有必要采取一些风险转移方式来回避自身面临的风险，除了与国外大的保险公司以及再保险公司合作外，还可以尝试借鉴巨灾保险风险证券化的先例推出科技保险风险证券化产品。保险风险证券化是一种把保险风险产品与资本市场连接起来的金融创新，指保险公司通过发行基于保险风险的证券，对承保的风险进行证券化。保险公司可以通过将科技保险风险证券化，达到从资本市场上融资、回避风险的目的，更好地推动科技保险业务的发展。

三　推动科技保险政策落实

一方面，科技保险作为一种政策性保险，需要政府给予政策性的引导以及财政补贴。在各地科技保险试点业务开展过程中，企业往往在实际操作中难以享受到相应的政策优惠以及保费补贴。如根据中央有关文件的规定，企业的科技保险费用可纳入企业的技术开发费用，按150%从企业所得税中予以税前扣除。政府应加强各相关部门间的沟通协调，确保这一税收优惠政策有效落实。另外，应细化保费补贴的规定，减少企业在申请过程中遇到的阻碍，从而鼓励科技企业的积极参与。

另一方面，应采取差异化补贴政策，对于脱胎于传统商业保险的企业财产保险、人员意外健康保险、出口信用保险维持现有的补贴比例，而对于企业投保研发责任保险、产品质量保险、首台（套）设备责任保险等与企业创新活动直接相关的险种，应适当加大补贴力度，提高科技企业参与科技保险的积极性。另外，就科技风险较大、保险公司可能不愿意承保、对整体经济具有重大意义的科技项目而言，可以通过政策强制要求科技企业投保，保险公司不得拒保，并由政府给予相关机构适当的补偿。

在全面启动科技保险的过程中，更应扩大政策受惠企业的范围，各试点地区可以适当降低对财政补贴的认证门槛，不论企业规模、所有者性质，只要从事高科技产品生产、进行科技创新的企业都应纳入投保范围，给予相应的补贴。

政府要营造良好的政策环境，在制定针对科技保险的法律法规和优惠政策时，不再仅仅从税收补贴方面予以考虑，在给予参与科技保险的企业补贴的同时，将配套的法规政策等扩展到其他方面，进一步降低企业参与科技保险的成本。

此外，政府可以给予积极投身科技保险业务的保险公司一定的优惠待遇，适当放宽监管，例如对保险公司的科技保险保费收入予以减税等，并且最大限度地对保险公司的科技保险险种创新进行保护，对一些独创性的险种设定一定期限的保护期，鼓励保险公司参与科技保险。

第七章 全国股转系统（“新三板”）：忽如一夜春风来，千树万树梨花开*

科技型中小企业已成为我国发展新型产业和建设创新型国家的重要载体，并在促进经济增长、推动技术创新和培育新兴产业中发挥着越来越重要的作用。目前，我国专利总量的65%和新产品总量的80%由科技型中小企业所创造。随着我国政府对发展高新技术产业的扶持，高新技术企业的规模逐渐壮大，对资金的需求也将越来越大。其原因主要分为三个方面：一是由于高新技术企业出于自身生存和发展的要求，其对资金的需求必定增加；二是由于产业结构升级的需要；三是由于中小高新技术企业进行技术创新，在研发投入方面，具有巨大且持续的资金需求。统计数据显示，70%以上的科技型中小企业的新增资金来源主要是自身积累，90%以上的科技型中小企业缺乏资金。① 融资困难对科技型中小企业的经营和发展产生了重大影响，持续创新能力受到抑制，企业难以做大做强，高新技术成果难以真正产业化，企业发展潜力得不到充分发挥。

为增强我国资本市场的包容度和覆盖面，以及为广大中小企业提供股权转让和股权融资等资本市场服务，证监会在2004年5月经国务院批复同意设立了全国场外市场，即全国中小企业股份转让系统（俗称“新三板”市场）；2006年

---

* 本研究得到浙江大学教育基金会（编号XK14006）项目资助，特在此致谢。

① 李佳锋：《以科技金融促民营经济快速发展》，《汕头科技》2010年第2期。

对其进行扩容，定位于高科技型企业；2012 年，经国务院批准，决定扩大非上市股份公司股份转让试点，首批扩大试点新增上海张江高新技术产业开发区、武汉东湖高新技术产业开发区和天津滨海高新区；2013 年 1 月 16 日，全国中小企业股份转让系统有限责任公司正式挂牌成立；2013 年年底，“新三板方案”突破国家高新区试点限制，扩容至所有符合“新三板”条件的企业。这些举措进一步拓宽了中小型高新技术企业的融资渠道，为高新技术企业打开了通往资本市场的大门，为其提供了一个股权挂牌转让和定向增发融资的平台。

以北京紫贝龙科技公司为例，该公司成立于 1999 年，2014 年 2 月在“新三板”扩容后挂牌，专注于石油测井技术，集石油测井装备研发、制造、销售和测井工程技术服务、油藏评价研究服务等于一体。该公司在成立之初便被确立为国家高新技术企业，它可以被看作中国装备科技产业自力更生的一个缩影。长期以来，国外测井公司为保持其在测井服务领域的装备优势，通过垄断关键技术对公司进行技术封锁。紫贝龙公司自 20 世纪起就对国外报废后卖给中国的设备进行研发，历经数十年终于拥有了具有完全自主知识产权的设备和技术，在行业内处于国际先进地位。而公司想要进一步发展，与国外先进企业和市场竞争，就必须保持更快的发展和技术创新速度。

问题随之而来，紫贝龙公司作为已经融合设备制造和技术研发的厂商，完整的周期（“企业备货—生产—交付—货款回收”）历时 9 个月之久，随着订单的不断增长，公司的资本占比压力很大，资金周转困难，仅靠自身积累的资金周转难以为继。公司之前规模较小，类似的问题可以通过私人借款解决，之后又通过银行进行借贷，随着订单的增加，银行贷款一度增至 5 000 万元，再融资已经非常困难，而且银行融资通常与公司资金的需求周期无法吻合，一旦公司规划不好，影响就会比较大。如果想要引入更多资金来解决制约公司发展的资金瓶颈问题，那么最有效的办法就是通过资本市场引入更多的投资者。

对于资本市场的选择，紫贝龙公司倾向于“新三板”。公司认为，相较于主板和中小板上市，“新三板”审批速度较快，公司能够快速进入公开市场，满足当前的资金需求。同时，“新三板”对企业的规范有一定的要求，可以促进紫贝龙公司的股权结构和治理结构优化，为其以后转战主板市场积累经验。紫贝龙公司选择“新三板”市场也有其自身的特殊原因：一方面，紫贝龙公司对自己的品牌影响力很有信心；同类型的企业创业板上市带来的良好社会效应也使紫贝龙公司对自己的融资能力更有信心。另一方面，已有多家投资机构与紫贝龙公司联系，挂牌“新三板”后融资渠道畅通，既能解决融资问题，又可当作未来转板的跳板。在国家对“新三板”不断释放利好消息的刺激下，“新三板”已经成为类似紫贝龙公司这样的企业进入资本市场的不错选择。

“新三板”市场的形成与发展对于解决中小型高新技术企业融资等困难、促进中小型高新技术产业的发展意义重大。探究“新三板”市场的形成以及发展趋势对于攻克发展高新技术产业的中小企业在融资方面的困难以及推动我国高新技术产业的腾飞具有不可替代的作用。本章首先描述了国内外三板市场的结构和特性，探讨了发展三板市场的国际经验与国内实践，然后结合具体的“新三板”挂牌企业的案例，探寻挂牌前后企业融资与运营情况的变化，最后为政府部门如何进一步完善“新三板”、促进企业挂牌，企业如何对是否适合“新三板”挂牌做出决策提出一些意见与建议。

第一节　国内外三板市场的发展与实践

“新三板”市场是为非上市证券或企业，主要是中小型高新技术企业，提供特别转让服务的三板市场。国际上一般谈到的三板市场，是指场外交易市场或者柜台交易市场。例如在美国，具有典型的第三层次市场特征的是场外柜台交易系统(Over the Counter Bulletin Board)，又称布告栏市场，是由纳斯达克的管理者全美证券商协会(NASD)所管理的一个交易中介系统。在其他国家，专门为中小型创新企业或者小规模成长型中小企业提供融资支持的市场主要为二板市场，又被称为创业板市场，例如英国的另类投资市场(AIMS)、韩国的科斯达克市场和印度的创业板市场。

在具体实践方面，由于国家的制度和金融发展的成熟度不同，对“新三板”

的认识和实践自然不同。在现阶段，我国已经消化吸收了部分国家发展“新三板”的先进经验，同时紧密结合我国特有的国情进行修正和创新，努力发展了一条适合我国国情的“新三板”之路。本书仅以美国的场外柜台交易系统实践为例加以说明。

一　美国的场外柜台交易系统

场外交易市场（Over the Counter，OTC），又称柜台交易或店头交易市场，泛指在交易所外由证券买卖双方当面议价成交的市场。① 它是一个分散的无形市场。它没有固定的、集中的交易场所，没有规定的成员资格，没有严格的可控制的规章制度，也没有限制交易产品和市场，其交易主要是交易双方通过私下协商进行的一对一交易。在 OTC 市场中，证券经营机构主要发挥做市商（Market Maker）的作用，既是交易的组织者，又是交易的参与者。② 场外柜台交易系统（OTCBB）和粉单市场（Pink Sheets）③是美国的全国性场外交易市场，OTCBB 是美国三板市场最主要的场外交易市场。④

为了便于交易并加强 OTC 市场的透明度，纳斯达克根据美国证监会（SEC）的要求于 1990 年设立了 OTCBB 市场，专门为未能在全国性市场上市的公司股票提供一个分享证券信息和交易证券的场所，并且将一部分在粉单市场上的优质企业转到 OTCBB 上。⑤ OTCBB 市场直接使用纳斯达克的电子交易系统，提供实时的股票交易价格和交易量，进行报价、交易和清算。其后，OTCBB 独立出来自主运行，直接由美国证监会和全美证券商协会负责监管。

---

① Grube R C, Joy O M and Howe J S. Some Empirical Evidence on Stock Return and Security Credit Regulation in the OTC Equity Market. *Journal of Banking and Finance*, Vol. 11, 1987, pp. 17—31.

② 做市商制度是一种市场交易制度，由具备一定实力和信誉的法人为做市商，不断地向投资者提供买卖价格，并按其提供的价格接受投资者的买卖要求，以其自由资金和证券与投资者进行交易，从而为市场提供流动性，并且通过买卖价差来实现一定的利润。简单地说，就是报出价格，并能够按这个价格买入或卖出。

③ 粉单市场是由私人设立的全国行情局于 1911 年成立的，为未上市公司证券提供交易报价服务。

④ Bollen N P B & Christie W G. Market Microstructure of the Pink Sheets. *Journal of Banking and Finance*, Vol. 33, 2009, pp. 1326—1339.

⑤ 李昇：《美国多层次资本市场的结构及其借鉴作用》，《经济视角》2013 年第 6 期。

在OTCBB上面流通交易的公司，都是不能达到在纳斯达克全国市场(NASDAQ Global Market)或小资本市场(Small Market)上挂牌上市要求的公司，因此被称为“未上市证券市场”。OTCBB交易品种丰富，既可交易全国性证券，也能交易地区性甚至国外的证券，不但有股票上市交易，还能交易基金、权证、存托凭证等；而且OTCBB与纳斯达克建立了良好的转板机制，当OTCBB的公司满足上市条件后，可以升板到纳斯达克，以后还可以进一步升板到纽约证券交易所挂牌。OTCBB对挂牌企业没有定量的要求标准，挂牌程序简单。

OTCBB市场采用做市商报价驱动的交易模式，买卖双方无须等待对方出现，只要做市商出面承担另一方的责任，交易就可以完成。这提高了市场的流动性和交易的效率，做市商通过不断买卖赚取其中的差价盈利，保证了市场的流动性，也能够让挂牌企业通过交易价格决定融资价格，有效地发现中小企业的企业价值。

在具体实践方面，作为美国三板市场最主要的场外交易市场，2000年以前美国OTCBB市场挂牌交易的公司数量一直呈上升趋势，绝对数字超过5 000家，其公司数量在美国市场的占比一度超过40%。1999年1月美国证监会发布的《OTCBB合规条例》较为严厉，提高了证券市场的透明度，体现在纳达斯克市场从1999年开始清理在OTCBB报价的挂牌企业，原因是这些企业未能履行财务信息公开的披露要求，仅仅4年时间就将1 098家纳斯达克上市的公司退板到OTCBB市场或者粉单市场交易。[①] 基于1998—2004年间的统计数据，每年几乎都有五分之一的挂牌企业从纽约证券交易所市场和纳斯达克市场等转板到OTCBB市场进行交易，尤其是纳斯达克市场退市数量特别明显，近几年几乎每年平均有150家挂牌企业退市。

在挂牌企业数量方面，OTCBB自2000年以后开始逐渐平稳，2001—2011年间挂牌企业数量占比一直维持在全美市场的30%—40%。至2009年9月，

---

① 张杰：《中美多层次资本市场体系比较及对我国“新三板”建设的启示》，《商业时代》2013年第30期。

在OTCBB挂牌的公司为3 437家。目前在美国OTCBB市场挂牌的公司可以概括为三种类型：第一种是因财务状况下滑而从纳斯达克转板到OTCBB的公司，这些公司大多需要进行重组改造；第二种是未能达到纳斯达克市场上市要求的公司，这类公司多为新兴公司，具备较高的成长性，很可能在未来成为明星企业；第三种是民营独资或控股的公司，尤其是地区性的保险公司和银行。从美国OTCBB市场挂牌企业的类型和数量上看，我国“新三板”市场还是有很大的发展空间的。

美国的OTCBB市场机制已经相当成熟，为那些从纽约证券交易所和纳斯达克等市场退板的公司提供“软着陆”的场所和机制，使这些公司能够被投资者继续交易，还实现了方便快捷的升级转板机制。美国资本市场的“无缝连接”“转板升降”机制使得企业在证券市场上市容易但是退市率也高。基于1998—2004年的数据，每年约有20%的挂牌企业从纽约证券交易所市场和纳斯达克市场退市到OTCBB市场进行交易；而转板也很便利，只要达到纽约证券交易所市场和纳斯达克市场等挂牌上市标准之后，经申请，最快一周就能实现转板，到这些市场挂牌交易和融资。[①] 比较典型的例子就是世界闻名的微软公司，它就是通过OTCBB市场转板到纳斯达克市场的。OTCBB市场在国际上被公认为最成熟和最完善的三板市场，它也是当今世界各国研究和效仿场外市场交易管理的对象，我国“新三板”市场的市场功能、定位和市场层次与其非常接近。

二　我国的“新三板”市场

随着我国经济的不断发展，独具特色的社会主义市场经济也在不断地发展与完善，包括中小企业以及高新技术企业在内的企业都成了我国经济发展强有力的和新的发展源泉，因此，政府正逐步加强对中小企业以及高新技术企业的重视，深化对中小企业和高新技术企业的资本服务。为提高我国资本市场的包容度、扩大市场覆盖面，以及为广大中小企业提供股权转让和股权融资等资本

---

① 熊三炉：《我国“新三板”现状分析及发展对策》，《科技管理研究》2014年第21期。

市场服务，中国证监会在2004年5月经国务院批复同意设立了全国场外市场，即全国中小企业股份转让系统（俗称“新三板”市场）；全国中小企业股份转让系统有限责任公司为其运营机构，于2012年9月20日在国家工商总局注册。2013年1月16日，全国中小企业股份转让系统有限责任公司正式揭牌运营。图7.1概括了“新三板”的发展历程。“新三板”市场的形成与发展对于中小企

图7.1 全国中小企业股份转让系统（“新三板”）的发展历程

资料来源：根据有关政策整理。

业和高新技术企业解决融资等困难，促进中小企业与高新技术企业的发展具有非常重要的意义。

（一）“新三板”的结构和发展

“新三板”市场起源于2001年的“股权代办转让系统”，亦被称为“旧三板”，该系统最早承接两网企业和退市企业。两网是指1992年7月1日投入试运行的STAQ系统（全国证券交易自动报价系统）和1993年4月28日投入试运行的NET系统（中国证券交易系统）。1999年9月9日，两网关闭。2001年5月，中国证券业协会决定选择部分证券公司开展原STAQ、NET系统的流通转让业务，主要是为了解决从主板市场退市的企业和停止交易的法人股企业之间的股权转让问题，因为在三板中挂牌的企业种类少且企业质量大多较低，其再次转到主板上市的概率也比较小，因此很难吸引投资者，多年被冷落。表7.1将新、旧三板的挂牌条件做了比较。

表7.1　新、旧三板的挂牌条件变化

“新三板”规则	“旧三板”规则
依法成立且存续满2年	存续满2年
不受股东所有制限制，不限于高新技术企业	在国家级高新技术产业开发区注册
业务明确，具有持续经营的能力	是高新技术企业或是新经济、新模式企业
股权明晰，股票发行和转让行为合法合规	历年股份发行和转让行为合法合规
公司治理机制健全，合法规范经营	公司治理结构健全，运作规范
主办券商推荐并持续督导	

资料来源：“新三板”官网。

2006年1月16日，中国证券业协会发布《证券公司代办股份转让系统中关村科技园区非上市股份有限公司股份报价转让试点办法》和《主办报价券商推荐中关村科技园区非上市股份有限公司股份进入证券公司代办股份转让系统报价转让的挂牌业务规则》，标志着“新三板”市场试点的正式推出。2012年9月代办全国非上市股份公司股票公开转让业务的全国中小企业股份转让系统有限责任公司的设立，以及2013年2月全国中小企业股份转让系统业务规则的发布实施，标志着“新三板”向全国性场外交易市场建设的进一步发展，为非上市股份公司的股权转让、创业投资和股权私募基金的筹集提供了良好的平台，其借鉴美国纳斯达克的经验，也有利于“新三板”市场分层（“协议交易＋做市交易＋竞价交易”）机制的协同发展（见表 7.2、图 7.2）。全国股份转让系统与上海和深圳的主板证券市场、中小板市场及创业板市场有所区别，在股份转让模式上更接近于一些券商提供的股份转让服务，因而被市场各方称为“新三板”。至此，我国将逐步形成由主板、创业板、场外柜台交易市场和产权市场组成的多层次资本市场体系（见图 7.3）。

表 7.2　中国“新三板”与美国纳斯达克市场的对比

类别	“新三板”	纳斯达克
做市商	做市商点差在 5%左右	竞价交易之后做市商点差在 1%左右
投资者	500 万元	无限制
交易方式	协议转让、做市商、竞价（拟）	混合型做市商制度

资料来源：投中研究院，2014。

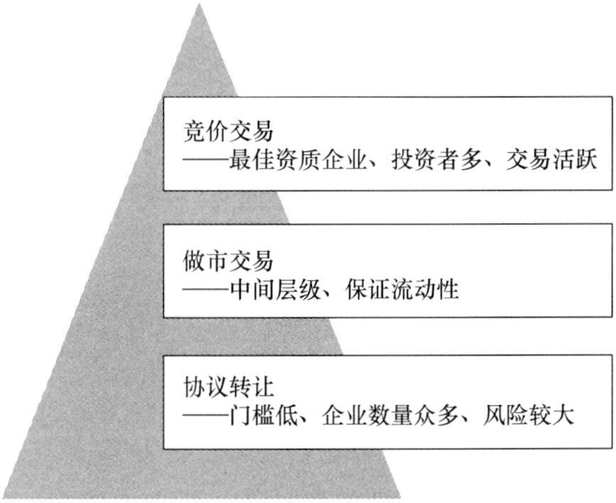

图 7.2　“新三板”市场分层管理模式

资料来源：投中研究院，2014。

目前在我国，“新三板”市场特指非上市股份公司股票进入全国中小企业股份转让系统报价转让的市场，该市场上的挂牌企业多为高科技中小企业，而不再局限于中关村科技园区非上市股份有限公司，也不局限于天津滨海、武汉东

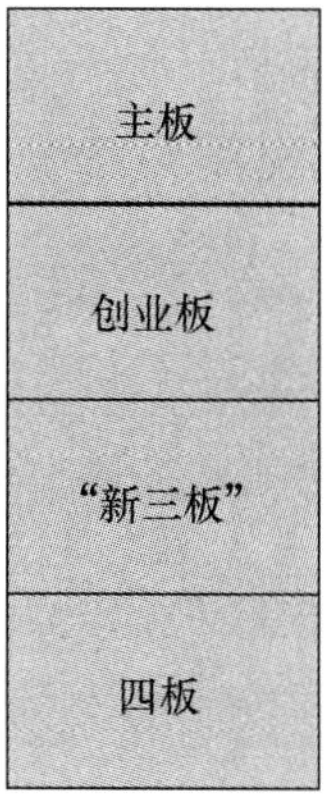

图 7.3 我国多层次资本市场框架

资料来源：投中研究院，2014。

湖以及上海张江等试点地的非上市股份有限公司。“新三板”市场的发展对于创新科技型中小企业有着重大的意义，改善了其融资难和资金缺口大的现状，拓宽了融资渠道，增加了定向增发的吸引力[①]，有利于企业吸收风险资本，取得银行贷款，通过定向增发及发行中小企业私募债实现资金融通，引入战略投资者进行资产重组与并购等资本运作。发展全国性场外交易市场能够扩展我国资本市场的深度和广度，也是拓宽和创新科技型中小企业融资渠道的必由之路。相对于标准化的证券交易所市场，“新三板”市场是企业挂牌标准较低但是风险较高的场外交易市场；而相对于以非标准化产品比如固定资产、土地和大宗产权为交易对象的产权交易所，“新三板”市场是以标准化的基础性金融工具为交易对象的标准化市场。

（二）“新三板”的实践

自“新三板”2006 年在中关村试点以来，无论从挂牌企业数量、总市值，还是交易活跃程度来看，均已大为改善，特别是 2012 年以后，更是进入快速发展阶段。随着相关文件的不断出台，“新三板”挂牌企业试点迅速扩大至全国范围，挂牌企业数量骤然增加，企业池交易的流动性和规模实现了重大突破。值得注

① 熊三炉：《我国“新三板”现状分析及发展对策》，《科技管理研究》2014 年第 21 期。

意的是，作为中小高新技术企业融资的平台，“新三板”挂牌的条件相对于主板市场和创业板十分宽松(见表7.3)。

表7.3　我国主板、中小板、创业板与“新三板”上市(挂牌)条件对比

指标	主板(含中小板)	创业板		“新三板”
		标准一	标准二	
主体资格	依法设立且合法存续的股份有限公司			非上市股份公司
经营年限	持续经营时间在三年以上			存续期必须满两年
资产要求	最近一期期末无形资产(扣除土地使用权、水面养殖权和采矿权等后)占净资产比例不高于20%	最近一期期末净资产不少于2 000万元		无限制
股本要求	发行后总股本不低于5 000万股	发行后总股本不低于3 000万股		挂牌前总股本不低于500万股
主营业务要求	最近三年内未发生变更	最近两年内未发生变更		业务明确
营业收入或现金流	最近三年营业收入累计超过3亿元，或最近三年经营现金流量净额累计超过5 000万元	—	最近一年营业收入不少于5 000万元，最近两年营业收入增长率均不低于30%	无硬性财务指标要求，具有持续盈利能力
募集资金用途	(1) 募集资金应用于主营业务，并有明确的用途； (2) 应当建立募集资金专项存储业务，募集资金应存放于董事会决定的专项账户			无限制
董事及管理层	最近三年内未发生变更	最近两年内未发生重大变化		无限制
实际控制人	最近三年内未发生变更	最近两年内未发生变更		无限制
股东人数	不少于200人			≤200人，直接挂牌 >200人，证监会需要核准
登记制度	备案制	审核制		审核制
交易方式	协议/做市/竞价	竞价交易		竞价交易
涨跌幅	±10%	±10%		无限制

（续表）

指标	主板（含中小板）	创业板		“新三板”
		标准一	标准二	
内控及相关管理制度	(1) 内控制度健全且被有效执行，能够合理保证公司财务报告的可靠性、生产经营的合法性、运营的效果与效率，并由注册会计师出具无保留结论的内部控制鉴证报告； (2) 有严格的资金管理制度，不存在被控股股东、实际控制人及其控制的企业以借款、代偿债务等其他方式占用； (3) 公司章程已明确对外担保的审批权限和审议程序，不存在为控股股东、实际控制人及其控制的其他企业进行违规担保的情况			无硬性规定，主办券商职业判断
违法违规行为	发行人及其控股股东、实际控制人近三年内不存在损害投资者合法权益和社会公共利益的重大违法违规行为			挂牌前违法行为影响消除即可
信息披露之定期报告	年报、半年报和季报			年报、半年报和临时报告
发行机制	审核			备案
发行周期	一般 3—5 年			3—6 个月
成长性与创新能力	无	“两高六新”企业（即高科技、高增长、新经济、新服务、新能源、新材料、新农业和新商业）		原为中关村高新技术企业，后扩展到国家级高新技术产业开发区，现在向非高新技术企业开放
投资人	机构与自然人	有两年投资经验的投资者		以机构投资者为主，自然人仅限特定情况
交易门槛	单笔 100 股起			单笔 3 万股起（新规定 1 000 股起）
股份锁定	1—3 年			无锁定期

2006—2011 年每年的挂牌企业只有 20 家左右，2012 年首次扩容后挂牌企业数量明显增加，2012 年新挂牌企业 105 家，2013 年新挂牌企业 152 家，2014 年 1 月 24 日，“新三板”迎来了全国扩容后的首批集体挂牌仪式，近 300 名企业家齐聚一堂，见证了“新三板”涅槃的历史性时刻，标志着中小企业的集结号正式吹响（见图 7.4a）。2015 年“新三板”市场的爆发使其走进大众视野，2016 年 3 月以后，各项政策制度进一步完善，各项数据均有增长，投资者热情高涨。“新三板”3 月拟定增发行 588 次，完成定增 331 次。据 Wind 资讯数据显示，截至 2016 年年底，共有 10 084 家企业在“新三板”挂牌，其中 7 681 家企业盈利，占所

有披露年报企业的76.17%。2016年新增挂牌企业5 039家,相比上年同期上涨43.93%;总股本3 738.04亿股,较上月环比上涨10.39%;总市值28 936.12亿元,环比上涨12.54%;整体市场平均市盈率达到39.63倍,环比上涨5.82%(见图7.4b)。

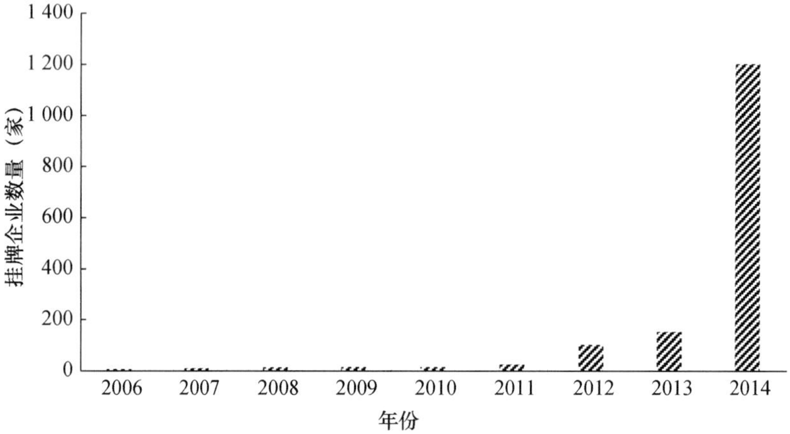

图7.4a　2006—2014年“新三板”挂牌企业数量

资料来源:投中研究院,2014。

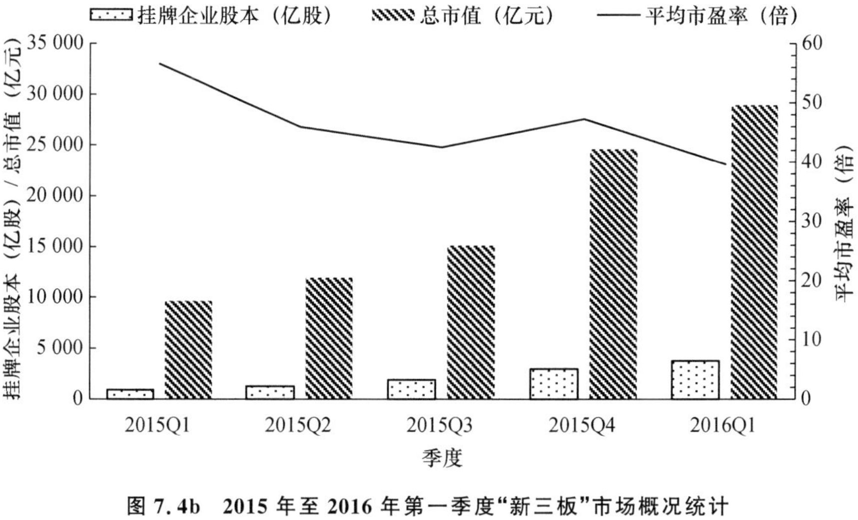

图7.4b　2015年至2016年第一季度“新三板”市场概况统计

资料来源:NEEQ,私募通,2016年4月。

从行业分布来看,2014年上半年,“新三板”挂牌企业基本实现了全行业覆盖。根据证监会的一级行业分类,目前“新三板”挂牌企业覆盖了17个行业,包括农林牧渔、制造业、金融业、信息软件服务业、租赁商务业、教育业等，其中，信息软件服务业、工业、材料业是“新三板”的主力军，科技公司占挂牌企业总数的77%。2014—2016年，“新三板”市场发展迅猛，截至2016年年底，制造业、信息技术产业所属企业分别达到5 101、1 989家，占“新三板”挂牌企业总量的70%。“新三板”挂牌企业以制造业和IT业为主，目前依然延续了这种趋势，其作为为创新型、创业型、成长型中小微企业提供服务的场所，TMT行业（科技、媒体和通信行业合称的简写）首当其冲（见图7.5）。

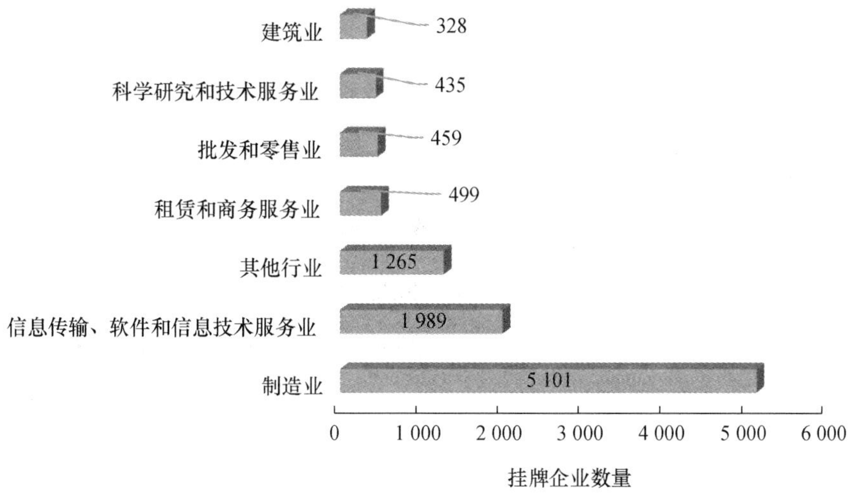

图7.5　截至2016年年底“新三板”挂牌企业行业分布

资料来源：Wind数据库。

从地区分布来看，2014年中后期“新三板”挂牌企业基本包括了内地的31个省区，仅有西藏、内蒙古、青海3个省区尚无企业在“新三板”市场挂牌。其中北京、上海、广东、湖北和江苏是“新三板”挂牌企业最多的省区，仅北京地区“新三板”企业就多达273家。截至2016年12月，所有省区均有企业在“新三板”挂牌，其中，广东后来居上，以1 577家的数量跃居首位，北京以1 472家落至第二，江苏以1 299家位居第三，浙江、上海位列第四、五（见图7.6）。

从挂牌动机来看，在欧美成熟的风险投资/私募股权市场中，养老基金、基金的基金、大型企业财团等机构投资者是私募股权投资基金最核心的资金来

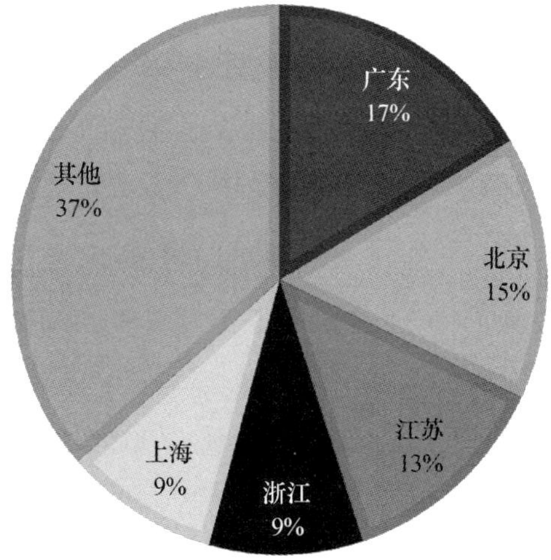

图 7.6　2015 年 10 月"新三板"挂牌数量及总资产均值地域分布

资料来源：Wind 数据库。

源。而国内市场由于发展历史较短，与国外市场相比有着明显差异：早年间机构投资者稀少，在当前资本市场监管体制下，私募股权投资机构很难直接上市，在"新三板"挂牌恰恰是当前的最佳选择。虽然有 IPO、被收购"借道"上市和"借壳"上市三种渠道实现转板上市，但截至目前，由于 IPO 的严格性，以及其他途径遇到的困难，"新三板"挂牌企业仅有 11 家，且全部通过 IPO 方式转型至中小板及创业板市场。[①] 从已转板的 11 家企业来看，从 IPO 申请日到正式上市日期的时间跨度平均为 2.19 年。其中，合纵科技早在 2010 年 3 月 25 日就提交了 IPO 申请，但直至 2015 年 6 月 10 日才正式上市，前后总计花费了 5.19 年的时间。从企业所属行业来看，主要集中于工业、信息技术和医疗保健行业。申请 IPO 的热潮自 2015 年 10 月开始，特别是在 2016 年 1 月，申请转板的"新三板"企业数量达到 30 家。从已转板的 8 家企业来看，大部分上市前一年净利润接近或超过 5 000 万元，远高于创业板上市规定的最近两年净利润累计不少于 1 000 万元的规定；从企业所属行业来看，主要集中于计算机、生物医药和通信技术行业（见表 7.4）。除此之外，根据全国中小企业股份转让系统公布的公告，

---

① 投中研究院：《新三板盛宴开席 VC/PE 横戈跃马》（研究报告），2014 年。

还有14家挂牌企业正在筹备在创业板或者中小板上市。据不完全统计，目前“新三板”约有20%的企业符合A股上市条件。

表7.4　截至2016年3月已经转板的11家企业

名称	代码	行业	上市日期	“新三板”摘牌时总市值（亿元）	市值倍数	转板途径	花费时间
久其软件	002279	信息技术	2009.08.11	6.86	18.08	IPO	2年
北陆药业	300016	医疗保健	2009.10.30	2.80	29.85	IPO	2个月
世纪瑞尔	300150	信息技术	2010.12.22	9.99	6.58	IPO	4年1个月
佳讯飞鸿	300213	信息技术	2011.05.05	6.17	11.29	IPO	3年
华宇软件	300271	信息技术	2011.10.26	6.11	21.60	IPO	2年3个月
博晖创新	300318	医疗保健	2012.05.23	5.38	12.82	IPO	2年4个月
东土科技	300353	信息技术	2012.09.27	5.21	16.94	IPO	3年9个月
安控科技	300370	信息技术	2014.01.23	5.28	8.83	IPO	3年
双杰电气	300444	工业	2015.04.23	9.03	6.97	IPO	5年
康斯特	300445	信息技术	2015.04.24	0.18	201.06	IPO	1年
合纵科技	300477	工业	2015.06.10	5.42	10.61	IPO	5年3个月

资料来源：Wind数据库，2016年3月。

加强融资能力是中小企业挂牌“新三板”市场的主要目的之一，定向增发是“新三板”市场提高融资能力的主要渠道。定向增发也叫非公开发行，即向特定投资者发行，实际上就是海外常见的私募。我们可以看到，相比过去几年“新三板”的定向增发市场，募资发生了巨大变化。2014年以来，随着“新三板”挂牌企业的增加和市场活跃度的提高，“新三板”定向增发的企业数量和实际募集金额都有所提高。2007年至2014年年底，“新三板”挂牌企业总共实施定向增发394起，募集金额超过150亿元。其中2013年的数据显示，全年“新三板”挂牌企业定向增发60起，募集金额10亿元，实施定向增发企业数量增长近5倍，募集金额增长12倍；2014年“新三板”挂牌企业通过定向增发融资285起，募集金额达120亿元。随着“新三板”改革速度的加快，2014年“新三板”市场集中爆发，挂牌企业数量快速增长，资本对于“新三板”挂牌企业的关注度迅速提高，企业融资额也出现爆发式增长。2015年前11个月“新三板”挂牌企业定向增发2 375次，总募集资金达1 148亿元，其中有部分企业定向增发金额超过亿元（见表7.5）。

表 7.5 十大定向增发募资过亿元的企业

公司名称	股票代码	定向增发价格(元/股)	股数	募集资金额(亿元)
中科招商	832168	27	不详	300
九信资产	831400	15—55	5.6 亿	84—308
九鼎集团	430719	15—25	5 亿	75—125
联讯证券	830899	1.46	19.11 亿	27.91
恒大淘宝	834338	40	378.79 万—6 617.65 万	1.52—26.47
百合网	834214	3.1	3.3 亿	10.23
圣泉集团	830881	12	6 437 万	7.72
好买财富	834418	95.22	525.1 万	5
九恒星	430051	11	3 410.69 万	3.5
仁会生物	830931	25	400 万	1

资料来源:投中研究院,2014 年。

从投资周期来看,"新三板"的平均投资周期为 3.79 年,与其制度有很大的关系[①],挂牌"新三板"市场在手续办理(如前期准备和后续审核)方面大为简化,整个挂牌时间仅需 5—6 个月,相对于创业板上市缩短了许多。挂牌后只对企业的控股股东有限售要求,对其他股东则没有这一要求,大大缩短了投资周期。"新三板"挂牌企业的投资回报相对偏低,会影响到投资者的积极性,这与"新三板"的制度也有一定的相关性。其主要原因有:

(1) 目前"新三板"市场依然存在流动性差的情况;投资者的资格受到限制,"新三板"挂牌企业基本处于初步创业期,经营风险较高,业绩波动较大,需要投资者具备较强的风险识别和承受能力,所以"新三板"市场以机构投资者为主,鼓励证券公司、保险公司、证券投资基金、私募股权投资基金、风险投资基金、合格境外机构投资者、企业年金等机构投资者参与。

(2) 缺乏绿色转板通道。美国形成了从主板市场、创业板市场到三板市场的多层次资本市场之间的有序流通,越往底层企业数量越多,形成互相转换的金字塔结构,其完善的升降转板机制由市场来实现优胜劣汰,决定企业的升降

① 李福祥、单彪:《"新三板"市场投资回报比较研究——以私募股权投资为例》,《南方金融》2013 年第 447 期。

与否，而我国“新三板”市场挂牌企业向创业板或者主板市场转板的直接绿色通道尚未形成，不存在真正的“转板升降”机制，必须走正常的IPO程序，遵循创业板和主板市场的准入规则，需要先退市再重新向证监会申请IPO。真正的转板制度的推出可能需要等待“新三板”分层制度的建立和创业板层次的完善等多项前提条件。

第二节 中小企业登陆“新三板”案例分析

2013年年底“新三板”扩容给资金困难的中小型企业提供了新的融资途径，借助国家政策的大力扶持，“新三板”获得空前的发展。由于成本低、挂牌快、融资迅速等特点，越来越多的中小企业把“新三板”看作进入资本市场的新渠道，这在IPO市场收紧以及股票市场上市门槛较高的背景下显得尤为珍贵。“新三板”在全国范围内的推广，是建立全国统一监管下的场外交易市场的积极探索，对于挂牌企业也有着积极影响。本节以案例分析的形式，研究北京国学时代、上海点客、宁波中一检测三家公司的基本情况及登陆“新三板”前后的财务指标，分析中小企业登陆“新三板”后的机遇与挑战，为企业自测是否适合“新三板”挂牌、如何挂牌提供思路，同时为政府制定相应策略提供依据。

一 北京国学时代文化传播有限公司

北京国学时代文化传播有限公司（以下简称国学时代）成立于2002年，是中国最大的专业古籍电子文献数据公司之一，2009年3月31日，公司登陆“新三板”（证券编码430053，证券简称国学时代）。该公司主要从事数字化研究开发、古籍整理与出版、国学电子出版物研究等相关网站建设与服务。公司自2002年创立开始就进入迅速发展阶段，营业额不断攀升，2008年，公司已经形成一整套大规模古籍文献资料数字化加工体系和多种集成化解决方案。公司的主要收入来源于三类业务：古籍数字化技术服务、销售“国学宝典”数据库、销售国学系列电子出版物，其中最主要的收入来源是数据库及其衍生产品。为了进一步发展，2015 年 5 月 22 日，公司将股票转让方式由协议转让变更为做市商转让。2015 年，公司努力拓展市场，完成从传统图书出版到数字国学馆、互联网、消费品结合型产品的过渡，在夯实核心数据库的同时整合产业链，发展核心数据库向外围衍生的转型应用。表 7.6 分别从资产构成、资本结构、盈利能力三个方面分析了国学时代“新三板”挂牌前后的变化。

表 7.6 国学时代资产构成、资本结构、公司盈利能力分析

报告期	2015	2014	2013	2012	2011	2010	2009	2008
资产构成								
流动资产（万元）	2 230.13	2 021.48	2 135.60	2 239.55	425.38	590.24	610.66	529.28
固定资产（万元）	156.68	156.22	224.47	255.45	304.65	131.07	61.58	72.09
资产总计（万元）	2 416.35	2 186.32	2 371.87	2 505.89	758.80	741.49	675.00	601.36
流动资产/资产总计（%）	92.29	92.46	90.04	89.37	56.06	79.60	90.47	88.01
资本结构								
负债合计（万元）	251.28	24.77	156.91	163.58	29.06	34.88	52.00	78.53
资产总计（万元）	2 416.35	2 186.32	2 371.87	2 505.89	758.80	741.49	675.00	601.36
总负债/总资产（%）	10.40	1.13	6.62	6.53	3.83	4.70	7.70	13.06
公司盈利能力（杜邦分析）								
权益净利率（ROE）（%）	7.48	4.70	4.52	6.52	10.96	7.15	17.36	17.16
销售净利率（%）	13.22	9.83	7.92	6.67	7.13	3.77	17.09	12.33
资产周转率（%）	0.46	0.37	0.47	0.82	1.41	1.30	0.91	1.14
权益乘数	1.19	1.16	1.21	1.20	1.10	1.10	1.11	1.23

资料来源：Wind 数据库。

（一）资产构成分析

如图 7.7 所示，2009 年“新三板”挂牌之后，国学时代的资产规模从总体上实现了大幅度的增长，虽然 2009—2011 年总资产规模增长速度较慢，但在 2012 年增长迅速，资产规模比 2011 年增加 2 倍，2013—2015 年资产总规模略有波动，但保持相对稳定。从资产结构来看，固定资产的总量在企业挂牌之后略有上升，但总体保持相对稳定。流动资产占总资产比率在2009—2011年间小幅下降后于2011年大幅增长，增幅高达约800%，同时带动资产总额大幅提升。2013—2015年，流动资产总量略有波动，但整体趋于平稳。流动资产占总资产的比例也经历了小幅下降随后上升的过程，这可能是由于2009—2011年，国学时代主要运用固定资产，但占比下降会制约其短期偿债能力，制约资本规模的增长，也从侧面反映出其在挂牌后一段时间资产利用效率不高。2013—2015年，挂牌对公司发展的促进作用开始凸显，其提高了对流动资产的吸收和利用效率。

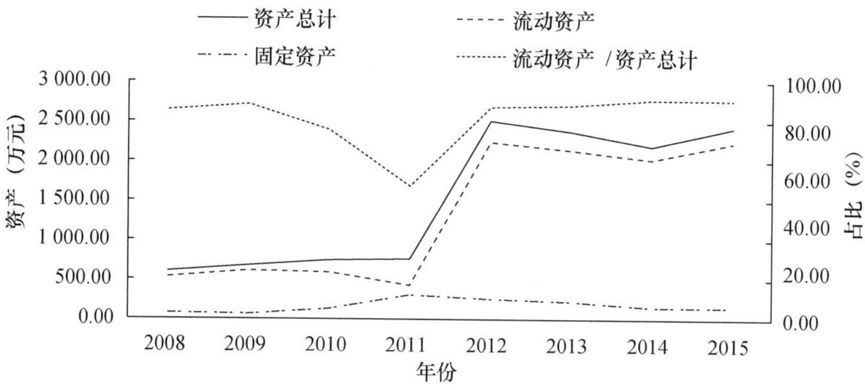

图7.7 国学时代资产构成分析

资料来源：Wind数据库。

（二）资本结构分析

如图7.8所示，国学时代2009年在“新三板”挂牌后，整体负债比率先降后升，先由2008年的13.06%下降到2014年的1.13%，再于2015年上升到10.40%。2009—2011年资产负债率连续三年明显下降，说明资本构成中负债比例大幅下降。这说明其挂牌之后融到大量权益资本，增加了资本结构中权益资本的比例；同时，负债比例的下降缓解了公司的付息压力，也为其进行债务再融资提供了空间。2012年资产负债率有所上升，2014年负债比率大幅下降，2015年，由于加大研发投入，其再次提高了债务比例。

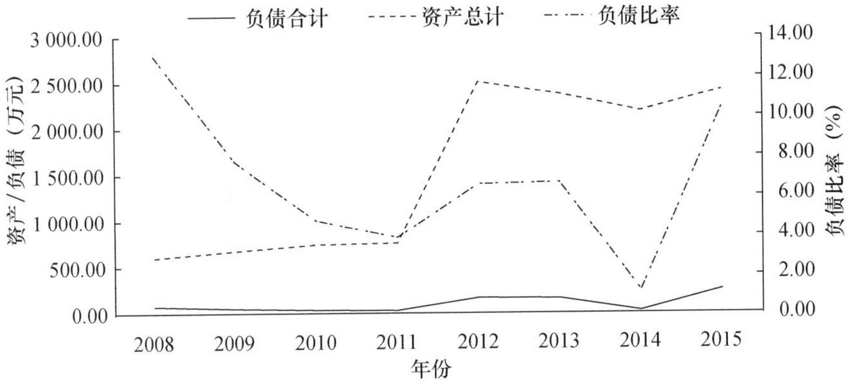

图 7.8　国学时代资本结构分析

资料来源：Wind 数据库。

三　盈利能力分析

如图 7.9 所示，国学时代挂牌后，2009—2014 年权益净利率（ROE）存在下降趋势，这说明公司通过新增股东权益并没有带来超额利润，整体股东权益盈利能力有所下降，发展战略存在一定的问题。2015 年，权益净利率开始有所回升，这可能是因为公司进行了战略调整，同时加强了内部管理，完善了各项规章

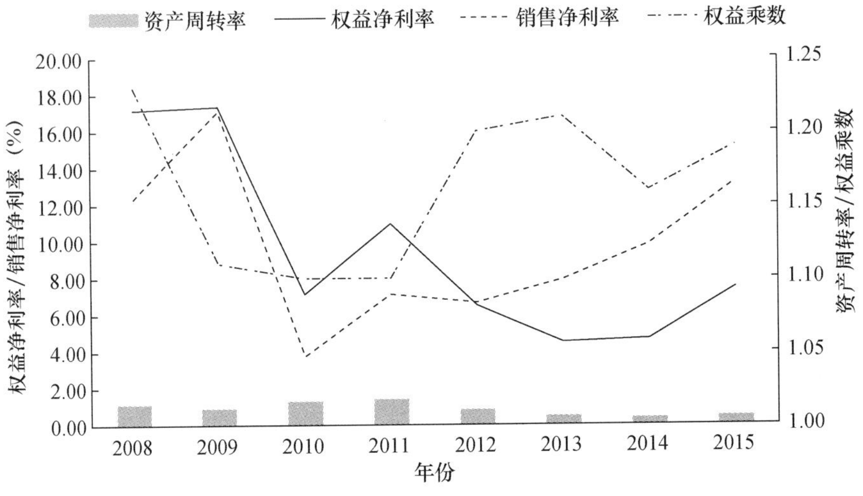

图 7.9　国学时代杜邦分析

资料来源：Wind 数据库。

制度，落实了绩效考核。权益乘数总体上相对稳定，这说明其负债水平相对稳定，财务风险变化不大。公司上市之后，其销售净利率基本呈上升趋势，盈利能力不断好转，这与其净资产利润率下降的现象不符，这可能是受资产周转率下降的影响。资产周转率是公司资产治理效率的重要指标，国学时代挂牌后，资产周转率有所下降，说明其资产周转速度方面存在问题，需要关注。

通过对国学时代挂牌前后主要财务指标、盈利指标的分析，发现企业登陆“新三板”可以改善其资产、资本结构，提高偿债能力，降低财务风险，但同时挂牌并不意味着企业能够直接提高自身的治理水平和盈利能力。企业在追赶“新三板”挂牌热潮的同时，应该更加注重提高自身的治理效率和盈利能力。

二　上海点客信息技术股份有限公司

上海点客信息技术股份有限公司（以下简称“点点客”）是一家专注于大中型企业移动应用的高新技术企业，公司成立于 2007 年年底，总部位于上海张江高科技园区，注册资金 1 200 万元。公司是业内首家倡导“信息 2.0”概念的企业，是移动信息领域的先行者和倡导者。点点客在全国各地开设了 14 家分公司和办事处，持续在产品创新方面加大投入力度，新产品研发能力不断提高，至今已经拥有了十余项知识产权，其中“基于 3G 技术的点客移动版电子商务信息服务系统”是其自主研发的一款企业信息应用软件，先后获得上海市、奉贤区以及国家科技部的创新基金资助。点点客于 2012 年 12 月在“新三板”挂牌（证券代码：430177），成为上海市首批五家“新三板”挂牌企业之一。2014 年 7 月和 9 月，两次定向增发融资 4 000 万元，2015 年定向增发融资 2.2 亿元。企业借助“新三板”成功转型，从一个提供彩信、短信等移动信息服务的企业，成为微信营销公司，以“定向增发＋现金”的方式收购了首批微信第三方应用“生意宝”。表 7.7 分别从点点客“新三板”挂牌前后资产负债结构、利润结构、现金流三个方面分析了其变化。

表 7.7　点点客财务报表摘要　　单位:万元

	2010	2011	2012	2013	2014	2015
利润表摘要						
营业收入	2 673.54	3 379.59	3 518.38	6 806.90	7 965.77	18 303.04
营业利润	−126.54	73.85	468.52	802.85	1 596.70	3 411.02
利润总额	−77.75	138.00	523.44	1 061.18	1 703.47	3 473.68
净利润	−77.38	138.00	443.60	912.00	1 484.06	2 981.68
资产负债表摘要						
流动资产	1 383.25	1 452.26	2 164.56	3 843.91	7 369.35	25 921.01
固定资产	9.15	11.62	10.64	58.14	806.37	603.35
资产总计	1 392.77	1 464.25	2 175.44	3 944.08	8 228.15	33 947.10
负债合计	953.71	467.19	534.78	1 391.42	438.44	1 431.60
股东权益	439.06	997.06	1 640.66	2 552.66	7 789.71	32 515.50
现金流量表摘要						
经营活动现金净流量	−212.83	−291.96	158.82	815.00	1 392.03	2 216.67
取得借款收到的现金				490.00		
筹资活动现金净流量		420.00	200.00	484.15	3 252.20	15 907.43

资料来源:Wind 数据库。

(一) 利润结构

如表 7.7 和图 7.10 所示,公司营业收入在挂牌后两年实现超过 100%的增幅,2015 年更是实现了 400%的增幅。营业利润和利润总额都有质的变化,2010 年公司营业利润为−126.54 万元,2011 年也只是勉强收支平衡,仍处在生死存亡的阶段;挂牌后营业收入和营业利润呈爆发式增长,营业收入从 2011 年的 3 379.59 万元上升到 2015 年的 18 303.04 万元,增幅达 400%多;营业利润也从 2011 年的 73.85 万元增长到 3 411.02 万元,增长了约 45 倍,公司一跃从生存期进入快速发展期。公司登陆"新三板"后,不但为开展业务打开了通道,也引起了相关部门对它的重视,政府还给予其约 200 万元的补助,进一步提升了其利润水平。

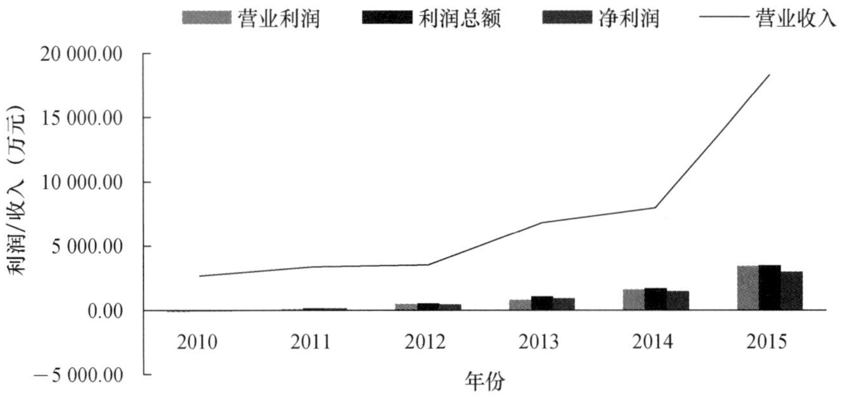

图 7.10　点点客主要利润指标

资料来源：Wind 数据库。

（二）资产负债结构

如表 7.7 和图 7.11 所示，公司登陆“新三板”之后，资产总额快速增长且质量较高，发展状况良好。挂牌前流动资产总额变化幅度不大，挂牌后，流动资产大幅上升，同时带动总资产大幅上升，从 2011 年的 1 452.26 万元增加到 2015 年的 25 921.01 万元，增幅超过 17 倍。公司作为轻资产公司，流动资产占总资产的比例超过 95%。公司登陆“新三板”后，负债基本稳定，呈小幅增长趋势，负债总额从 2011 年的 467.19 万元上升到 2015 年的 1 431.60 万元，增幅远小于资产增长的幅度。从所有者权益增长趋势来看，公司股东权益从挂牌前的

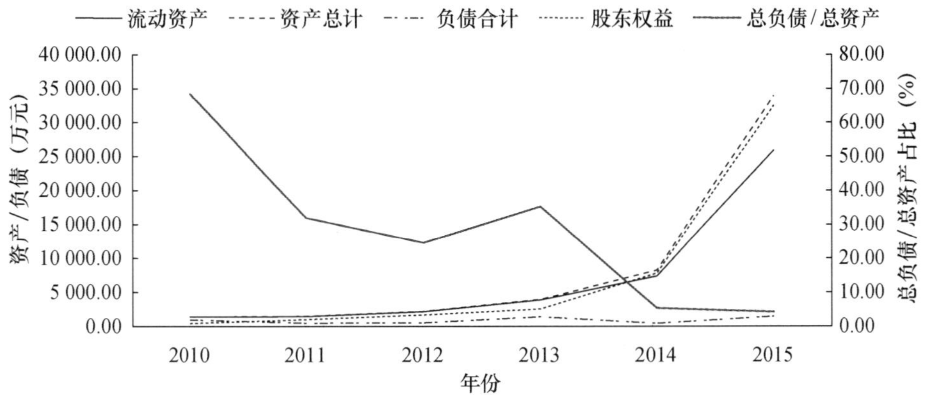

图 7.11　点点客的主要资产负债指标

资料来源：Wind 数据库。

997.06 万元上升到 2015 年的 32 515.50 万元，增幅达到约 30 倍，股东收益良好。值得关注的是，公司挂牌后首次得到银行 490 万元的信用贷款支持。银行一般不倾向于贷款给小型轻资产公司，公司登陆“新三板”后，由于财务数据有中介机构征信背书，财务透明度增强，赢得了市场和银行的认可，银行还与其建立了合作关系，这为其在长期发展中取得银行的支持开创了良好的局面。

（三）现金流量表

如表 7.7 和图 7.12 所示，从公司现金流量的情况来看，公司经营活动现金净流量在 2012 年之前为负数，这主要是因为 2012 年之前中国电信需预付大量电信费用，现金支付较多；同时，公司采用宽松的信用政策，导致现金汇款周期变长，营业额收入小于资金流出，2010 年、2011 年处于负盈利状态。2012—2015 年公司经营活动现金流净额转为正且增加到 2 216.67 万元，营业收入增长迅速且加快了销售回款速度。

公司同时采用了长短期搭配的股权和债券筹资活动，于 2011—2015 年先后 6 次引入新股东，分别筹集现金 420.00 万元、200.00 万元、484.15 万元、3 252.20 万元和 15 907.43 万元，强有力地支撑了它的长久发展。公司现金余额大幅增加，为其实现商业转型、投入研发及其长远的发展打下了良好的基础。

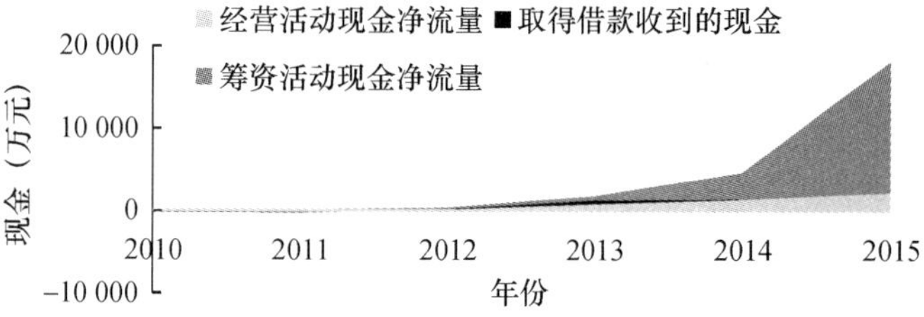

图 7.12　点点客主要现金流指标

资料来源：Wind 数据库。

三　浙江中一检测有限公司

浙江中一检测有限公司创立于 2006 年 7 月，注册资本 100 万元，总部位于宁波高新区。2012 年 2 月，浙江中一检测有限公司整体变更为浙江中一检测研究院股份有限公司(以下简称中一检测)，注册资本为 1 600 万元。中一检测是一家综合性的独立第三方检测服务机构，主营业务是为客户提供技术检测服务。公司根据检测服务对象与检测内容的不同，将检测业务划分为三大领域：健康与环保、节能减排、工程质量。其他业务收入为建筑废料销售收入。经过多年的发展，公司拥有 13 项核心技术、1 项发明专利、1 项被许可使用的专利、10 项已申请但未授权的发明专利。公司在综合检测能力、服务范围、销售收入等方面在浙江省民营检测机构中均处于领先位置，具有客户资源广泛、稳定的特点，是浙江省最具竞争力的民营检测机构之一。2014 年 1 月 24 日，中一检测符合《全国中小企业股份转让系统业务规则(试行)》第 2.1 条有关挂牌的条件，成功进入全国中小企业股份转让系统挂牌并公开转让，成为宁波第一家登陆中国“新三板”的企业。中一检测此次发行股份数量为 2 600 万股，每股面值定为 1.00 元。

（一）享受的政府补贴及税收政策

中一检测及子公司属于科学研究和技术服务业中的专业技术服务业，按国家规定享受政府补贴和税收优惠，其中包括企业所得税和增值税税收优惠。

1. 税收优惠

(1) 中一股份于 2012 年 9 月取得了证书编号为 GR201233100125 的《高新技术企业认证证书》，期限为 3 年，经税务机关核准，2012 年、2013 年 1—8 月，适用的所得税税率为 15%；2011 年适用的所得税税率为 25%。

(2) 财政部和国家税务总局印发《财政部、国家税务总局关于在北京等 8 省市开展交通运输业和部分现代服务业营业税改征增值税试点的通知》，明确将交通运输业和部分现代服务业纳入营业税改征增值税试点范围。根据甬高企认领〔2013〕1 号文，公司取得了甬国税优惠执行〔2013〕00225 号税收优惠备案告知书，2012—2014 年所得税按 15%计征。

(3) 中一股份母公司 2013 年前城市维护建设税为 7%，2013 年后下调到 5%。所有子公司城市建设维护税均为 5%。

2. 财政补贴

(1) 公司2013年1—8月收到鼓励企业改制上市补贴及能博补贴合计1 348 120元、2012年度市中小企业公共技术服务平台和小微企业创业基地扶持资金315 000元、2013年度第一批科技项目经费补贴100 000元等。

(2) 公司2012年度收到外贸公共服务平台建设资金1 292 000元、收到鼓励企业改制上市补贴及能博补贴合计1 210 400元、“省名牌”企业奖励金250 000元等。

(3) 公司2011年度收到外贸公共服务平台建设资金985 121元、中小企业发展专项资金900 000元、财政补贴收入395 000元等补贴性收入。

(二) 资本结构变化和经营情况

在保持盈利能力稳定提升的基础上，中一检测的资产负债率2014年比2013年降低7%，而2015年比2014年降低15%，这说明其融资能力有所提高。2014年中一检测并没有股权融资和债券融资，而是采取抵押方式向银行短期借款融资1 690万元，而2015年该公司就由银行借款方式获得间接融资2 790万元，说明该公司挂牌“新三板”，对其银行贷款方式的间接融资也产生了极大的利好影响。股东权益也在稳步提升，说明公司经营情况良好。但2015年公司毛利率为51.54%，较2014年下降了8.99个百分点，主要原因有：

(1) 营业成本的增长幅度高出营业收入的增长幅度；

(2) 公司在册员工数量较上年平均增长约12%，薪酬支出较上年有所增加；

(3) 2014年年底及2015年新采购的固定资产总金额较大，新投入使用的固定资产产生了较大金额的固定资产折旧，对公司的毛利率有所影响，同时，2015年公司营业外收入为412.52万元，较2014年同期下降近50%，这是由于公司实际收到的政府补贴收入有所减少。

从上述三个案例可以看出，虽然“新三板”挂牌也存在一些顾虑和风险，但在很大程度上促进了企业的发展。首先，“新三板”挂牌极大地扩大了企业的融资规模，直接影响其现金流质量，提高了企业的经营运转效率，缓解了其资金周转困难的问题。其次，挂牌“新三板”可以在很大程度上提高企业的知名度、提升企业形象，不仅会产生品牌效应和社会效益，同时还会充分吸引优秀人才汇集，提升企业运营能力。再次，企业挂牌“新三板”后，不仅增加了直接融资的机会，从银行、券商方面获得的间接融资也会增加。最后，在各级政府鼓励中小企业挂牌和上市的阶段，政府已经出台各种鼓励政策，给予企业优惠和补贴，减少企业挂牌各环节的阻力和环节，大大降低了挂牌成本。但是“新三板”市场毕竟还处于发展阶段，企业对挂牌“新三板”的认识还有待提高，不少问题也需要政府去关注和解决。

从另一个方面也可以看出，我国“新三板”市场还存在一些问题，一些企业挂牌“新三板”是为了更利于上市，然而事实上，虽然挂牌“新三板”提高了企业的知名度，给企业上市带来了一定的品牌效应，但是从“新三板”转板上市的流程依旧烦琐，并不比企业直接准备上市有所简化。

同时，由于政府给企业挂牌“新三板”提供了很大的优惠和便利，因此有不少企业会盲目选择抓住这一机会挂牌“新三板”，而非考量自身情况之后，审时度势地选择自身的发展道路。因此，挂牌交易中心要加强对企业的甄别和筛选，重视那些有投资价值和发展潜质的企业，对于不具备挂牌资质、不适合挂牌的企业要严格控制门槛和标准。由于在“新三板”挂牌的企业的规模、实力不如主板和创业板市场的企业，因此有效地辨别企业潜质以控制“新三板”市场的风险也是至关重要的环节。“新三板”的市场参与者除了挂牌企业，还有监管机构、券商、律师、会计师事务所等中介辅导机构以及个人与机构投资者。对中介辅导机构来说，“新三板”的挂牌收入并不作为主要的考量指标，更看重企业挂牌后再融资、转板、做市交易等后端收入，重点推荐的是那些运作规范、创新创业型、成长性比较好的中小企业。对于“新三板”市场的投资人而言，那些发展前景良好、市场潜力大、盈利能力强的创新型企业备受青睐。因此，企业在“新三板”挂牌，必须结合自身的发展战略规划，深刻认知“新三板”的特点和市场地位，才能真正发挥“新三板”的效用。我们总结出以下四类适合挂牌“新三板”的企业：

（1）科技含量高，处于初创期的企业。这类企业通常科技含量大，风险高，发展前景好，属于国家大力支持的企业。处于初创期的企业通常规模较小、承担的风险较大、组织结构简单、未能达到公开上市的规模，但是已经初具规模，有一定的研发能力，却因为资金短缺而难以扩大生产规模，"新三板"挂牌不仅可以募集资金，还能提高企业的知名度，获得私募股权/风险投资的关注，为长期发展获取更多的机会和支持，资本溢价也就会更高。

（2）具备一定的盈利能力却有发展瓶颈的企业。企业拥有一定的盈利能力、市场占有率和生产规模，但内部管理不完善、市场拓展缓慢，这类企业通常也有发展诉求，但是企业管理和资金都遇到了瓶颈，"新三板"上市除了可以满足企业融资需求外，主办券商的前期辅导还可以规范化企业的生产经营，摆脱野蛮增长的模式；此外，挂牌还可以提高企业的知名度和信誉，进一步拓宽市场。

（3）未来三年内有上市计划的企业。由于 IPO 审核周期长，待上市企业多，很多优质企业在上市的通道上大拥堵，导致企业在短期之内无法登陆主板或创业板，进入资本市场。选择"新三板"挂牌，不但能让企业提前进入资本市场环境，而且可以提前规范公司治理、财务制度等，为之后的上市打下坚实的基础。同时，如果未来转板机制成熟，绿色通道开通，企业还可以直接转板主板，这样"新三板"就能真正成为主板的"蓄水池"。

（4）寻求并购和被并购机会的企业。随着国内经济的发展和产业的升级转型，兼并收购和产业整合的新浪潮已经不可避免。企业除了迅速增强自身的市场竞争力以外，还可以通过并购重组实现业务驱动的外延扩张或攀附上市公司实现曲线上市，而"新三板"企业经过挂牌辅导后，治理结构、财务规范程度都比普通企业好，并购重组成本会低很多。

证监会相关负责人曾指出，改革创业板制度，适当降低财务标准的准入门槛，建立再融资机制可以健全多层次的资本市场体系。但值得注意的是，并非所有的企业都适合挂牌"新三板"，企业要根据自身的情况选择挂牌与否，而不是盲目跟随政府政策行动，特别应防止为了获得政策优惠和补贴而出现投机现象。虽然“新三板”的准入门槛很低，但低门槛并不意味着无门槛，对企业的财务状况、治理状况还是有一定的要求的，通过挂牌“新三板”来改善企业融资结构并不适用于所有的企业，以下一些情况的企业就不适合挂牌“新三板”：

（1）存续期未满两个会计年度的企业。如果拟挂牌企业成立不足两年，仅是找了一个空壳公司对拟挂牌企业进行收购，则容易被认为是在刻意规避“依法设立且存续满两年”的条件，从而遭到劝退。

（2）不适宜挂牌行业的企业。涉及房地产、P2P、众筹等特殊、敏感行业，违背传统道德观念、违背公序良俗的行业，建议在申报之前与全国股份转让系统进行充分的预沟通，在征求其意见后再行准备，不可贸然申报。

（3）资质存瑕疵的企业。在某些特殊行业或者特定企业模式中，企业的生产经营需要主管部门颁发特定的资质证书才能正常进行。如果企业存在无资质经营或者超越资质要求经营的情形，则不符合挂牌条件。

（4）不具有持续经营能力的企业。持续经营能力是指企业基于报告期内的生产经营状况，在可预见的将来，有能力按照既定目标持续经营下去，在报告期内应有持续的营运记录，不应仅存在偶发性交易或事项。企业若没有正常营业记录，除非特殊行业，否则很难不被劝退。

（5）会计基础薄弱，涉税事项较多的企业。对于拟申请挂牌的企业，其最近两年的财务报表应经具有证券期货从业资格的会计师事务所审计，对财务的规范性提出了一定的要求。财务报表和审计报告需要真实准确地反映企业生产经营的具体情况，财务报表和审计报告不真实、不完整的企业是不符合挂牌条件的。

（6）不规范情况过多的企业。同样，“新三板”的审核要求确实比 IPO 宽松很多，但如果企业出现控股股东、实际控制人持有企业的股份股权被他人代持，出资不实且有违诚信，存在重大诉讼，资产不确定性，环保、质量、安全、土地违规事项，关联方资金占用，关联交易明显不合理，明显隐藏关联方等企业规范性过差的问题，也难逃被劝退的命运。

第三节　创新发展我国“新三板”市场

今后，挂牌企业数量将继续维持高速增长，挂牌企业所覆盖的行业将进一步细化和丰富。在我国建立柜台交易市场，能为达不到上市条件要求的数以百万计的企业提供股权交易平台，有利于中小企业的发展，也有助于我国形成多层次的资本市场。随着“新三板”市场在全国范围内的运用与扩展，以及其各项制度的不断完善，它将在我国的市场经济中发挥越来越重要的作用，同时对于支持创新型中小企业发展的优势也将越来越显著。为了进一步发挥“新三板”的作用，更好地使其为中小企业的融资、创新发展发挥作用，本节从政府的角度给出一些参考建议。

在中小企业挂牌的过程中，政府的主要作用在于提供信息公共品，提供公共服务，促成融资市场的形成和发展。而地方政府与中小企业联系密切、直接、灵活，更能充分了解中小企业的经营状况、优势劣势等，所以地方政府在中小企业融资的过程中应充分利用优势地位，结合实际情况，为其助力。

一　以帮扶保障为手段，完善补贴优惠政策

“新三板”市场小额、快速、灵活的特点，使其在扩容初期便得到了各地方政府的大力支持，多地纷纷出台鼓励地区内企业在“新三板”挂牌的政策。具体的支持政策多由地方颁布，但总体上鼓励政策可以分为三大类——现金补贴、税收支持和其他优惠政策。大部分的政策都发挥了极大的促进作用，但弊端和漏洞也在实践中浮现，根据过往经验，地方政府应该调整和完善支持政策，效用最大化地发挥政府财政的作用。

（1）优化调整现金补贴政策。几乎所有已经出台的鼓励企业在“新三板”挂牌的政策都包括现金补贴，从几十万元到上百万元不等，且补贴的方式也存在一次性补贴和分阶段补贴的差别。但是，目前一部分地区面临“新三板”挂牌企业过多、政府需要给予的补贴净额严重超过预算的尴尬局面，不得不降低现金

补贴的额度。而且，随着“新三板”扩容的持续，各地在“新三板”挂牌的企业数量将持续增长，地方政府给予“新三板”挂牌企业的现金补贴必然会逐步降低。现金补贴可以产生的持续性激励作用有限，政府财政也很难在长期予以稳定数额的补贴。因此，对发放补贴企业的筛选机制和补贴发放规则都需要进一步调整，使这一部分的政府财政支出能够更好地起到引导、支持和带动作用。

（2）继续发挥税收补贴的作用。具体的税收支持方式，覆盖了企业挂牌之前的改制以及挂牌过程中和挂牌后的企业相关税收的补贴等。税收性的支持政策可以在相对长的时间周期中为挂牌企业提供更为有利的成长空间，短期来看可以刺激中小企业的挂牌意愿，中长期来看可以为挂牌企业的转板创造一定的外部成长环境。政府的税收补贴政策效果突出，应持续推进该政策的实施。

（3）建设开通“绿色通道”。具体政策一方面包括对基础设施配套费用的减免、优先保证相关项目的土地使用指标的“绿色通道”服务等；另一方面包括对潜在的挂牌企业进行相关的培训，建立地方政府、主办券商和潜在挂牌企业之间良好的沟通和交流的平台等。与税收支持政策类似，这一系列优惠政策的支持，在激励企业挂牌、促进挂牌企业的成长中能够产生较为长期的效用。各地方政府应不断深化此类政策保障的作用，互相交流和学习，将着实有效的政策发扬光大。具体来说，通过培训帮助企业充分理解政府的相关支持政策；帮助企业了解在“新三板”市场挂牌的流程及挂牌所能获得的“利益”。通过建设交流平台，政策制定者和提供挂牌服务的主办券商可以及时了解潜在挂牌企业的真实需求。券商专家或已挂牌企业与拟挂牌企业交流挂牌方法及挂牌经验，能够让其更直观地了解“新三板”，从而做出是否挂牌的理性抉择。

二　以创新发展为核心，改进“新三板”交易机制

为了进一步发挥“新三板”的作用，更好地为中小企业的融资、民营企业的创新发展提供服务，“新三板”市场交易机制还有以下几点需要改进：

（1）把握挂牌企业质与量间的关系。重点关注那些有投资价值的、具有良好发展前景的、能够获得投资者青睐的挂牌或拟挂牌企业。把握好规范中介机

构收费和提高服务质量的关系;券商等中介机构在“新三板”市场的盈利模式问题需要得到足够的重视。随着“新三板”市场的不断扩大及其各项制度的不断完善,“新三板”应该继续完善交易制度、信息披露制度、合格投资者制度、监督管理制度等各类制度,从而增加市场的投资者数量,提高市场的流动性,更好地发挥资本市场的功能。相对于主板企业来说,“新三板”挂牌企业处于发展初期,没有足够的资产作为资金担保,很多有投资价值的“潜力股”也因此被埋没,所以,我国政府需要采取开放的态度,给予“新三板”更多的政策支持,适度降低投资门槛和融资标准,使中小企业在资本市场上能够得到足够的发展资金。

(2) 积极发挥券商的支持和引导作用。因为“新三板”挂牌企业运营不规范和高风险,需要券商加强对企业的监督和引导,规范企业的经营管理,防范风险,从而增加投资者的信心。政府可以扶持券商,间接帮助企业登陆“新三板”融资。券商较高的中介费,将一些中小企业挡在了挂牌入口之外,因此突出了券商培育的重要性,这不仅能加快企业登陆“新三板”,也能降低企业的挂牌成本。此外,还要加强对券商的鼓励、支持和引导。具体来说,首先,可以将一部分地区的企业,划归本地券商负责,由其帮助企业挂牌。然后,给予本地券商税收优惠,帮助企业挂牌、帮助企业再融资的获利可以免税。当然,也不能只局限于培育本地券商,政府可以出面与其他券商合作,给予其政策上的优惠,为当地企业创造更好的融资环境。

(3) 妥善斟酌信息披露强度。所有在美国 OTCBB 挂牌的企业的证券应该定期向美国证监会或其他监管机构履行信息披露要求。企业应该在生效日前报告其重大事项,包括收购、合并、更换名称以及所有重大事项的细节和相关文件,以及财务信息。而我国的“新三板”在全面贯彻尊重企业自治和充分信息披露的市场化指导原则的基础上,对定向增资的募集资金用途、增资数量、融资间隔时间和盈利预测等不做硬性要求,交由企业自主决定。美国的 OTCBB 信息披露制度经验表明[①],合适的强制性信息披露制度是“新三板”市场成功的关键,

① 陈汉平:《美国 OTCBB 信息披露制度及对我国“新三板”建设的启示》,《华北电力大学学报(社会科学版)》2013 年第 3 期。

因为强制性信息披露涉及资源配置的效率，能够决定市场竞争的程度和市场定价的合理性，防止内幕交易和操纵市场等违法行为。同时，要利用先进的电子技术和软件进行实时的信息披露，提高监管的透明度和效率，降低监管成本，保证做市商信息披露的及时性。

（4）加快建立绿色转板制度。所谓建立绿色转板制度，是指低级证券市场的挂牌企业，如何通过发展符合高级证券市场的公开发行上市条件，直接转至高级市场的制度。“新三板”市场是整个资本市场体系中的基础市场，建立“新三板”市场与创业板甚至主板的绿色转板通道，使板块之间能够相互连通，实现多层次资本市场的对接是发展的必然趋势。我国还没有真正的绿色转板机制，未来我国“新三板”的扩大发展，实现场内外市场无缝对接的转板制度的建立更加引人关注，尤其是现阶段 IPO 进展缓慢，让部分企业在“新三板”挂牌来实现分流，已经成为证券监管机构的一种可行的选择。制定合理的转板机制，让部分在“新三板”挂牌的企业能够转板或者看到其将来能够转板的希望，已经成为一种迫切要求。在政策方面，根据证监会方面的设计，真正的转板制度的推出可能需要等待“新三板”分层制度的建设及创业板完善等多项前提条件（见表 7.8）。不过，从目前挂牌“新三板”市场的企业资质来看，多数企业规模较小，恐难以满足创业板基本的转板条件，所以被上市公司并购实现曲线转板[①]，或许是“新三板”企业发展的最佳路径。

表 7.8　国家相关部门对于转板机制的表态

时间	部门	关键内容
2014.10.17	证监会	创业板专门层次的改革与《证券法》的修订、注册制改革、多层次资本市场建设等工作有机衔接起来
2014.08.01	证监会	研究在创业板设专门层次，支持符合一定条件但尚未盈利的互联网和创新企业在“新三板”挂牌一年后到创业板上市
2014.05.30	证监会	落实新“国九条”，推进多层次资本市场建设
2013.12.14	国务院	在股份转让系统挂牌的企业，达到股票上市条件的，可以直接向证券交易所申请上市交易

① 资料来源：投中研究院，《新三板盛宴开席 VC/PE 横戈跃马》（研究报告），2014 年。

时间	部门	关键内容
2013.02.21	全国中小企业股份转让系统	“新三板”符合条件的挂牌企业,可通过介绍上市的方式登陆沪深股市,符合交易所上市要求且不公开发行的,不再需要证监会审核即可在沪深交易所上市

资料来源:投中研究院。

三　以稳定发展为目标,有效控制市场风险

“新三板”市场与沪深主板市场证券交易所相比,是门槛标准较低的场外交易市场,这使得“新三板”市场的风险更为突出,而投资者往往对投资风险的意识不够。“新三板”除了场内资本市场的普遍风险之外,还有流动性风险、运营风险、信用风险和信息披露风险,这就涉及如何有效监管“新三板”风险的问题。我国“新三板”市场可以通过加强监管来控制风险。为保证场外交易的安全和投资者的合法权益,我国“新三板”市场可以采取证监会统一监管,证券协会自律监管与政府主管部门间接监管相结合的分层管理模式,尤其行业自律组织的监督是“新三板”市场监督不可缺少的组成部分。也就是说,证券主管部门主要承担制定全国统一的场外市场证券准入规则、发行规则、登记制度、挂牌规则、交易规则、结算规则、监管规则、退出制度和信息披露制度等的职责,而证券业协会则设立具有行业自律组织性质的管理机构,直接监测市场的交易并监督中介机构及其成员的活动。这样的分层管理可以降低场外市场的监管成本和组织成本,提高监管效率,随时根据场外市场的发展变化调整和完善监管的手段与措施。

总而言之,从大局来看,发展“新三板”市场是建立和健全我国多层次资本市场的必经之路;从细节来看,A股市场改革推进缓慢,步伐沉重,借着“新三板”这一新机制实现体制改革是最现实的曲线救国和变通之举,容易达成多方共识。在创新改革的道路上,套利空间仍然存在,却阻碍不了价值投资的发展大局,在未来加速发展的“新三板”市场中,多方参与将成为主流,立足各种优势开展个性化投资、专业化服务的理念将成为市场的主导方向。

第八章　多层次科技资本市场：一板独兴不是春，多层争艳香满园

现代资本市场是由多个市场共同组成的综合性、一体化系统，由不同层次的市场组合而成。对于多层次的资本市场的理解也有很多不同的意见：有学者提出，多层次是指证券交易所市场和场外交易市场（包括OTC、代办股份转让和产权交易市场等）。也有学者认为多层次是指资本市场由交易所市场、场外市场、区域市场、无形市场等多个层次的市场组合而成。还有学者认为，多层次资本市场是指满足不同投融资主体的要求而建立的、富有层次感的资本配置型资源市场；成熟的资本市场不仅应该有发达的股票市场，也应该有完善的公司债券市场。

资本市场各层次之间不是孤立存在的，而是以企业成长的生命周期为内在纽带，相互配套协调，形成一个系统的有机整体。企业在不同生命周期对金融服务有着不同的需求，不同层次的资本市场也存在持续演进的性质，与企业发展的不断演进进程相呼应。[①] 各层次的资本市场也有不同的准入门槛、规模要求来对应不同的企业。不同层次的资本市场在准入门槛、参与者和市场流动性等方面也存在明显的差异。越往上层走，准入门槛越高，受众面越小，对企业的要求就越规范、成熟、稳定，市场则越开放，不同财富和风险承担者都可以进入；

① 张陆洋、傅浩：《多层次资本市场研究：理论、国际经验与中国实践》，复旦大学出版社2009年版，第24页。

越往下层发展,准入门槛越低,企业受众面越大,企业也就有越大的灵活性与不确定性,相对应地,市场参与者应具备更高的风险承担能力和资金实力。

第一节 典型的国外多层次资本市场模式

现代资本市场的体系构成十分复杂,不同国家由于金融发展程度及经济发展路径的差异,在资本市场的发展结构层次上也显现出了不同的特征。多层次的资本市场体系是市场自然演变而形成的,早期的证券市场采用的是分散交易方式,证券交易所在此基础上发展而成,将交易统一集中在固定场所。在大多数国家,场内、场外交易同时存在。多层次的市场结构是集中交易与分散交易相互竞争的产物,这种结构完善了市场机制,健全了市场体制。

纵观世界各国成熟的证券资本市场,美国多维分层模式的资本市场最为完善,结构也最为成熟。经过二百多年的发展,形成了一个立体交叉式的交易模式,规模庞大、系统复杂,能够有效满足不同类型的企业在不同发展阶段、不同筹资规模的需要。美国证券市场主要由四个层次组成,包括主板市场、创业板市场、场外交易市场和区域性产权交易市场。这些不同层次的资本市场相互协调发展,对美国经济的发展产生了积极的影响。以英国、日本为代表的多层次资本市场模式则以内部分层为主、场外市场为辅。虽然英、日两国的资本市场发展时间也较长,但交易主要集中在交易所,交易所以外的市场发展程度有限。证券市场分层主要集中在交易所内部,分为四个层次:全国性主板市场、全国性创业板市场、全国性三板市场(即未上市证券市场)和区域性市场。

一 美国的多层次资本市场

美国被普遍认为具有最完备的证券资本市场分层体系,是其他国家相应制度法规设计时的重要参考。美国证券市场的完善集中体现在公司制度及市场机制的发达程度上,而完备的多层次资本市场为美国发达的公司制度奠定了基础。针对美国多层次资本市场的划分,有很多不同的观点和看法。其中,共同的认识是：不同的历史渊源、创办机构等诸多因素，形成了美国如今极为丰富的多级资本市场结构。各资本市场之间并不是截然划分成高、中、低层次，而是存在一定的重叠。一般认为，最高级的是主板市场，又叫一板市场；创业板市场由于多针对高成长性的中小企业，所以被视为进入主板市场的前奏，又称二板市场；场外交易市场中的企业资质更低，俗称三板市场。

美国的证券资本市场分层在三个维度上同时展开：金融风险特征（综合各资本市场的开放程度、准入条件以及市场内挂牌交易的企业规模）、交易执行形式和地理空间分布，形成了一个金字塔形的多层次体系，如图 8.1a 所示。

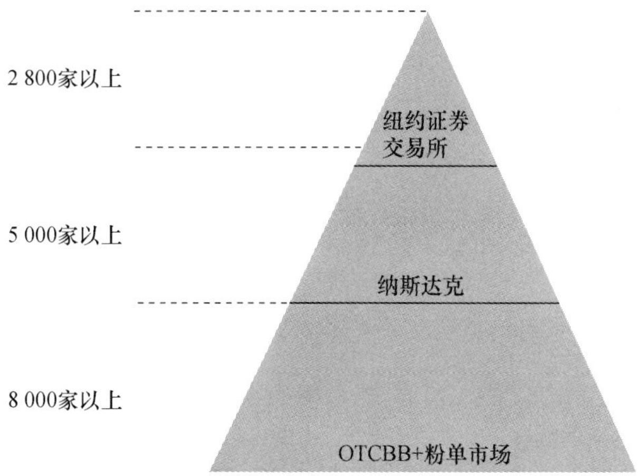

图 8.1a　美国证券资本市场分层结构

纽约证券交易所（NYSE）、纳斯达克全球精选市场（NASDAQ Global Select Market）和纳斯达克全球市场（NASDAQ-NM）组成了面向大型企业的全国性证券交易市场，如图 8.1b 所示。这一市场的上市标准最高，主要为大企业提供股权融资。上市企业一般都有比较高的知名度，业绩良好、公司机制较为健全。能够在纽约证券交易所上市的科技型企业一般已经发展到成熟期，此时企业规模庞大、收益稳定，投资风险也相对较低，科技型企业的大量资金需求也能够得到满足。但是，纽约证券交易所并没有明确的高科技企业倾向，符合要求的企业均可上市。

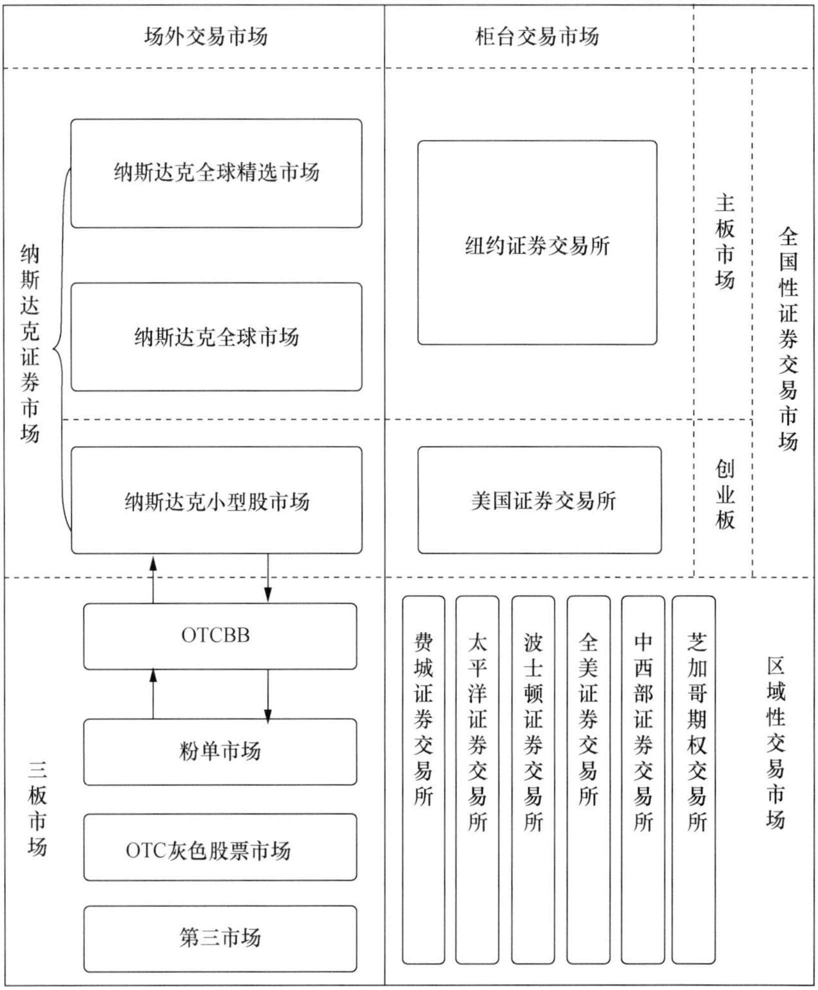

图 8.1b 美国全国性证券交易市场①

经过数十年的发展,美国纳斯达克市场已成为美国境外企业在美国上市的首选,在该市场中上市的外国企业数量已超过纽约证券交易所和美国证券交易所的总和。由美国证券商协会所创立的纳斯达克市场中,上市企业多为科技型企业,并孵化了微软等一批高科技企业巨头,极大地促进了美国高科技产业的发展,一度成为创业板的代名词,以至于后来日本、中国打算建立自己的创业板

① 赵昌文、陈春发、唐英凯:《科技金融》,科学出版社 1999 年版,第 26 页。

市场时，都提出将建立“日本的纳斯达克”“中国的纳斯达克”。但实质上，2006年2月，为了进一步加强竞争优势，纳斯达克市场内部进一步调整为三个层次，兼具主板市场与二板市场，还具有OTCBB和粉单市场这样典型的三板市场。由此可见，纳斯达克本身不仅是一个创业板市场，而且完全可以被视为一个独立于纽约证券交易所的多层次资本市场。

美国证券交易所和纳斯达克小型股市场(NASDAQ-SC)构成了面向中小企业和高科技企业的全国性融资市场。美国证券交易所俗称“小交易所”(Curb Board或Little Board)，成立于1849年，1953年正式更名为美国证券交易所。它是唯一一所能同时进行股票、期权和衍生品交易的交易所，也是全世界最大的开放式指数基金(ETF)交易所和美国第二大股票期权交易中心。同时，美国证券交易所还特别关注容易被忽略的中小企业，通过与其成为合作伙伴来进一步提升其股东价值。美国证券交易所上市标准较低，融资范围较广，特别适合扩张期的中小企业和高新技术企业。当企业在该交易所发展到一定程度之后，可以转板到纽约证券交易所。埃克森美孚(XOM)和通用汽车(GM)公司等大公司在初创期都曾在这里上市。

OTCBB市场、粉单市场、第三市场和OTC灰色股票市场构成了主要面向美国广大中小企业的场外融资交易市场。在美国，公开发行并不等同于上市，只有在纽约证券交易所、美国证券交易所、纳斯达克或区域性证券交易所挂牌才能称为上市，公开发行但不上市的企业股票只能在场外柜台采用做市商方式交易。在美国，大部分企业选择在OTC市场公开发行而不是直接通过证券交易所进行融资。

OTCBB相对美国其他主要证券交易所而言，准入门槛更低，对企业的资产或者财务状况几乎没有要求，只要向美国证券交易委员会提交文件，同时公开季度、年度财务报告即可。据统计，粉单市场上的挂牌证券有约8 000只。由于粉单市场仅仅是纳斯达克最低端的报价服务系统，不自动报价，所以发行人不必向美国证券交易委员会提交财务报告，也不受证券监管当局的监管。

从规模上来看，位于底层的OTC市场中的企业数量最多，而市场层次越高，则市场规模越小，由此构成一个金字塔结构。塔基是 OTCBB 和粉单市场，企业数量最多，有超过 8 000 家；中层部分是纳斯达克小型股市场和美国证券交易所，约有 5 000 家企业参与交易；最高层(即塔尖)是纽约证券交易所、纳斯达克全球精选市场和纳斯达克全球市场，约有 3 000 家左右的活跃企业。各个层次市场之间不是孤立的，而是互动的。上市企业一旦满足上一层次市场的准入条件，就可以选择摘牌然后进入上一个层次；同样，如果上市企业不再符合上市条件，就会被调入下一级市场。以纳斯达克小型股市场、OTCBB 和粉单市场之间的升降为例：从 OTCBB 升级到纳斯达克小型股市场，只需要达到如下条件即可：资产净值在 500 万美元以上；总市值在 500 万美元以上；前一会计年度净利润在 75 万美元以上；股价不低于 4 美元；股东超过 300 人；有 3 个以上的做市商。纳斯达克市场规定：企业股票连续 30 日交易价格低于 1 美元，警告后 3 个月未能使该企业股价升至 1 美元以上，则将其摘牌，退至 OTCBB 报价交易；在 OTCBB 摘牌的企业将退至粉单市场进行报价交易。

多层次的证券市场体系极大地拓展了美国证券市场的容量，对于高成长性而又急需资本的科技企业而言，无疑拓宽了多元化的融资渠道，企业的融资结构也发生了变化，企业债券和股票融资比例不断上升，银行贷款比重下降，企业通过股权融资获得了良好的发展机会。层次分明的市场结构加严格的升降板规定，也使美国股票市场在组织结构和功能上形成相互承接、协同发展的特征。上市企业在不同层次市场之间的灵活转换，充分发挥了证券市场“优胜劣汰”的机制，确保了美国资本市场中上市企业整体的质量。无论从个体企业还是从市场整体来看，都有力地推动了美国经济的创新与增长。[①]

二 英国的多层次资本市场

英国证券市场主要包括伦敦证券交易所与场外市场两个部分，按上市标准的高低和区域的不同，英国资本市场可以分为四个层次：

---

① 赵昌文、陈春发、唐英凯：《科技金融》，科学出版社 1999 年版，第 472 页。

（1）英国主板资本市场。这一市场是伦敦证券交易所的重要组成部分，为英国金融局批准正式上市的企业提供交易服务。伦敦证券交易所历史悠久，不仅是英国主要的证券交易所，更是吸收欧洲资金的主渠道。目前，伦敦证券交易所自身就拥有三个层次的资本市场，分别是主板市场（Main Market）、技术板市场（Tec Market）和创业板市场（Alternative Investment Market，AIM），有来自许多国家的不同企业挂牌交易，众多的投资银行和证券经纪商会员参与市场交易。伦敦证券交易所不仅有股票交易，还提供多元化的产品和服务，比如交易所交易商品（ETCs）、备兑权证（Covered Wanants）、债券（Debt Securities）、房地产投资信托基金（RELTs）等。

（2）英国创业板资本市场。英国创业板资本市场——伦敦交易所创业板市场（AIM），虽然由伦敦证券交易所主办，附属于伦敦证券交易所，但属于正式的市场，有 AIM 专属的管理团队，独立运行，交易所仅提供基础设施。主要为英国及海外其他国家新型高科技、高成长性企业提供融资，所以在上市标准上没有制定最低标准，不需要金融服务局审批，也没有对上市企业经营年限及规模的要求，仅要求上市企业指定一名经纪人和保荐人。在交易制度上采取的是做市商和竞价相结合的方式。

（3）英国三板资本市场。英国三板资本市场即为上市企业股票交易市场（Off-Exchange，OFEX），为更初级的中小企业提供融资服务。它是由在伦敦证券交易所登记在册且具有良好经营记录和信誉的做市商 JP Jenkins 公司管理，专为中小企业提供的专门交易未上市企业股票的市场交易平台。OFEX 属于非正式市场，比 AIM 市场的进入标准更低，层次也更初级。

（4）英国区域性资本市场。英国区域性资本市场指曼彻斯特、伯明翰、格拉斯哥、利物浦和都柏林等区域性资本市场，其主要是为地方性股票交易提供场所，同时也可买卖伦敦交易所挂牌的股票。[①]

① 李娜、王建中、朱小俊：《中英美三国多层次资本市场比较及借鉴》，《财会通信》2014 年第 2 期。

三　日本的多层次资本市场

日本资本市场的模式与英国资本市场类似，均有内部分层为主、场外市场为辅的特点，主要由交易所市场和场外交易市场构成，交易所及场外交易市场内部又进一步分为若干层次。按照交易地点和准入条件等方面的区别，可以分为四个层次，分别为：由东京、大阪、京都等八家交易所构成的最上层主板市场，东京证券交易所的市场二部即中小板市场，新兴"MOTHERS"创业板市场及OTC市场（如图8.2所示）。

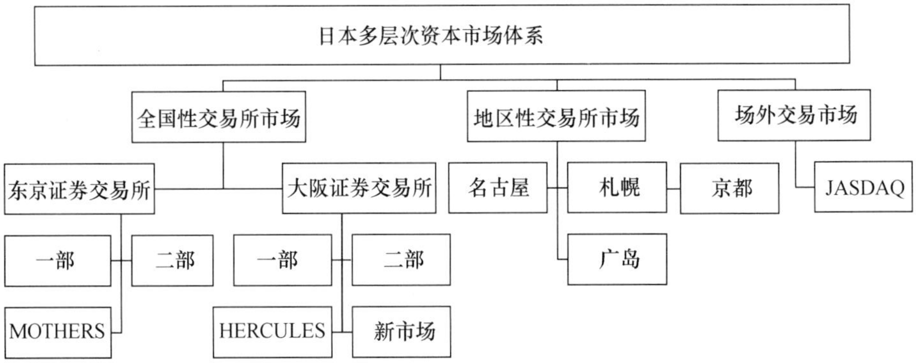

图8.2　日本多层次资本市场体系

日本不同层次市场的上市标准存在较大区别，具体见表8.1。比较各个层次资本市场的上市条件可以看出，东京证券交易所的上市条件最为严格，其申请企业无论从资产规模、资本额、设立年限还是财务要求和股权分散等要求来看均严于其他层次市场。创业板市场在利润和净资产要求上接近东京证券交易所，比其他交易所都严格。日本自动报价系统在利润、净资产和财务报表要求上与大阪证券交易所基本相当，但在市价、公开募集股份数额、股东人数要求上，比大阪证券交易所要严格很多。日本自动报价系统和大阪证券交易所都比成长企业创业板市场的要求高得多，成长企业创业板市场的上市条件最为宽松。

日本资本市场的多层次结构加强了市场的流动性，打破了原有地域模式的限制。各个证券交易所为了争夺上市资源不得不推出新的举措。新兴企业面对众多的创业板市场，有了更大的融资选择自由。无疑，多层次的资本市场对推动和发展日本经济起到了极大的促进作用。但也应当指出，日本国内目前中小新兴企业上市热情不高，加之以东京证券交易所、大阪证券交易所、HERCULES、JASDAQ市场四大市场为中心的机构重复设置过多，横向竞争过于激烈；这种严重的供需失衡，导致日本金融界丑闻不断，也困扰着多层次资本市场的发展。

表8.1　日本多层次资本市场上市标准

市场层次	JASDAQ市场	东京证券交易所		大阪证券交易所	
			MOTHERS	大阪新市场	HERCULES
对象企业	无	创立时间三年以上	只要具备成长潜力，都列入可上市对象	① 大阪周边的成长性企业 ② 成长性业务的营业额占年度总营业额的20%以上	无
利润额	最近一营业年度之税前盈余不可为负数，或营业利润为5亿日元以上；但若市值超过50亿日元者，不在此限	最近三年税前纯益，第一年及第二年各为1亿日元以上，第三年应为4亿日元以上； 最近三年按平均发行股数计算每股税前盈余，前两年之任一年应为15日元以上，第三年则必须为15日元以上； 最近一年按年底发行股数计算每股税前盈余，应为20日元以上	无	上一年度的营业利润为正数	1亿日元以上
净额产额	最近一营业年度年底之净资产不可少于2亿日元	股东权益在10亿日元以上且每股100日元以上	无	上市时为2亿日元以上	6亿日元以上
市价总额	注册当天为10亿日元以上	无	注册当天为5亿日元以上	无	无
现金流量	无	无	无	上一年度的现金流量为正数	无
公募股数的最低限	登记当天流通在外的发行股数应不能少于200万股；且于登记日之最近一营业年度，平均流通在外发行股数不能少于100万股	上市股数应为400万股以上（营业主体在东京周边者）或2 000万股以上（其他地区）	上市时的新发公众股必须在1 000单位以上	公众股数必须达到上一个营业周期最后一天为止发行股票总数的10%以上，而且不低于20万股	1 100股以上最低公开发行股数

（续表）

市场层次	JASDAQ 市场	东京证券交易所		大阪证券交易所	
			MOTHERS	大阪新市场	HERCULES
股东人数	1万股以下之股东人数300人以上； 1万股以上，未满2万股之股东人数400人以上； 2万股以上之股东人数500人以上	少数特定人(亦即前十大股东及企业的关系人)之持股比率，在上市时应为80%以下，上市一年后应为70%以下。 持有1 000股以上的股东人数，按企业之上市股数而有不同标准(以下股东人数不包括少数特定人)： ① 少于1 000万股的企业：800人以上； ② 1 000万股以上而未满2 000万股的公司：1 000人以上； ③ 2 000万股以上的企业：由1 200人起算，每增1 000万股再加100人直至2 200人	上市新募股的股东人数为300人以上	上市时股东人数为100人以上	股东人数：400人以上
稽核要求	年度与期中财务报表需附会计师或会计师事务所之意见书，以显示财务报表之允当表达与有用性；且申请前两年度会计师查核报告之综合意见为“无保留意见”	无	财务标准虽然不再设定利润标准或资本金标准，但要求企业公布营业业绩	最近两年(合并结算一年)的财务报表无“虚假”内容，且上一年度为“合格”	财务报告：最近两年无虚假记载
承销商的义务要求	经两家推荐证券商推荐，作为企业的代表会员履行两年的义务	无	无	主承销商与企业签约，成为企业的顾问	无

资料来源：刘岩、丁宁，《美日多层次市场的发展、现状及启示》，《财贸经济》2007年第10期。

第二节　中国的多层次资本市场体系

一　中国资本市场的发展历程

（一）监管制度日趋完善

中国的金融监管从原来由人民银行大包干的局面逐步转变为“一行三会”的监管模式，将具体行业的监督权从人民银行中逐渐剥离出来，形成了以人民银行为核心，证监会、保监会和银监会分行业监管的机制，实行“混业经营，分业监管”的原则。尽管目前对这种监管模式还存在诸多争议，但就中国的实际情况而言，这种监管体制发挥了积极作用，能较为有效地防范市场系统性风险，维护金融业的稳定。资本市场目前是由证监会负责统一的行政监管，同时辅以中国证券业协会为主体的行业自律性监管。在日趋完善的监管制度之下，中国的资本市场也由20世纪90年代建立之初的混乱逐渐走向规范，当前由沪深交易所构成的主板市场已颇具影响力，二板、三板市场也发展迅猛，规模不断增大。

（二）发行制度日趋市场化

中国的资本市场在建立初期采用了极具计划经济色彩的审批制，从2001年3月起，新股发行正式采用核准制，开始实现由行政主导向市场主导的转变，同时确立了以强制性信息披露为核心的事前问责、依法披露和事后追查的责任机制。发行审核工作也逐步程序化、规范化。2004年2月，《证券发行、上市保荐制度暂行办法》开始实施，发行制度正式转变为保荐制，建立了保荐机构和保荐人的问责机制，其后在2005年又对保荐制度的部分具体内容做了进一步的修改与完善，保荐制的建立是证券发行市场化运作的重要探索。而证券发行的定价也逐步实现市场化主导，2004年年底证监会出台了《关于首次公开发行股票试行询价制度若干问题的通知》，开始对股票发行定价实行市场约束的询价制。到2006年，《上市公司证券发行管理办法》《首次公开发行股票并上市管理办法》《证券发行与承销管理办法》等一系列规章制度陆续出台。而新股发行制度的缺陷是客观存在的，这使得新股在上市首日就容易遭到爆炒，其股价的大起大落容易造成中小投资者的巨大损失。一级市场和二级市场的巨大价差也令上市公司有可能谋取暴利，部分公司不惜造假上市。2009年5月，证监会又起草了《关于进一步改革和完善新股发行体制的指导意见（征求意见稿）》，期望坚持市场化方向，促进新股定价进一步市场化，重视小投资者的参与意愿，充分保护其利益。

（三）资本市场法律体系逐步完善

中国资本市场运作的法律基础主要是1994年实施的《公司法》和1999年

颁布的《证券法》，随着金融体系的不断发展与完善，旧有的法律条文不能完全适应当前新形势下的客观现实。所以在 2005 年 10 月，全国人民代表大会开始修订这两部法律，并最终于 2006 年 1 月正式实施。为了与新修正的两部法律相配合，全国人民代表大会还适时通过了《刑法修正案(六)》和《企业破产法》等法律，并陆续颁布了与之配套的《上市公司治理准则》《上市公司股东大会规则》等一系列规章条文，从而形成了一套系统完整的法律规章体系。

(四) 股权分置改革完成

在资本市场创立初期，由于社会各界对股份制及资本市场存在认知偏差，产生了遗留至今的股权分置问题，进而产生了同股不同权、定价机制扭曲等一系列问题，成为长期困扰中国资本市场发展的疑难问题。截至 2004 年年末股权分置改革之前，中国上市公司的 714 亿股总股本中，非流通股份高达 64%，为 4 543 亿股，而其中以国有股份为多，占到非流通股的 74%，约占所有股份的 47%。

2005 年 4 月 29 日，中国股票市场的股权分置改革正式启动，截至 2008 年年底，沪深两市所有上市公司均已完成股权分置改革。至此，国有股、法人股、流通股的利益和价格分置的难题已不复存在。股权分置改革最重大的意义也在于定价机制的理性回归，在旧有扭曲的定价机制下，市场不可能建立理性的投资模式。随着股权分置改革的基本完成，制约证券市场发展的制度性障碍得以消除，证券市场上的股权实现了平等。在同股同权、同股同利、同股同责的制度保障之下，创业板市场、场外交易市场以及产权交易市场才有健康发展的空间。

二　中国资本市场的发展现状

经过十几年的发展，中国已经形成了以债券和股票为主体的多种证券形式并存，包括证券交易所、中介机构和监管机构的全国性资本市场体系。其中，股票市场的发展状况如表 8.2、图 8.3、图 8.4 所示。尽管目前在债券市场上仍是国债一家独大的局面，但近年来企业债也有了长足的发展，公司债、可转债等金融工具的创新及发展也在一定程度上拓宽了企业的融资渠道。

表 8.2　2001—2013 年中国股票市场(沪深两市)概况

日期	上市公司总数(家)	上市证券总数(只)	上市股票总数(只)	总股本(亿股)	总市值(亿元)
2001	1 154	1 330	1 240	4 820.40	43 522.20
2002	1 223	1 437	1 310	5 452.96	38 329.13
2003	1 285	1 531	1 370	5 987.10	42 457.71
2004	1 373	1 669	1 459	6 707.47	37 209.23
2005	1 377	1 777	1 464	7 156.65	32 430.15
2006	1 421	1 894	1 507	12 654.83	89 403.52
2007	1 530	1 993	1 616	16 954.72	327 140.02
2008	1 604	2 148	1 690	18 852.25	121 366.44
2009	1 700	2 516	1 786	20 567.52	243 939.12
2010	2 063	3 079	2 149	26 984.49	265 422.59
2011	2 342	3 612	2 428	29 745.11	214 758.09
2012	2 494	4 288	2 579	31 833.62	230 357.62
2013	2 489	5 110	2 574	33 822.04	239 077.19
2014	2 603			49 043.92	371 149.00
2015	2 827			50 091.06	567 808.85

资料来源：Wind 数据库。

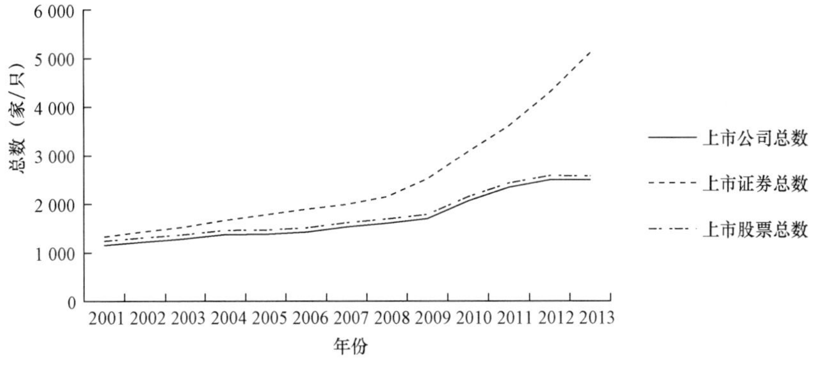

图 8.3　2001—2013 年中国股票市场(沪深两市)概况 1

资料来源：Wind 数据库。

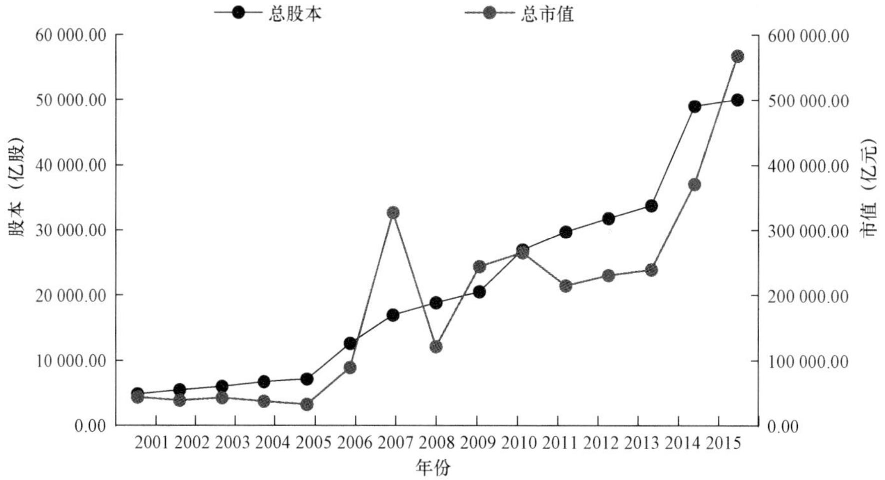

图 8.4　2000—2013 年中国股票市场(沪深两市)概况 2

资料来源：Wind 数据库。

(一) 资本市场促进了中国经济的快速发展

中国资本市场无论是在自身的完善发展，还是在推动中国经济发展和改革的进程中，都发挥了不可替代的作用，主要体现在加速中国经济体制转轨、推动国有企业改革、促进中国金融格局的优化等方面。

1. 加速中国经济由计划经济体制向市场经济体制转型

资本市场的发展在促进中国经济转型的过程中起到了重要的催化作用。中国资本市场的发展是一个市场经济观念普及的过程，人们长期的计划式经济思维模式开始为股份制、价格机制、竞争机制所取代。资本市场通过价格发现和优胜劣汰机制将资本引导到资金利用率较高的地区，直接推动了经济结构的优化，提高了资源配置的效率。同时，资本市场的设立加速了生产要素和人力资本的流动，提高了市场运行的效率。

2. 推动国有企业的体制改革进程

国有企业在中国经济发展中起到了重要的作用，但由于长期受计划经济体制的影响，有大批国有企业运营效率不高甚至出现亏损现象。为了改善这一状况，改革开放后，国家先后尝试了承包制、租赁制、利改税和股份制等多种方式。

最终，股份制在实践中得到肯定。在这一过程中，资本市场对国有企业改革模式的确定、法人治理结构的完善、现代企业制度的建立都起到了重要的作用。

3. 促进中国金融格局的全面优化

经济的发展需要多元化、多层次的资本市场和金融体系。长期以来，中国经济对银行这一融资渠道的依赖较大，金融风险集中、风险分担机制不对称，对中国金融企业在国际上竞争产生了较大的影响。随着改革开放的深入，中国资本市场的结构逐渐完善，债券、证券市场发展迅速，证券市场正逐渐形成由主板、中小板、创业板、新三板市场组成的多层次资本市场，能够为不同层次、不同需求的企业提供多样化的融资服务。资本市场的发展对于拓宽企业融资途径、打破银行间接融资障碍、降低银行业金融机构系统性风险都起到了十分重要的作用。

（二）建设多层次资本市场的必要性

从 20 世纪 90 年代创立开始，中国的资本市场取得了长足发展。当前，中国多层次资本市场建设初现成效。有数据显示，截至 2016 年 6 月 22 日，全国共有上市公司 2 882 家，其中，主板 1 582 家，中小板 790 家、创业板 510 家。深圳证券交易所综合研究所与科技部火炬中心的合作研究表明：截至 2011 年 4 月 28 日，在中小板的 576 家公司、创业板的 209 家公司中，2008 年重新认证高新技术企业数量分别为 412 家和 168 家，占比分别为 71.53％和 80.38％。[①] 但是，当前中国资本市场体系仍然存在诸多弊端，资本市场体系结构问题明显。就主板市场而言，科技型企业的价值并未得到充分的重视，所占的比重较低；中小板依附于深圳证券交易所，上市条件和运行模式基本上延续了主板的规则，门槛并未下降；创业板成立至今规模逐步扩大，但难以与需求相匹配，在“优胜劣汰”的市场机制下，创业板上市的门槛也在不断提升，让众多中小企业望尘莫及，难以达到其原本设立的目的；“新三板”虽然面向全国推广，但风险过高、换

① 辜胜阻、曹誉波、杨威：《科技型企业发展的多层次金融支持体系构建》，《商业时代》2011 年第 22 期。

手率低；资本市场还存在重融资轻投资、重数量轻质量、重发行轻退出等问题，既不利于科技型中小企业融资，又不能及时淘汰劣质企业，难以培育出具有全球影响力的领袖企业。

由此可见，中国多层次金融体系已初见雏形，但深度和广度还需要进一步拓展。整体市场体系并不完备，市场上有融资需求的企业数目远远超出现有金融体系所能承受的程度，使得科技型企业融资依然困难重重[①]；同时，目前国内普遍存在企业直接融资渠道窄、成本高、融资率低，造成资本市场的结构性失衡的问题。另外，中国各级资本市场受各级政府部门管控，行政干预过多，市场性较弱，市场还有待进一步发展和完善。而从债券构成来看，仍然是国债主导，真正为普通企业发行的融资债券不足10%，广大科技型中小企业利用债券进行融资的效率不高。

科技型企业除了需要承担一般企业所面对的市场风险、管理风险外，还需要承担技术创新活动带来的“成三败七、九死一生”的高风险。有研究表明，企业应用研究阶段的成功率一般低于25%，开发研究阶段成功的可能性为25%—50%，产业化或商品化阶段的成功率一般为50%—70%。[②] 另有统计显示，美国高新技术企业只有10%能活过5年，中国中关村示范区经营5年以上的企业也只有9%。[③] 科技型企业的生命周期一般包括四个时期：种子期、创建期、扩张期和成熟期，不同的阶段需要不一样的融资途径。相对地，市场也会对不同时期的企业提供对应的资金供给，种子期的科技型企业面临企业的组建和产品技术的开发，投入大于产出，需要通过政府政策基金和独具慧眼的天使投资等来实现融资需求。企业创建期同样是资金紧缺时期，其高风险的特性使得企业失败的可能性极大，也没有足够的吸引力获得常规金融的青睐，需要风险投资等偏好风险的融资方式。扩张期的企业已经有了较为完整的产品线和供

① 辜胜阻、曹誉波、杨威：《科技型企业发展的多层次金融支持体系构建》，《商业时代》2011年第22期。

② 吴涛：《技术创新风险的几个基本特征及风险管理对策》，《科学管理研究》2000年第1期。

③ 王颖：《公司价值与可持续发展》，《经济界》2005年第1期。

销渠道，在市场竞争中已站稳脚跟，以创业板等为代表的资本市场能满足企业的融资需要，并为前期的天使投资、风险投资提供顺利的退出机制。成熟期的企业为了稳步实现做大做强，倾向于选择低风险的主板市场和低成本的银行间接融资等方式。[①] 当然，科技创新企业借助上市可以迅速成长、发展和开展兼并活动，其融资选择也会增加。[②] 由此可见，科技型企业发展的不同阶段需要多层次金融体系的支撑。

第三节　科技型企业上市案例分析

一　主板上市案例：宁波理工监测科技股份有限公司[③]

宁波理工监测科技股份有限公司（以下简称宁波理工监测）创立于 2000 年 12 月，总部位于宁波保税区留学人员创业园，在北京、西安、广州、杭州等地均设有分支机构，员工总数近 300 人。宁波理工监测是国内最早专业从事电力高压设备在线监测产品研发、设计、生产及销售的企业。2007 年整体变更为宁波理工监测科技股份有限公司，注册资本为 5 000 万元。

公司在发展初期先后承担并完成多项国家级火炬计划项目、科技部中小企业创新基金项目、信息产业部电子发展基金项目等国家级项目，以及宁波市科研攻关项目和博士基金项目等课题，取得发明专利 1 项、实用新型专利 3 项，并有 9 项计算机软件著作权获得了软件产品认定。公司及子公司作为软件企业或高新技术企业，按国家规定享受了企业所得税和增值税税收优惠。2006 年度、2007 年度、2008 年度、2009 年 1—6 月，公司享受的税收优惠金额分别为 939.27 万元、1 670.31 万元、1 584.32 万元和 759.49 万元，占净利润的比例分别为 23.92％、32.00％、33.59％和 33.78％（见图 8.5）。

---

① 彭红枫：《基于多层次资本市场科技创新体系研究》，《科学学与科学技术管理》2001 年第 6 期。

② 欧阳（Lan M. Oades）：《中小企业境外上市指南》，张青龙译，中信出版社 2007 年版。

③ 后更名为“宁波理工环境能源科技股份有限公司”。

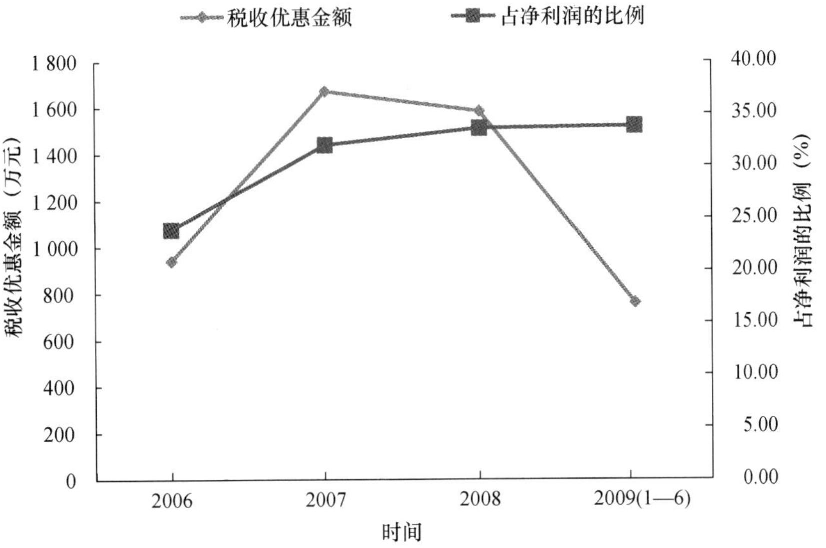

图 8.5　宁波理工监测的企业所得税和增值税税收优惠

资料来源：Wind 数据库，公司年报。

宁波理工监测首次公开发行股票的申请已经中国证监会核准通过，2009 年 12 月 9 日在深圳证券交易所主板发行上市。宁波理工监测（后改名为“理工环科”，002322）本次发行股份数量为 1 670 万股，发行价格为 40.00 元/股，对应市盈率为 59.85 倍。其中，网下发行占本次最终发行数量的 20%，即 334 万股。公司上市之后，资产负债率由 2008 年的接近 80%下降到 10%以下，并始终保持这一水平，这说明公司从资本市场融到了大量资金，对于负债的依赖在逐渐减小。流动比率和总资产增长率自上市之后经历了一个先降后升的趋势，这是由于上市前期受宏观行业环境的影响，电信业整体处于调整的过程，之后的上升表明公司上市对于其营运效率的提高是有积极作用的（见图 8.6）。

宁波理工监测在所属行业具有绝对的竞争优势，但在发展初期，虽然得到了税收优惠和国家高新技术项目基金，但主要融资渠道单一，还是以自身积累为主，延缓了公司进一步的快速发展。作为科技型企业，虽然有专利和软件著作权，但由于前期政策和实际操作的问题，很难进行质押、融资。

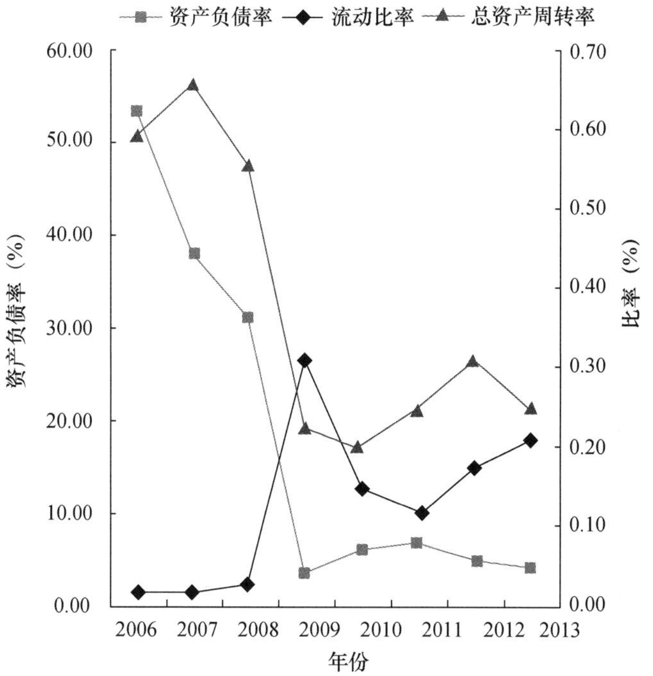

图 8.6　宁波理工监测的资本结构、偿债能力与营运能力

二　创业板市场上市案例:苏州斯莱克精密设备有限公司

(一) 基本资料

苏州斯莱克精密设备股份有限公司(以下简称苏州斯莱克)成立于 2004 年 1 月,注册资本为 210 万美元。公司于 2009 年 7 月 28 日换领了注册号,实时注册资本为 4 600 万元。该公司在全球范围内拓展业务,主要从事高速易拉盖生产设备的研发、设计、生产、装配调试,相关精密模具、零备件的研发、加工制造,主要产品包括高速易拉盖及易拉罐生产成套设备系统改造、相关精密模具、零备件等。苏州斯莱克生产专用设备——易拉罐及其拉环,其核心技术的科技价值处于世界领先地位——全世界仅有三家同类企业且均在美国,其在中国市场上几乎处于垄断地位,包括王老吉和可口可乐(中国)在内的众多知名企业都是其客户。苏州斯莱克已于 2014 年 1 月 29 日在深圳证券交易所创业板成功挂牌上市。苏州斯莱克(300382.SZ)此次发行股份数量为1331万股,发行价格为35.15元/股,募资总额达2.5亿元。

（二）公司享受的优惠政策

1. 税收优惠

根据上述税法规定,2009年、2010年公司既可享受减半征收优惠,也可享受按15%的优惠税率缴纳企业所得税。2009年、2010年、2011年公司选择最优惠的税率执行,即按25%的税率计算的应纳税额实行减半征税。2012—2015年,公司适用15%的优惠税率。

2. 政府补助

(1) 公司“易拉盖高速冲压生产设备”项目获科技部中小企业技术创新基金无偿资助,收到专项资金49万元,项目于2008年度完成,转入补贴收入;项目于2009年度验收后,2010年度获得验收资金21万元,确认为补贴收入。

(2) 根据苏州市吴中区科技局吴科技〔2010〕第20号和苏州市吴中区财政局吴财科〔2010〕第21号联合文件,公司“卷料易拉盖基础盖高速多模生产系统”等项目获2010年度吴中区第一批科技发展计划项目经费,收到补贴资金35万元,确认为补贴收入。

(3) 公司2010年度收到2009年度吴中区纳税大户及科技创新奖10万元、吴中区人才发展奖10万元、吴中区2009年开放型经济奖励扶持资金5万元、吴中区2009年外贸企业扩大生产稳定就业奖励资金3.86万元、吴中区2009年外贸出口增长奖励2.81万元,均确认为补贴收入。

(4) 公司“超薄金属板精密成形高速全自动成套设备关键技术开发及产业化项目”获得2009年江苏省省级科技创新与成果转化专项资金资助,受资助总额为1125万元,其中:省级补助600万元,贷款贴息150万元,地方配套375万元。到账情况为:省级补助600万元,分别于2009年12月28日到账400万元,2010年12月27日到账200万元,根据相关合同,其中210万元为研发设备补助,390万元为研发费用补助;地方配套部分于2010年8月24日到账200万元,为研发费用补助。与上述补助相关的主要研发设备于2010年4月购买,

5 月开始计提折旧，折旧年限为 10 年，因此将资本性补助 210 万元转入递延收益，自 2010 年 5 月起分 10 年摊销，2010 年度摊销 14 万元，2011 年度摊销 21 万元。

(5) 该产业化项目的完成期为 2012 年 9 月，因此将费用性补助 590 万元转入递延收益，按项目期进行摊销，2010 年度摊销 215 万元，2011 年度摊销 215 万元。

(6) 公司 2011 年度收到 2010 年度吴中区纳税大户奖金 3 万元、2010 年度胥口镇商务发展专项基金 3 万元、2011 年度吴中区科技发展计划经费 10 万元、2011 年度中小企业发展专项资金 20 万元、2011 年度苏州市自主创新专项资金 20 万元，均确认为补贴收入。①

（三）关于苏州斯莱克案例的分析

从起步到筹划创业板上市融资，该公司只花了 4 年时间，通过对此案例的分析，我们得出以下结论：

(1) 企业技术的核心竞争力是发展的根基。苏州斯莱克之所以成功，最重要的原因在于其技术国际领先、在国内形成垄断，无论是出口还是内销都体现了其强大的竞争力；同时，还在于其技术含量高，产品附加值高，企业利润率远远高于其他同类的机械制造企业，这也体现出科技企业的发展对经济的重要作用。

(2) 政府政策扶持是成功的另一关键因素。从企业的设立，到税收补贴、人才引进、税收减免等方面，当地政府都给予了极大的支持，这也是苏州斯莱克能够迅速成长壮大的重要原因之一。

(3) 科技研发人才对企业保持技术领先至关重要。很多企业缺乏高端的科研人才，其根本原因在于科研条件的不健全。科技企业的发展离不开优良的科技研发硬件环境，这不仅是企业自身应该着力做好的工作，也是政府实行政策扶持、加大财政倾斜的重要方面。

① 《苏州斯莱克精密设备股份有限公司招股说明书》，资料来源：Wind 数据库。

三　中小板上市案例1:深圳市沃尔核材有限公司

(一) 基本资料

深圳市沃尔核材股份有限公司的前身为深圳市沃尔热缩材料有限公司,创立于1998年6月19日。公司是国家重点支持发展的高新技术企业,专业从事高分子核辐射改性新材料及系列电子、电力新产品和新设备的研发、制造和销售。2004年9月8日,经深圳市人民政府以深府股〔2004〕31号文批准,深圳市沃尔热缩材料有限公司整体变更设立为深圳市沃尔核材股份有限公司(以下简称“沃尔核材”),注册资本为4 035万元。

沃尔核材是国家级高新技术企业,其研发技术中心被评为“深圳市市级研究开发中心”,多年来一直承担国家各级科研项目,先后与中国社会科学院电工研究所合作研发国家“863计划”项目,与北京航空航天大学合作开发废料处理循环经济项目。公司拥有全部产品自主知识产权以及多项国际、国内发明和专利,累计取得发明专利291项、实用新型专利291项、外观设计专利2项。

公司业务属于精细化工行业,在政策和资金上得到国家的重点支持并被列入多项国家计划。从2012年起,公司享有企业所得税“两免三减半”的税收优惠政策。2004年度、2005年度、2006年度,公司分别收到国家补助资金1 000万元、762.674万元和137.33万元。同时,2003年度、2004年度、2005年度及2006年1—9月,公司获得来自深圳市财政局的补贴收入金额依次为6.595万元、40.09万元、126.90万元和20万元。

沃尔核材首次公开发行股票的申请已经由中国证监会核准通过,2007年4月20日在深圳证券交易所中小板发行上市。沃尔核材(股票代码:002130)发行股数为1 400万股,发行价格为15.72元/股,对应市盈率为27.58倍,市净率为5.55倍。其中,网下向询价对象配售280万股,网上向社会公众定价发行1 120万股。

2011年7月,公司拟向206人授予限制性股票与激励股权,涉及标的股票100万股。2015年9月22日发布定向增发预案,拟以每股不低于14.77元非公开发行不超过5 551.79万股，募集资金总额不超过8.2亿元，用于投资两家风电场项目建设。

（二）财务指标分析

表8.3分别从资产构成、资本结构、公司盈利能力三个方面分析了沃尔核材"中小板"上市前后的变化。

表8.3　沃尔核材资产构成、资本结构、公司盈利能力分析表

报告期	2015	2014	2013	2012	2011	2010	2009	2008	2007	2006
资产构成										
流动资产（亿元）	12.00	9.79	8.55	9.47	7.42	3.62	3.13	2.31	2.93	1.63
固定资产（亿元）	8.62	7.45	7.09	4.65	2.59	2.52	2.38	2.45	1.75	0.46
资产总计（亿元）	36.70	26.60	18.80	18.20	12.30	7.44	6.51	5.53	5.21	2.55
流动资产/资产总计（%）	32.55	36.81	45.51	51.96	60.27	48.68	48.13	41.81	56.28	63.67
资本结构										
负债合计（亿元）	19.70	14.60	8.29	8.27	3.41	2.54	2.03	1.48	1.46	1.38
资产总计（亿元）	36.70	26.60	18.80	18.20	12.30	7.44	6.51	5.53	5.21	2.55
总负债/总资产（%）	53.55	54.91	44.13	45.34	27.69	34.10	31.12	26.71	28.05	54.17
公司盈利能力（杜邦分析）										
权益净利率（ROE）（%）	39.66	12.35	8.25	9.91	12.23	16.66	13.07	6.96	19.97	38.75
销售净利率（%）	34.97	8.36	6.22	13.68	12.91	14.69	13.46	7.30	16.54	16.02
资产周转率（%）	51	72	72	44	66	75	67	69	75	122
权益乘数	2.20	2.05	1.84	1.65	1.45	1.52	1.47	1.41	1.60	2.05

资料来源：Wind数据库。

如图8.7所示，2007年在深圳证券市场中小板上市后，沃尔核材的资产规模总体上实现了大幅度增长。虽然2007—2010年总资产规模增速较慢，但2010年后增幅迅速提升，并在2015年后达到了9年来的最大值，资产规模比2007年挂牌时增加了14倍。从资产结构来看，固定资产的总量在企业上市后有小幅上升，但总体保持相对稳定，2012年后开始大幅上升，并且在2015年达到最大值。

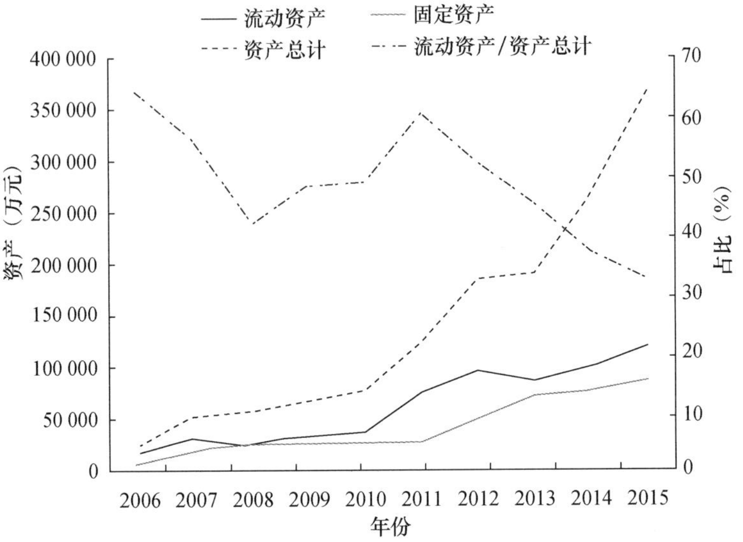

图 8.7　沃尔核材资产构成分析

资料来源：Wind 数据库。

流动资产占总资产的比率在 2007 年上市前呈现下降趋势，2008—2010 年小幅上升并趋于平缓，这主要是由于 2007—2010 年宏观经济环境不理想、人力成本高、新厂房和新设备的投入调试导致了费用的增加，企业发展面临巨大挑战。在 2011 年上升到 60.27%后，流动资产占总资产的比率开始持续下降，这主要是由于在 2011—2015 年间，公司的业务、产品结构开始转型，并且陆续开展了一系列对子公司的投资活动和企业兼并活动，导致流动资产减少、固定资产增加，但总体上呈现下降趋势。

如表 8.3 和图 8.8 所示，沃尔核材 2007 年在中小板上市后，整体负债率呈现先降后升的趋势。先由上市前 2006 年的 54.17%下降到 2008 年的 26.71%和 2011 年的 27.69%，再于 2015 年上升到 53.55%。2007—2011 年资产负债率虽有波动，但整体上呈现下降趋势，说明其资本结构中负债比例开始下降。这也从另外一个角度说明了沃尔核材在上市之后通过融资渠道获得了大量的权益资本，提升了资本结构中权益资本的比例。

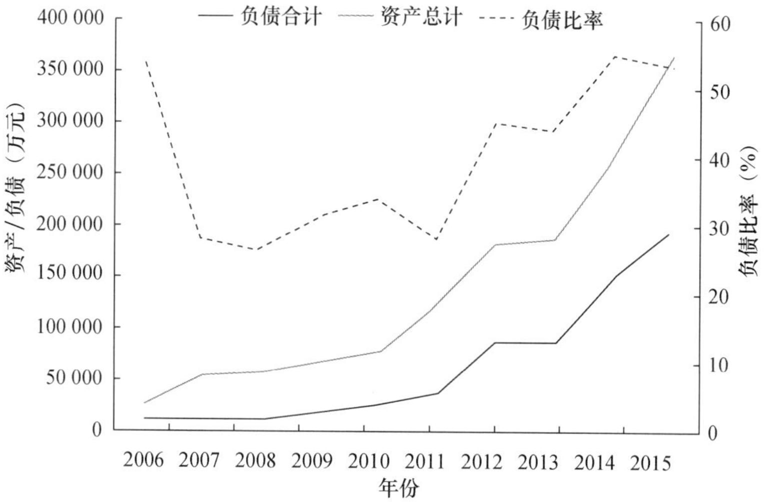

图 8.8　沃尔核材资本结构分析

资料来源：Wind 数据库。

同时，负债比率的下降，也减轻了沃尔核材的债务付息压力，为其后续的债务融资活动提供了空间。2012 年后，资产负债率开始呈现上升的趋势，这主要是由于沃尔核材在积极开展主营业务的同时，持续推动风能项目的建设和子公司及其他公司的投资活动，所以需要通过发行债券等方式积极寻求资本市场的融资。

如图 8.9 所示，沃尔核材在中小板上市后，2007—2008 年权益净利率呈现下降趋势，这说明公司在新增了股东权益后并未产生可观的利润，反映出其发展战略存在一定的问题，整体股东权益有所下降。2009—2013 年，权益净利率先是回升，之后开始下降，表现出公司在股东权益方面的不稳定性，这主要是由于其在尝试不同的金融手段，如调整股份配比、实行股权激励等，反映出公司在这方面的探索与发展。2013 年后，权益净利率开始不断回升，这主要是由于公司进行了战略调整，加强了内部管理，完善了各项制度，并且金融手段也更加成熟，如股东增持、定向增发等。

权益乘数总体来说相对稳定，这反映出公司的负债水平相对稳定，财务风险较为稳定。公司上市后，销售净利率存在不稳定性，但总体来说是上升趋势，

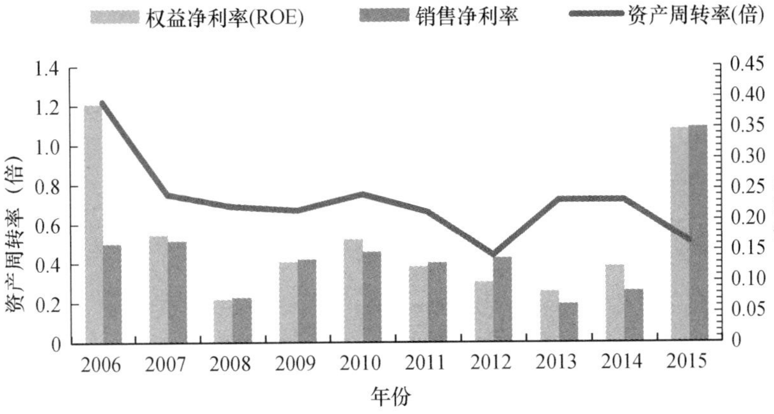

图 8.9　沃尔核材盈利能力分析

资料来源：Wind 数据库。

表明公司的盈利能力在不断提高。资产周转率是公司资产治理效率的重要指标，公司上市后，资产周转率大致呈现下降趋势，这反映出其在资产周转速度方面存在问题，需要予以关注。

（三）总结

总的来说，通过对沃尔核材上市前后资产构成、资本结构、盈利能力的分析，明显发现企业在中小板上市后，可以达到完善资产和资本结构、提高偿债能力、降低财务风险的效果。但是，即使企业具备了一定的规模，能够在中小板上市，也并不意味着其在公司治理和盈利能力方面能有大幅的提高，还是需要企业长期的实践与探索。因此，企业在参与上市活动的过程中，也应该不断完善公司治理水平、提升自身的盈利能力。

四　中小板上市案例 2：深圳拓邦股份有限公司

（一）基本资料

深圳拓邦股份有限公司（以下简称“拓邦股份”），前身为深圳市拓邦电子设备有限公司，设立于 1996 年 2 月 9 日，后于 2002 年 8 月整体改组为股份有限公司，改组后公司股本总额为 2 100 万元，主要从事家电电子智能控制器的开发、生产和销售。

早在2000年7月，拓邦股份（前身）就被深圳市科学技术局认定为高新技术企业；2002年12月，拓邦股份被深圳市企业评价协会评定为“深圳市科技企业50强”；2005年年底，拓邦股份技术中心又被深圳市贸易工业局、财政局、国家税务局和地方税务局认定为“深圳市企业技术中心”。此外，拓邦股份与国内电子智能控制领域科研能力最强的哈尔滨工业大学建立了紧密的“产学研”关系，积极和其微特电机与控制研究所合作研发相关核心技术。截至2016年年底，拓邦股份已拥有全部产品自主知识产权以及多项国际、国内发明和专利，累计获得52项发明专利的授权。

（二）拓邦股份享受的优惠政策

拓邦股份属于电子智能控制行业，属于《当前国家重点鼓励发展的产业、产品和技术目录》（2000年修订）中第十三类信息产业第三十二项“新型电力电子器件及系统制造”，享受国家财政、税收等方面的鼓励和扶持。拓邦股份（包括改制前身）从开始获利年度起，享受“两免三减半”的优惠政策。2004—2006年，拓邦股份获得的各种形式的政府补贴如表8.4所示。

表8.4　拓邦股份2004—2006年获得政府补贴明细

年度	事由	金额（万元）	政策依据
2005	深圳市南山科技局模糊逻辑控制家用电磁炉项目贴息	20.00	《南山区科技研发资金管理暂行办法》
2005	深圳市科技局模糊逻辑控制家用电磁炉项目贴息	59.00	《关于印发深圳市科技计划项目管理暂行办法的通知》（深府〔2004〕195号），《关于印发深圳市科技研发资金管理暂行办法的通知》（深府〔2004〕205号）
2005	深圳市南山科技局变频滚筒洗衣机智能控制器项目贴息	40.00	《南山区科技研发资金管理暂行办法》
2005	深圳市贸易工业局电力自动化系统设备技术改造贴息	175.90	《关于印发〈深圳市产业技术进步资金管理暂行办法〉的通知》（深财企〔2005〕40号）

（续表）

年度	事由	金额（万元）	政策依据
2006	POWERSA分布式电力控制系统项目贴息	59.00	《深圳市人民政府办公厅关于印发〈深圳市科技贷款贴息计划操作规程〉的通知》（深府办〔2006〕129号）、《关于印发深圳市科技研发资金管理暂行办法的通知》（深府〔2004〕205号）及《关于印发深圳市科技计划项目管理暂行办法的通知》（深府〔2004〕195号）
2006	企业技术研发补助	42.00	《关于下达2006年市科技研发资金企业研发投入资助资金的通知》（深科信〔2006〕458号）
贴息类小计		395.90	
2004	深圳市南山区财政局拨入的中小企业扶持贷款担保费补贴款	8.00	《南山区科技研发资金管理暂行办法》
2004	中国贸促会拨入的中小企业国际市场开拓资金补贴款	0.94	《中小企业国际市场开拓资金管理（试行）办法》（财企〔2000〕467号），《中小企业国际市场开拓资金管理办法实施细则（暂行）》（外经贸计财发〔2001〕270号）
2005	贸易工业局ISO9001：2000质量管理体系认证补贴	1.25	
2005	深圳市科技局分布式电力自动控制系统科技三项经费新产品开发项目拨款	100.00	深科〔2003〕97号
补贴类小计		110.19	
2004	高新技术企业和高新技术项目的增值税，可以上一年为基数，新增增值税的地方分成部分，三年内由市财政部门按50%的比例返还企业	32.85	深圳市人民政府《关于进一步扶持高新技术产业发展的若干规定的通知》（深府〔1998〕29号）
2004	增值税实际税负超过3%部分的返还	10.17	《国务院关于印发〈鼓励软件产业和集成电路产业发展的若干政策〉的通知》（国发〔2000〕18号）
2005		211.00	
2006		253.66	
税收优惠类小计		507.68	
合计		1 013.77	

（三）总结

通过对该案例的分析，我们得出以下结论：

(1) 技术创新和对市场的准确把握是企业成功的基础。拓邦股份的成功离不开其对市场的精准把握以及对技术的不断研发和创新。拓邦股份并不仅仅满足于家电智能控制应用领域行业先行者的定位，而是顺应市场的发展和客户的需求，持续优化产品结构、调整客户结构、加大研发投入、引进研发人才、加强知识产权建设，积极探索进入工业控制领域的渠道，旨在打造集工业控制、驱动、电机于一体的完整产业链。

(2) 政府政策扶持对于企业的发展也至关重要。从拓邦股份的设立，到人才引进、税收补贴减免、项目发展等方面，国家和当地政府都给予了极大的支持。同时，研发人才对拓邦股份保持技术领先也十分必要，政府在人才引进方面的政策扶持也为拓邦股份提供了优良的科研硬件环境。同时，政府还积极引导拓邦股份与科研机构之间的合作，加大推进"产学研"合作的力度，推动资源的有效利用和拓邦股份的快速发展。

五　中国企业海外上市案例：阿里巴巴①

（一）基本资料

阿里巴巴集团1999年成立于中国杭州市，通过旗下三个交易平台协助世界各地数以百万计的买家和供应商从事网上生意。集团拥有阿里国际业务、阿里小企业业务、淘宝网、天猫、聚划算、一淘和阿里云等25个事业部。

（二）上市经历

1. 2007年B2B业务上市

(1) 上市背景。B2B是国内发展较早的电子商务模式之一，但在该领域一直缺少一个规模足够大的上市公司。阿里巴巴上市标志着互联网的商务价值

① 谢卓亨：《关于企业发展与上市时机选择的思考——以阿里巴巴集团为例》，《经济师》2013年第9期。

在中国开始显现，是国内互联网产业重心由资讯、广告和娱乐平台向商务平台延伸的一个标志性事件。马云将旗下阿里巴巴、淘宝、雅虎、支付宝、阿里软件等公司分别独立运作，实质上已经为B2B的阿里巴巴上市做了铺垫。

（2）上市动因。对马云而言，B2B业务是旗下最为成熟的业务，其先上市可以保证股票价格足够好，这也对阿里巴巴的后续业务有很大的帮助。上市后，阿里巴巴的资源和资金优势将更好地帮助淘宝、支付宝获得更快的发展。上市之后，无论是国内综合电子商务网站还是行业垂直细分商务网站，都将焕发生机，迎来春天。阿里巴巴作为国内甚至世界电子商务的一面旗帜，其榜样、指示标作用可见一斑。上市之后，马云可以展开收购，以扩大其电子商务帝国版图。

（3）2012年退市。2012年2月21日，阿里集团建议以协议安排的方式将阿里巴巴网络有限公司私有化。阿里巴巴表示私有化的主要原因是为了给业务结构调整带来更大的空间，摆脱作为上市公司承受的压力；私有化并消失在公众的关注之外将会让阿里巴巴拥有更大的灵活性，专注于利润更高的业务。按照阿里集团的公告，私有化是为了业务战略转型，同时向中小投资者提供变现投资收益的机会。随着国际、国内经济形势的进一步严峻，特别是中小企业在原材料、汇率、劳动力成本提高等巨大压力下，B2B的业务模式也面临巨大挑战，需要加快转型和升级。资本市场对公司的发展产生了制约。阿里巴巴私有化，可以让阿里集团免于承受拥有上市子公司所面临的压力，能够制定对客户最为有利的长远规则。对于阿里巴巴的私有化，另外一个解释是“回购雅虎所持股份、集团整体上市”。

2011年报表披露的董事会酬金有2010年及2011年两年的数据，总体来看管理层激励偏好股权报酬，两年占比分别高达89.66％、82.20％，执行董事的该项比例略高于董事会其他成员，且2011年较2010年差距有所加大，分别为2.13％(89.94％－87.81％)和3.09％(82.64％－79.55％)。从时间上看，2011年管理层激励金额较2010年有27.43％的减幅，其中股权激励的减幅更是达到33.47％。考虑到2011年利润增幅达18.80％的事实，这一点难以解释。再仔细观察其2011年与2010年的利润用处，除了2010年特殊的现金股利外，主要的区别体现在赎回股票的投入上，回购数的差距达 37 倍，赎回金额的差距也高达 20 倍。

2. 集团整体上市：纽约证券交易所 IPO

2014 年 5 月 7 日，阿里巴巴向纽约证券交易所提出上市申请，并于 2014 年 9 月 19 日成功上市。股票代码 BABA，发行股数为 3.2 亿股，融资规模达 217.7 亿美元，成为美股史上最大的 IPO。同时，阿里也成为全球仅次于谷歌的第二大互联网公司。如今，阿里集团为全球最大的电子商务公司，同时亦是全球最大的移动电子商务公司，日均访问淘宝、天猫、聚划算的人数超过 1 亿，活跃卖家数达 800 万，活跃买家数达 2.31 亿，年交易数达 110 亿笔，全年商品交易总额达 15 420 亿元。现主要经营业务为电子商务、金融、云计算、物流、互联网增值服务等。

（三）关于阿里巴巴案例的分析

下面从上市背景、上市模式、上市利弊三个方面对阿里巴巴上市进行分析。

1. 上市背景

阿里巴巴希望采用合伙人制度上市，这一要求违反了香港证券交易所“一权一股”的原则。A 股市场虽然规模较大，但由于体制等方面的原因，也没有成为阿里巴巴的上市首选。而纽约证券交易所成熟的证券市场机制及其允许双重股权制度的规定有利于马云及其管理团队在公司中的主导地位，对阿里巴巴上市有着极大的吸引力。

2. 上市模式

阿里巴巴实质是外资企业，采取了可变利益实体(VIE)模式在境外上市，同时采用合伙人制度，马云及其团队拥有阿里巴巴公司的控制权。

VIE 模式，在国内被称为“协议控制”，是指境外注册的上市实体与境内的业务运营实体相分离，境外的上市实体通过协议的方式控制境内的业务实体。VIE 模式主要由三部分组成，即境外上市主体、境内外资壳公司以及境内经营实体(持牌公司)。其中，境外上市主体一般是母公司，境内外资壳公司与持牌公司是协议控制的双方。VIE 结构中，境内外资壳公司和持牌公司一般通过签订多个协议来设立其控制与被控制的关系，这些协议主要包括资产运营控制协议、借款合同、独家服务协议等。①

3. 上市利弊

从融资规模上看，阿里巴巴在美国上市取得了巨大的成功。但应看到阿里巴巴上市也存在弊端：首先，阿里巴巴上市很难让中国的民众分享到上市的成果，民众想要购买在美国上市的阿里巴巴的股票十分困难。其次，阿里巴巴在美国上市使其面临纽约证券交易所更严格的监管。最后，阿里巴巴上市后对其掌握的国民信息形成了一定程度的安全隐患。阿里巴巴拥有巨大的网络消费系统，涵盖了大量个人信息、经济信息及通过分析可得出的国家信息，而境外上市必然要求对外披露更多的信息。

第四节　推进多层次资本市场发展

资本市场是产业创新和金融创新相结合的产物，资本市场具有要素集成、筛选发现、企业培育、风险分散和资金放入五个方面的制度功能，是分散高科技风险的有效手段，但不同类型、不同发展阶段和不同规模的科技型企业适用于不同的融资策略，因此需要多层次的资本市场。除此之外，要积极建立国际板，推动海外红筹股回归国内资本市场。同时，债券市场的功能也不容小觑，科技型企业的债券市场发展也应得到关注。

一　继续积极推进“新三板”扩容，构建金字塔形的多层次资本市场

美国以纽约证券交易所、纳斯达克、OTC、场外挂牌市场等组成金字塔形的资本市场，满足了不同形态的企业融资需求：主板市场适应了大企业的融资需求，创业板满足高成长企业的发展需求，全国性场外交易市场和区域性场外交易市场则为大量科技型中小企业提供了融资平台。当前我国资本市场倒金字

① 王莉：《阿里巴巴上市》，《数据通信》2015 年第 2 期。

塔形结构有所改善，“新三板”挂牌企业快速增加，超过了主板上市企业的数量，但创业板上市的企业数量仍较少，与企业实际的分布状况仍有差别，同时“新三板”的流动性较弱，仍有科技型中小企业得不到足够的资金支持。“新三板”可以容纳大量的科技型中小企业，能及时提供资本支持和融资服务，同时帮助企业规范内部管理和明晰内部股权，并使其获得更多的市场关注，为今后入市融资打下基础，因此，积极构建金字塔形的多层次资本市场十分必要。首先，继续推动科技型企业在“新三板”的挂牌，增强市场活跃度。“新三板”制度已经在全国范围内得到推广，并建立了统一监管的全国性场外交易市场——全国中小企业股权转让中心，为全国的中小企业，特别是科技型中小企业挂牌提供便利。但是，其市场活跃度较低，股权转手率较低，市场缺乏活力。其次，要探索转板制度、做市商制度、注册制，把“新三板”打造成资本市场的“学前班”和“孵化器”，让科技型中小企业迈出走向资本市场的第一步。要为挂牌企业提供综合增值服务，整合地方政府、交易所、证券公司、机构投资者等各方资源，实现多赢。最后，要借鉴美国资本市场经验，细化各类标准并严格执行，规范退出机制，一定的退市率将迫使企业自我约束和激励，保证“新三板”挂牌企业的整体质量，由此形成合理流动、有机联系的多层次资本市场体系。[①]

二　以国际板市场建设为契机，吸引海外科技红筹股回归

资本市场可以成为领袖型科技企业的孵化器。著名跨国巨头都通过资本市场和股权融资发展壮大，最终成为引领科技潮流的领袖型企业。我国资本市场存在重融资轻投资、重数量轻质量、重发行轻退出等问题，使得垃圾公司不能及时被淘汰，难以培育有全球影响力的领袖企业。国泰安的相关数据表明，截至 2016 年年底，我国在境外交易所上市的公司达到 1 357 家，中国移动、中国电信、百度、新浪、阿里巴巴等国内领军企业均选择在海外上市融资，其在产权、业

① 辜胜阻、洪群联、张翔：《论构建支持自主创新的多层次资本市场》，《中国软科学》2007 年第 8 期。

务上都以国内市场为主，带有强烈的本土气息，且大多数是各行各业的排头兵和领航者。发展成熟的资本市场体系需要建设国际板。根据统计，世界交易所联合会的 51 家会员交易所中，超过 70％的会员交易所建立了国际股票市场（即国际板）。当前加快国际板建设，吸引红筹股回归，有利于这些行业领军企业获得发展的资金支持，进而加速创新进程、壮大企业实力；有利于树立创新标杆，引领国内企业创新，从而培育国际领袖型科技企业；有利于我国资本市场国际化进程的推进，加快人民币国际化的脚步，使市场更加成熟。

为此，要通过国际板的建设，以回归愿望较强、回归阻力较小、试错成本最低的海外红筹股为试点，推动其回归国内资本市场，培育和壮大我国的领袖型企业。要借助此次机会，借鉴发达证券市场的经验，进一步完善国内证券市场的软硬件配置，特别是信息披露和交易结算等技术系统，提高运作效率。要充分估计国际板上市对国内市场带来的冲击，控制发行规模和上市企业数量，防止出现对现有股价系统过大的冲击，避免过度挤占中小企业的融资空间。要细化上市企业的选择工作，与本土经济进行对接，做好产业导向，发挥优秀企业的市场示范作用。要充分借鉴国际监管经验，完善监管制度、健全监管体系，引入集体诉讼等先进机制，从严监管。

三　壮大企业债券发行规模，加快债券市场的发展

在整个金融体系中，债券市场的功能不容忽视，其具有融资成本低、发行灵活等优点。国际上一些成熟的市场经济国家，债券融资是企业融资，尤其是科技型中小企业融资的重要渠道。当前，我国企业发展过度依赖于间接融资；在直接融资中，债券融资的比例也不高。据估算，2010 年，我国非金融企业使用直接融资不足 30％，债券发行规模不足股票筹资额的 2 倍，而美国市场 2009 年企业债券融资是同期股票融资的 8.6 倍。[①] 2010 年我国企业债存量仅相当于

① 钟帅：《债券市场迎来发展新机遇》，《中国证券报》2011 年 2 月 25 日。

GDP 的十分之一，低于新加坡的三成、马来西亚的四成和韩国的六成。[①]

当前，我国应当积极发展面向科技型企业的债券市场，扩大企业债券发行规模，加快债券市场的发展，提高科技型企业直接融资比例，合理引导过剩的民间资本流动，改变千军万马靠银行过"独木桥"的融资格局。要进一步探索债券融资的方式，鼓励具备条件的高新技术企业发行债券融资，尤其要借鉴美国债券融资经验，探索放松债券融资审批管制，创新债券融资工具，加快中小企业集合债等的发展。应建立多层级的债券交易市场体系，培育机构投资者，健全债券评级制度，创新企业债券监管方式，为企业进行债券融资营造良好的市场环境。

① 鲁政委：《后危机时代应补上企业债短板》，《金融时报》2011 年 5 月 29 日。